團體動力與團體輔導 第二版

徐西森 ◆ 著

作者簡介

徐西森

學歷：國立高雄師範大學輔導與諮商研究所博士
美國麻州大學波士頓分校諮商與學校心理學系學分班

經歷：國立高雄師範大學諮商心理與復健諮商研究所教授兼所長
（2012～2015／2018～2021）
臺灣諮商心理學會理事長（2011～2012／2020～2022）
中華民國諮商心理師公會全國聯合會理事長（2013～2019）
台灣輔導與諮商學會理事長（2013～2015）
國立高雄應用科技大學（今國立高雄科技大學）人力資源發展系
教授兼諮商輔導中心、師資培育中心等主任及副教務長、人文社
會學院院長等職（1991～2011）

現任：國立高雄師範大學諮商心理與復健諮商研究所教授（2011迄今）
諮商心理師

二版序

　　2001年《心理師法》通過後,促進臺灣地區諮商與心理治療工作的專業化、優質化與多元化的發展,現階段諮商心理師的教、考、訓、用等要項亦成為大學校院諮商心理系所的教育目標與發展方向之一,也是實務工作者必須經常面對的專業挑戰與重要課題。伴隨諮商與心理治療專業的蓬勃發展,專業人士與社會大眾日益重視諮商與心理治療人員的專業素養與工作品質。本書第一版出版於1997年,亦即《心理師法》公佈實施前,當時有鑒於團體輔導工作發展迅速,廣泛的運用在各級學校、社會單位、企業機構與醫療體系等領域,吸引了許許多多諮商專業人員與非專業人士加入此一工作行列,多少有助於「輔導與諮商」理念的推廣與落實;然而,大量非專業人員投入團體輔導、諮商與心理治療的領域,也可能導致此一專業助人工作變質,且易產生被誤用、濫用及違反專業倫理等危機。因此,在多位專家學者與同業同儕的指導、支持之下,個人完成了《團體動力與團體輔導》一書。

　　本書出版後,獲得許多諮商界與心理學界師長、學者的支持,推介或採用為「團體輔導」、「團體諮商」或「團體工作」等相關課程的參考用書。十多年來,本書第一版已先後十二刷出書,亦於2003年經廣東世界圖書出版公司出版簡體字版於中國大陸地區發行。此期間,個人專業生涯也有許多重要的經歷與轉變,2000年暑假至美國波士頓麻州大學諮商與學校心理學研究所學分班進修、2004年取得國立高雄師範大學輔導與諮商研究所博士、2005年諮商心理師特考及格;在任教服務的國立高雄應用科技大學,個人從講師升等為副教授、教授,歷任諮商輔導中心主任(2008-2006,1999-1992)、師資培育中心主任(2005-2003)、副教務長(2008)、人文社會學院院長(2011-2008)等職;同時兼任臺灣諮商心理學會理事長(2012-2010)、臺灣輔導與諮商學會常務理事(2012-2010)、諮商心理師公會全國聯合會常務理

事（2012-2010）與高雄市諮商心理師公會常務監事（2011-2009）等職務。伴隨個人更多的專業進修與相關歷練、心理出版社的肯定與支持，以及諮商與心理治療領域研究著作及圖書資訊的日新月異等情況下，在教學、研究、輔導與專兼職行政服務忙碌之餘，仍於 2010 年 3 月著手撰寫本書第二版。

　　本書再版，個人除了彙整近十五年來團體諮商與團體動力學理論與實務上的研究心得及相關經驗，同時參閱一百三十多篇（冊）國內外專家學者的圖書著作與研究論文，以更新內容、修訂字辭、採西元紀年、取消英名中譯、用詞統一、增刪圖表與活動方案。由於國內推展團體工作時，經常將「團體輔導」與「團體諮商」二者混淆，本書進一步參考文獻從理論層面說明二者區別之外，也配合實際運用的需要，嘗試以「團體輔導」的觀點及其名稱來撰寫有關團體諮商的內容，未來諮商師教育人員或團體領導者在帶領專業性的「團體諮商」或一般性的團體輔導活動仍適用之。在此，感謝吳秀碧教授、王文秀教授與林家興教授等專業先進的指導與鼓勵，也感謝梁遠如老師提供其帶領團體諮商的方案計畫，更感謝心理出版社林敬堯總編輯、陳文玲編輯與許多同仁的辛勞與支持。最後，衷心期盼諮商與心理治療專業永續發展，專業人員持續精進知能、提升工作品質與增進國民健康。

徐西森　於高雄
二〇一一年四月

輔導是助人助己的專業工作，
不僅在助人成長自我，
也在助己肯定生命的價值。

近年來，團體輔導工作發展迅速，廣泛的運用在各級學校、社會單位、企業機構與醫療體系等領域，以解決人類在現代社會變遷下所衍生的身心發展與社會適應等問題。正由於團體輔導的「市場需求」日益殷切，也因而吸引了許許多多諮商專業者與非專業人士加入此一工作行列，此等團體輔導普遍化的結果，固然令專業工作者樂見「輔導與諮商」的理念已為社會大眾接受的事實，且欣慰於多年推展輔導工作的辛勞終獲肯定；然而，大量非專業人員投入團體輔導的領域，也可能導致此一專業性助人工作的變質，且易產生被誤用、濫用及違反專業倫理等危機情況。終有一日，成員權益受損，輔導品質降低，「消費者在彈性疲乏下，市場恐將因而萎縮」。

是故，一位有效的團體領導者除了要具備人文科學、行為科學及輔導諮商的專業知能之外，尚須有相關的團體實務工作經驗。易言之，凡是有興趣從事團體輔導工作及教學研究的人，宜厚植學術理論基礎，且應長期投入臨床實務工作，再配合督導制度的運用，不斷的進修、檢討、評估與研究發展，方能成為一位有效的團體領導者，以確保團體成員權益，尊重諮商倫理，發揮團體輔導的功能。

基於此，個人彙整十五年來在團體輔導理論上的研究心得及實務上的工作經驗，撰寫《團體動力與團體輔導》一書，以提供專業工作者在帶領團體輔導時的參考，充實專業知能，進而觀摩交流；同時，期盼能引導有興趣於團體工作的非專業人士「入門」，尊重專業，溫故知新。本書共計十章，旨

在說明團體輔導的理論與實務，包括團體輔導的基本概念、團體的形成與準備、團體領導者與領導技巧、團體方案設計、團體評估與專業倫理等，同時兼論述班級經營與彙編團體實務活動。本書與一般團體輔導書籍的區別，乃是嘗試從團體動力學的觀點來分析團體輔導的內容與運作，亦即強調團體「領導─動力─輔導」的功能模式，以協助團體領導者從掌握團體動力來有效運作團體；反之，訓練團體工作者從運用團體變項來激發團體動力。本書適用於作為大專校院「團體輔導」、「團體諮商」或「團體工作」有關課程的參考教材。由於國內推展團體工作時，經常將「團體輔導」與「團體諮商」二者混淆，甚至以前者取代後者，本書除了從理論層面加以剖析說明二者區別之外，也配合實際運用的需要，嘗試以「團體輔導」的觀點及其名稱來撰寫有關團體諮商的內容，未來教育人員及團體領導者在帶領專業性的「團體諮商」或一般性的團體活動仍適用之。

　　本書撰寫期間，感謝內人淑凰、岳父母、兄弟姐妹、小兒子恆及小女筱淇等家人及親友的支持與鼓勵，他們的包容、關愛與情誼，令我倍感溫馨，充滿動能。亦以此書，遙獻給永遠活在我心目中的父母，老人家的慈祥、激勵與教導，成就了我，此恩浩蕩。同時，感謝心理出版社的支持與配合，感謝輔仁大學應用心理學系、國立彰化師範大學輔導研究所、美國紐約復旦（Fordham）大學社會福利研究所等師長及國內輔導先進、救國團「張老師」的指導與教誨；更感謝國立高雄科學技術學院黃校長廣志博士等師長的支持與激勵，以及學生輔導中心一群了不起的工作夥伴（已離職的玉婷、任善、素雲，與在職的維芬、桂仙、金桃、瓊萩、雅禎）及校內心橋社等可愛學生的協助與支持。最後，也要感謝我自己，在全心投入輔導工作之餘仍不忘砥礪自己研究發展、預防推廣。謹此，祝福所有關心「輔導」、參與「輔導」的好朋友。

徐西森　於高雄

一九九七年四月

目錄

Contents

CHAPTER ①

團體動力學概要

相較於其他心理學的領域，團體動力學在方法上更重視理論與實用的關聯。在適當的運作下，能夠答覆理論上的問題，同時加強我們對實際社會問題的理性探討。這種學問是解決人類問題的基本方法。

~Lewin（1944）

第 一 節　認識團體動力學

　　人類的行為經常受到所處環境的影響，此等個體與環境交互作用所產生的運作與結果，即為「團體動力」（group dynamics）。團體動力是指某社會團體之所以形成的原因，及維繫團體功能的一種力量或一種方式。因團體中的成員是彼此相互影響的，故團體動力也可說是一種團體內互動的歷程，例如社會團體中有利益團體與興趣導向團體之分，此類團體的形成與維持，顯然就是共同的利益與共同的興趣。每一個團體皆有其靜態面，包括：團體名稱、目標、組織、屬性及其他固定的性格等。每一個團體亦有其動態面，包括：組織氣氛、物理環境、成員成長、交流溝通等。在內在靜態與外在動態的交互作用下，決定了團體的行動方向與發展結果。一個團體中，這些交互作用的影響力構成了「團體動力」，正如同個體受到內在因素與外在因素的影響，而形成了個人的「成長動力」一樣。團體動力自然地發生在團體中。

　　任何團體的發展皆是一個動態的過程，團體的運作即在此一動態下持續進行，以實現團體或個人的目標。團體是社會的縮影，團體內互動（動力）愈多、愈自發，社會縮影的發展愈快速與真實（Yalom, 1995）。一般而言，團體動力有四種不同的意涵：(1)團體動力是指任何時間之內，發生在團體裡，包括被覺察到與未被意識到的一些現象；(2)團體動力旨在運用科學的方法，深入團體核心，來辨別團體運作的方式；(3)團體動力是用來說明團體行為與個人在團體內所有反應的一套基本知能；(4)團體動力是一種系統性、科學性及專業性的理論，被廣泛地運用於團體輔導、教學情境、領導統御、工商管理、行政決策等領域。

　　「團體動力學」基本上是社會科學的一個分支，是一門探討團體結構及團體與成員間相互動力關係的學問。團體動力學運用社會科學的工具、方法，結合社會心理學、臨床心理學、精神病學、社會學、人類學及教育學等專業人員，去解決人類在團體中發生的問題，促進其成長、適應與發展。團體動

力學是一種研究社會行為或社會心理結構的方法,其研究的主題包括認識團體成員的人際關係、探討領袖與領導方式、分析團體的凝聚力、了解團體決策歷程,以及大團體中各小團體的形成與功能等。

換句話說,團體動力學是一種應用知識或技術體系,它企圖把基本知識的理論或發展,轉變成實際應用的知能與方法。因此,團體動力學可被視為是一種「團體動力學原則」(group dynamics principles)或「團體動力學技術」(techniques based on group dynamics),而不只是一種狹義的「社會行動方案」(a program of social action)或「團體動力學方法」(group dynamics method)。Cartwright 和 Zander(1968)認為:團體動力學重視研究團體的性質、形成與發展的法則,以及團體與個人、其他團體間相互關係的知識。

團體動力研究,就是在研究團體表象行為下「心理動力」之運作及其意義的詮釋(周志建,2002)。對於團體輔導工作而言,團體動力學有助於探討團體輔導的內涵,諸如:影響團體「動」的因素為何?團體發展為何「卡」住了?領導知能為何?處理團體發展障礙的方法為何?如何有效地達成團體目標?有些團體輔導工作者或成員經常忽略此種內在的動力,導致團體運作困難,組織結構鬆散,無法凝聚成員的歸屬感以實現團體目標。於是乎,生活中、工作上、校園裡往往聽聞成員的埋怨與失望,領導者的無力與迷惑……。因此,團體領導者必須掌握團體動力、成員心理動力,以及團體在時間向度上的變化(Yalom, 1995),而且具備團體動力的知能與豐富的團體領導經驗(鄔佩麗,2005),才能發揮團體輔導與諮商的效能。

人是群居的動物,從出生開始便生活在家庭、氏族、部落、學校、公會、社區、社會以至國家中。早期在人與天爭、人與物爭的時代,人類的生存與生活有賴於智勇雙全的領導者整合成員,發揮群體力量,創造有利的生存環境。儘管人類長久生活在團體中,然而有系統地研究人類的社會屬性及個人與群體之間的關係卻是在十七世紀末期,當時理性主義者勤於研究團體的學者,包括歐洲的 Hobbes、Locke、Hume、Mill、Smith、Montesguieu、Rousseau 及美洲的 Madison、Paine、Jefferson、Adams 等人。二十世紀初,法國社會學家 Durkheim 更是團體動力學重要的催生者。Durkheim 特別注意人類在

團體內的行為與人際互動的過程，並且強調個人的思想（ideas）會在團體「心理及社會整合」（psyche-social synthesis）下產生持續改變的現象，這些現象若單從個人的心理或精神層面來看，很難加以解釋。

自二十世紀以來，許多學者投入團體動力發展與社會環境變項的研究，Cooley、Mead 和 Simmel 致力於探討有效促進個體動機發展的社會性條件（the social conditions）及社會性控制因素（the element of social control）。Lindeman 注重功能性團體（functional group）的研究，進而促發學界大規模研討團體過程及其現象。Dewey 實驗性的思想，開啟運用團體討論的理念與方法，確立團體過程即是一種解決問題過程的觀念。Follett 強調團體中的領導功能與統整性行為（integrative behavior）是解決團體困境的有效方法。Freud 則有系統地探討團體形成與控制（group formation and control）的概念。Freud 認為家族團體的親密行為是一潛意識凝聚與控制的象徵，因此，團體領導者與成員的情感催化較團體成員的工作行為重要。Bird 從事一百多項有關領導特質理論（trait theory of leadership）的研究，發現領導者須具備的特質甚多，研究結果相當不一致。

1947 年，Lewin 和 Benne、Bradford、Lippitt 等人創設美國國家訓練實驗室（National Training Laboratories，簡稱 NTL），這是團體動力學發展史上重要的里程碑，由美國國家教育學會資助各項研究經費，大規模且有系統的研究團體動力與發展過程，此一機構後改名為應用行為科學院（Institute of Applied Behavioral Science），成為訓練團體動力學研究者與團體工作者的主要機構，同時其分支機構與實驗室遍及全美各地，深入各工商團體、教育單位、政府部門和社團機構，普遍化推展的結果間接帶動了人際關係訓練的風潮。此期間（含二次大戰前後），許多與團體動力學有關的研究紛紛出現，其中不乏具代表性的理論。

■ 場地論（field theory）

Lewin 把團體想像成一個空間（space），是一個生命的空間。團體就如

同一個心理場地（psychological field），此一心理場地係由一些力量（forces）或變數（variables）組成，它們是影響團體內成員行為的重要變項。為了有效發展團體，對於任何團體內的影響變數與力量必須加以了解。換句話說，團體工作者若能將心理場地作正確的數量化呈現（mathematical representations），才能確實的加以分析、控制與運用。

二 因素分析論（factor analysis theory）

此一理論是由 Cattell 及其研究群所建構。Cattell 等人認為：團體動力主要受到某些重要因素的影響，領導者在決定團體的發展取向前，需要先了解團體內的關鍵元素（key elements）。根據 Cattell 的想法，若能對團體內各項屬性（attributes）一一加以評量，確實掌握有關獨立變項，如此便可有效運作團體。因素分析論基本上是一種符合經濟效益的團體工作法。

三 社交測量論（sociometric theory）

此一理論是由 Moreno 和 Jennings 所創。團體既是由成員所組成，因此成員彼此間的情感與互動關係，將會影響團體的發展。社交測量論重視團體成員的社交生活，特別是成員與成員之間情感性的社交因素。領導者在團體中採用社交測量測驗（sociometric test），檢視成員與他人的人際關係：親密性成員、排斥性成員、一般性成員等，進而掌握團體內部心理結構（psychological structure of group）的資料，促進團體動力性的發展。

四 社會團體工作論（social group work approach）

此法乃是將團體工作者的敘事性紀錄（narrative records）及團體成員的個案史（case history of group member）等資料加以分析，以了解團體對成員人格發展的影響。同時，探討團體領導行為和其他變項之間的關係，重視團

體經驗與個體成長的交互作用，注重「行動研究」（action research）。因個體行為深受團體情境之影響，團體如一社會環境的縮影，領導者如何有效運用學習遷移，促發成員轉移團體諮商情境的正向經驗，以協助成員產生建設性行為，增進社會適應，故屬團體動力學的重要課題。

五 心理分析論（psychoanalytic theory）

此法強調團體歷程中有關的情感要素（emotional elements），包括領導者與成員、成員與成員、成員與他人。Freud的心理分析論，長期以來深深影響著心理學界對人類行為的研究。Freud認為個體行為的發展是持續不斷的，而且深受早期經驗的影響，特別是幼童時期（通常指出生至六歲）；個體任何的行為和想法都是有原因的、有意義的，當事人雖未必能意識覺察到，然而此種潛意識（unconscious）的因素，更是影響人類行為的主要動力。同時，人有「生之驅力」（性）與「死之驅力」（攻擊）的行為動機。上述論點，在在影響成員在團體中的行為表現與團體動力的發展。許多治療性團體的工作者，每每運用 Freud 的觀點來研究成員行為，透過對成員過去經驗的了解及個案紀錄的分析解釋，來促發動力性的團體經驗，以協助成員產生正向的行為改變與人格發展。

除此之外，Bales的互動分析論（interaction theory），運用錄影（音）器材來記錄、分析成員與環境互動的行為。Shartle的正式組織論（formal organization theory），重視組織結構與領導行為對團體的影響。Zander的團體動力研究論（group dynamic research theory），注重影響團體發展各項因素的研究。Thelen 研究情感性動力（emotional dynamics）對團體的影響、團體文化的形成等等。上述學者及其理論對團體動力學的發展貢獻甚大。

基本上，團體動力學研究內容包含五大變項及其彼此之間的交互作用與應用（如圖 1-1）：(1)成員特性（individual group member）；(2)團體情境（task environment）；(3)統合運作過程（integrative processes）；(4)成員的改變（change in group member）；(5)團體的發展（achievement and development）。

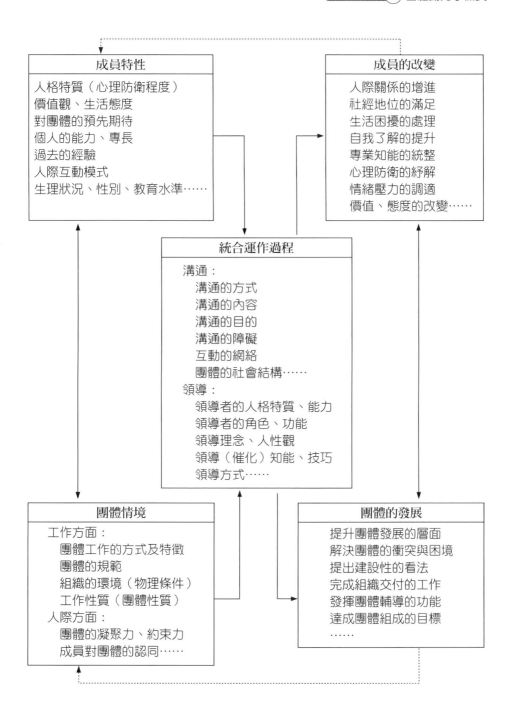

成員特性

人格特質（心理防衛程度）
價值觀、生活態度
對團體的預先期待
個人的能力、專長
過去的經驗
人際互動模式
生理狀況、性別、教育水準……

成員的改變

人際關係的增進
社經地位的滿足
生活困擾的處理
自我了解的提升
專業知能的統整
心理防衛的紓解
情緒壓力的調適
價值、態度的改變……

統合運作過程

溝通：
　溝通的方式
　溝通的內容
　溝通的目的
　溝通的障礙
　互動的網絡
　團體的社會結構……
領導：
　領導者的人格特質、能力
　領導者的角色、功能
　領導理念、人性觀
　領導（催化）知能、技巧
　領導方式……

團體情境

工作方面：
　團體工作的方式及特徵
　團體的規範
　組織的環境（物理條件）
　工作性質（團體性質）
人際方面：
　團體的凝聚力、約束力
　成員對團體的認同……

團體的發展

提升團體發展的層面
解決團體的衝突與困境
提出建設性的看法
完成組織交付的工作
發揮團體輔導的功能
達成團體組成的目標
……

⊃ 圖 1-1　團體動力因素及其流程圖

前二者屬於團體的輸入變項（input variable），後二者屬於團體的輸出變項（output variable）。其中第一、四項為個人行為因素，第二、五項為團體行為因素，第三項為團體運作的變項。

第二節　團體中的個人行為

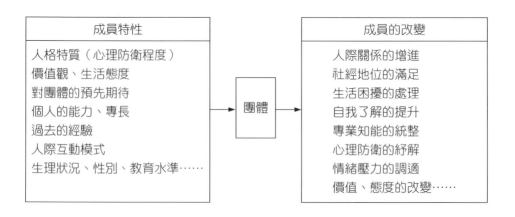

所謂「團體」是指二人或二人以上彼此互動，以使每位成員能影響他人或受他人影響（Shaw, 1981）。基本上團體是由成員組成，故能否發揮其功能、目標，與對成員是否具有吸引力有關。吸引力愈強，成員的參與性自然愈高，也較願意自我開放，並接受他人影響。同時，成員的個別差異也會影響團體本身的運作和運作的結果，包含正向促動和負向抑制的影響。誠然，成員的差異性愈大，有助於彼此間廣泛的交流和深度的成長；但也可能會導致彼此認知衝突，阻礙自我發展。一般而言，異質性團體在初期運作較為困難，動力較為遲緩，較難產生團體凝聚力，成員偶有流於觀望、冷漠、抗拒或專斷（少數成員壟斷發言、操縱團體）等現象。此時有賴於團體領導者良好的領導能力與成員高度的認同團體目標，才能縮短團體陷於曖昧階段的時距。

「成員的改變」是團體運作後的一些輸出變項，亦即團體發展的結果，舉凡成員人際關係的改善、社經地位的滿足、衝突困擾的舒緩、情緒壓力的

調適、自我了解的提升、專業知能的增進及各層面態度與行為（含價值觀與不良行為）的改變等皆屬之，團體輔導即在於促進成員的有效改變（Burling-ame, Mackenzie, & Strauss, 2004），其整體目標即在於協助成員獲得良好的生活適應與生涯發展。每位成員參加團體的動機皆不盡相同，但都希望團體過程中感受成長、獲益或自在、感動，團體結束後，自我能獲得認知上、情感（情緒）或行為上的正向改變，例如能夠正向思考、拓展人際、管理情緒或積極有效的反應等。

第三節　團體中的情境特性

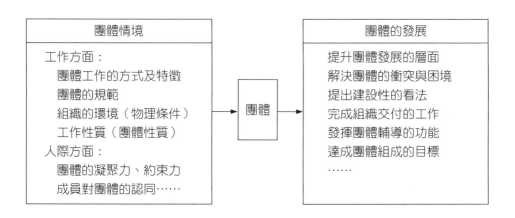

「不同的刺激影響個體產生不同的反應」，此乃科學心理學的重要法則。一個人處於不同的環境刺激中，其產生的反應也會有所不同。因此，團體本身所具備的特性，包含物理環境、社會環境與工作本身因素，在在影響成員的行為反應，它也正是團體動力輸入的條件之一。

─ 物理性情境

物理環境的良窳經常會直接影響成員參與團體的動力。適宜、舒適的環

境有助於團體的運作，舉凡場地布置、空間大小、隱私權的環境考量、噪音干擾的處理、濕熱度的控制、物品的擺設、地毯的鋪裝以及活動器材、照明通風等設備皆屬之。

二 社會性情境

團體領導中的情境條件含「成員的成熟水準」，若團體的社會性情境良好，則成員和團體的成熟度也會隨著團體的發展而提升。是故，團體情境中成員互動所形成溫暖的社會性關係，往往容易激發成員的自我開放。舉凡團體規範的擬訂、團體組成的方式、團體目標的建立、團體人數的多寡（成長性團體輔導、團體諮商以八至十六人為宜）、成員的熟悉程度，以及團體內次級團體的運作（團體內的小集團）等皆屬之。

三 工作本身的因素

進行團體輔導時，活動（工作）性質有時也會影響到成員的參與行為。團體形成初期，因成員彼此缺乏信任感，會衍生摸索、觀望的心態，此時領導者宜避免設計一些要成員肢體親密接觸的活動或沉悶單調的靜態活動，以免成員受到傷害或產生厭惡、無奈的負向情緒。此外，團體目標的明確度、工作的難易度與危險性、活動的複雜度、暖身活動的催化及團體規範的約束力等，皆要加以考慮。

唯有整合成員個別的期待與團體的目標，協助成員發現自我需求與肯定他人的需要，並訓練成員具備達成團體目標的有效行為，才能真正掌握團體動力的輸入變項，了解團體輔導的基本要素，培養同理、尊重、開放的團體氣氛，形成良好的互動關係，進而發揮團體輔導的功能。

團體的價值在於能促成改變的機制（林美珠、王麗斐，1998），亦即能有「產出結果」（outcome），團體輔導始具有成效，能促進成員的成長、改變與達成團體目標。從心理動力的觀點而言，成員達到有效溝通的過程就是

團體成熟度的表現。團體的發展取決於成員彼此尊重對方的獨立與成長，進而達成團體當初成立時的目標。團體目標通常可分為兩大類：工作取向和人際（情感）取向。此二者具有相輔相成的關係，後者如前「成員的改變」所述；工作取向則涵蓋團體計畫的工作重點及組織機構所交付的任務，如圖1-1「團體的發展」所述。

團體的發展與目標的達成與否，是團體動力運作後的另一輸出變項，其研究相當多，含團體歷程研究（Kivlighan, Coleman, & Anderson, 2000），通常可透過自我評量與專家評鑑的方式為之。評量時有其程序與標準：(1)確定欲評鑑的團體總目標──工作變項、人際變項與其他各次變項；(2)選擇評鑑的標準與工具；(3)分析團體動力及其運作過程；(4)探討成員改變情形；(5)檢視組織機構（學校或社團）所賦予的需求。上述內容也可做為領導者探討個人領導效能與自我進修的參考。

第四節　團體中的統合運作

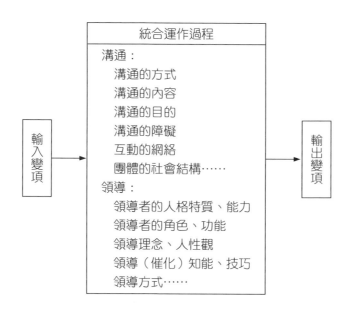

　　團體進行前，有時領導者無法完全掌握成員與團體的特性，即使是那些經由甄選程序來限制成員資格的團體，其領導者恐怕也難以完全排除上述輸入變項的差異。是故，有效運作團體的關鍵即在於帶領團體的人員如何統整團體的各個階段。尤其是當團體進入工作階段，領導者即從積極引導性角色退而為「幕後」的促動者、支持者或資料提供者。因為團體輔導的基本目的是「使個人更了解其行為，並進而改變其行為。藉由團體歷程，提供成員機會以探討各種解決問題的方法，而非只是成員快快樂樂的參與而已。」（吳武典主編，1994）。是故，領導者若能適當的運用領導能力與輔導技巧，將有利於塑造良好的溝通情境及促進成員的社會化發展（Dishion & Nelson, 2007），使成員自由表現其感情與思考，產生交互作用的動力及結果。

　　至於「溝通」（communication），意指雙向互動的交流，說話的人（發訊者）要能正確地說出自己所要表達的意思及目的；而聆聽者（受訊者）要能接受說者所發出的完整訊息，不扭曲，彼此就事實做了解和討論，以促成雙方都能接受的共識與共鳴。團體溝通就是團體內成員、領導者相互之間正在進行的口語互動行為，它是一種動態的溝通（Yalom, 1985）。溝通有助於團體內形成正向的動力，促進團體內外、成員與成員、成員與領導者等人際之間的認知、情感與經驗的交流。人際溝通重視溝通態度與技巧運用，團體溝通則繫於人際溝通、領導技巧與團體氣氛。團體輔導、團體諮商之所以重視溝通，不僅在於促發團體動力，也在於說明意見、表達情感、建立關係，達成團體目標，如圖 1-2。有關團體領導技巧詳閱本書第五章。

　　團體本質上是一個動力性的有機體（dynamic organism），並非靜止狀態的組織體，因此團體內部的各項條件或單位（含個體與群體）必須持續性、經常性的產生交互作用（Laursen & Jensen-Campbell, 1999），包括成員與成員的溝通、領導者與成員的溝通、團體內部與團體外部的互動、團體氣氛的催化、領導的型態與方法、團體的顯象感與向心力等。「團體」雖然經常在變化，但仍有其一定的發展模式可遵循，團體動力的開展有其一定的進程可掌握運作，從初始階段、轉換階段、工作階段到結束階段，正如作文撰寫格式的起、承、轉、合，又如人類行為發展有幼兒期、兒童期、青年期、中年期

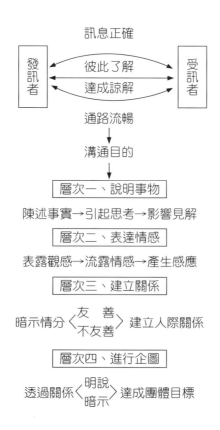

⇒ 圖 1-2　團體溝通模式

到老年期等歷程一般。基本上，團體運作過程愈有效順暢，成員的期待愈易滿足，組織的目標愈易達成。

　　團體「領導」成效涉及領導者的專業知識、個人特質、能力技巧、團體準備與養成訓練等層面，詳閱本書第三章與第四章。除此之外，領導者帶領諮商輔導團體時，其個人主觀的意圖，以及分別聚焦在團體和成員個人的意圖變化，也會影響團體動力的開展、團體的統合運作及團體的發展成效。吳秀碧、洪雅鳳、羅家玲（2003）的研究發現，領導者的主觀意圖可歸為十二類：表達支持、發現情緒、增強與協助個人改變、促進洞察、形成與推進個人目標、獲取資訊與評估、訓練人際技巧、建立團體文化、促進團體凝聚力、

催化團體歷程、滿足領導者的需求，以及其他。隨著團體歷程發展，領導者會從聚焦於「團體歷程」逐漸關注於「個別成員」。

第 五 節　團體動力學的應用

　　團體動力學的發展約可區分為五個時期：(1)萌芽期（1920 年前）；(2)創立期（1921～1930 年）；(3)發展期（1931～1960 年）；(4)驗證期（1961～1980 年）；(5)應用期（1981 年後）。今日團體動力學的研究與訓練蔚為風氣，且已廣泛的運用在團體輔導、社會工作、臨床醫學、組織行政、領導統御、學校教育、工商管理、人際關係等領域。近年來，團體動力學的發展有四項明顯的特色：(1)學術風氣盛行，大量的研究調查出現；(2)確立方法學（methodology）與現象本質（nature of the phenomena）的研究；(3)社會大眾與學者專家的重視、支持與運用，傳播媒體大量引用報導；(4)團體動力學的應用層面擴大，促進團體輔導技術的訓練發展。

　　所謂團體輔導（group guidance）是運用團體動力學，設計團體活動、課程、內容，用來預防及處理個體在各發展階段所面臨的問題。團體輔導是一種有系統的輔導計畫，強調輔導的預防性功能。團體輔導為有效達成團體目標與輔導功能，必須結合、運用團體動力學，以凝聚團體成員的向心力，催化團體內在氣氛，激發成員建設性的行為與開放性的反應。團體動力學在團體輔導及相關領域的應用，詳見圖 1-3。二十世紀初期，在精神治療領域，團體治療與家庭治療皆融入團體動力學知能。二十世紀中葉，在人際關係訓練領域，會心團體、訓練團體、生命力學、工具性實驗及任何形態的治療訓練，也會運用團體動力學的知識。迄今，任何組織發展與管理變革，亦涉及團體動力學的理念與技術。

　　團體動力深受團體情境（文化、規範、組織氣氛、物理環境及團體目標等）及成員特質（身心狀況、價值信念、人際互動及行為模式等）的影響。團體動力有利於了解團體「表象」下的「真相」，例如「以和為貴」的社會

文化，限制了人際衝突的「檯面化」，表面看似「和諧」的團體現象，底下卻是「波濤洶湧」（周志建，2002）。團體動力是影響團體運作的力量，與團體輔導的實務息息相關。二者關係之密切如同人類的人格深受個人知覺和成長經驗的影響一樣。因此，團體領導者必須了解且掌握團體動力，並輔以統合的領導知能，以發揮團體輔導的功效。未來輔導的新方向也將由消極性、治療性的個別諮商邁向積極性、預防性的團體輔導工作。

精神治療　　　　　人類關係訓練（教育）　　　社會行動

團體治療　　　　　會心團體　團體過程訓練　　組織的發展
　人類潛能運動　　　訓練團體　領導團體　　　　變革因素訓練
　嗑藥及犯罪治療

　　　　　　　　　形態治療
　　　　　　　　技能訓練團體　管理發展　　　　　社會改革實驗

家庭治療　　生命力學
　心理劇　　　知覺醒悟　　工具實驗
　　　　　　　思　考　　　衝突控制實驗
　　　　　長程競爭

　　　　　　團體與團體間
　　　　　　　之互動

➲ 圖 1-3　團體動力學與團體輔導之運用

　　今日，團體動力學的發展，雖深受學界及社會大眾重視，但也引發許多的爭議，諸如：團體動力學是否太強調人的因素而忽略組織環境的特性？團體動力學學派分歧，真正影響團體動力的本質為何？團體動力強調團體行為，是否因此導致成員獨特性（individuality）的喪失？團體思考是否取代個人思考？強調團體凝聚力的形成，是否因此降低團體的工作時效？團體動力學發展的結果是否會產生野心份子據以操控人群的後遺症？經驗不足的領導者是否會誤用團體動力而危及倫理？凡此種種問題亟待釐清思考。

　　無可否認的，人類的行為是極其複雜難測的，且人是有個別差異的，因

此團體動力學的應用有其實際的問題必須加以克服。基本上，團體動力學是一種知識（knowledge）、原則（principles），而不全然是一種技術（techniques）、方法（methods），前者貴在可以不斷的研究發展與修訂評估。過去，團體動力學的研究文獻獲得正向評價甚多，學界也相當重視其研究成果，加上社會大眾及不同領域的實務工作者應用得愈來愈多，實際上團體動力學已開展了人類未來生活的遠景，一種展現人類潛能的新遠景（new vista of human potentiality）。團體動力學已有效證明社會工學（social technology）較物質工學（material technology）更能有效解決人類生存的問題、困擾，更能帶給人類生活的適應、進步。

團體輔導基本概念

> 團體輔導具有預防性功能。傳統上,提供當事人有關教育、職業、個人、社會的資訊,以幫助他們做適當的計畫及生活上的決定,增進其適應與發展。
>
> ~Gazda(1989)

第 一 節　人與團體

　　人類的成長離不開團體生活，個體的成長與團體的發展息息相關。換句話說，人是無法「離群索居」的。從出生到死亡，人類終其一生都是在團體中與人共同生活、一起工作，生生不息、世代相傳。家庭是人類接觸最早也是最久的團體，從中學習、成長，從原生性家庭（primary family）到衍生性家庭（secondary family）。爾後，進入社區、學校、班級、社團、公益組織、企業機構等，人無時無刻不與周遭的環境發生關係，別人的言行舉止深深影響我們的一舉一動，我們都是生活在團體的世界裡。在團體中，我們做給人看，也看人做；向別人學，也教別人學；關愛別人，也受別人關愛。團體提供了個人嘗試新行為的情境，成員可在團體中嘗試改變自己舊有的行為，而團體也對成員的嘗試有修正的功用。因此，人與團體的互動關係是緊密的。

　　雖然我們都是生活在團體裡，然而，有人適應在其中，也有人逃避現實，無法融入團體內；有人與團體內成員相處和睦，也有人彼此勾心鬥角；有人喜歡與人交往，也有人害怕與人接觸；有人在團體中成長成熟，也有人在團體中隱藏自我（Barreto & Ellemers, 2002）。為什麼會產生如此不同的結果，探究其因，除了人有個別差異之外，即在於人習慣生活在團體中，卻很少養成觀察團體情境、了解團體動力的習慣。進一步來說，人們已習慣於接受或抗拒團體內所發生的一切形式規章或人際模式，卻未能以多元化角度與科學性方法去了解團體的內涵與動力。舉例而言，當你要去加入一個新團體或參加一個新聚會，即要事先了解該團體（聚會）的性質、參加人員、時間地點、穿著裝扮、交談話題等。進入團體（聚會）中，先根據自己個人的特性背景，尋找適合自己的次團體或同質性團體，再觀察人際互動情形，詢問有關資訊，確實掌握此時此刻（here and now）。事後，再回顧自己在該團體中的行為，做一理性的檢討分析。如此必能有助於個人在下一次類似的團體聚會中，有更適應性、發展性的表現。

第二節　團體與團體輔導

　　何謂「團體」？廣義的解釋認為，凡二人以上的集合即謂之團體。然而，二人以上彼此完全沒有任何互動關係，自然也無法產生團體動力。從不同的層面去研究團體，其定義自有不同。Bales（1950）主張：「團體乃是一群人面對面的互動，且彼此互有印象及回饋。」Corey和Corey（1987）則視團體為一群人所形成的集合體，此一集合體內須具有目標、內容、架構、過程及評估等要件。Yalom（1995）認為團體是一自主的有機體。從團體動力學的觀點而言，團體乃是三人或三人以上成員組合而成，成員彼此之間產生交互作用，且有共同一致的目標。由此觀之，團體構成的條件主要有四：(1)成員三人以上；(2)彼此互動影響；(3)一致性共識；(4)共同目標。

　　有關「團體」的組織及運作，人文科學與社會科學的研究甚多，包括組織學、心理學、人類學、行為科學、管理學、行政學、社會學、犯罪學等領域。國內教育界及輔導界運用團體及團體動力學來解決人類問題更是蔚為一股風氣，坊間社團及企業機構，諸如生命線、「張老師」、公關公司、企管顧問公司，更是大量引進許多團體治療、團體輔導的技術，開辦許多自費性班隊，冠以工作坊、訓練營、研習會、成長團體等名稱，其中邀請的國內外學者專家更是不計其數。

　　許許多多的現代人因工作壓力、人際疏離、生涯迷失等因素形成了內在心理困擾與行為問題，以至於對此類團體相當好奇，充滿期待而且積極投入，更增加了它的「市場」，參加團體的費用節節上升，開辦團體的梯隊有增無減。此一現象，令國內從事團體專業的工作者內心既喜且憂，喜於團體的確吸引人，團體是一種人際互動的組合（周玉真，1995），也是一種經濟、有效的諮商調適方法，它可以彌補個別輔導、個別諮商與治療的不足；然而，也擔憂若對團體工作的概念與內涵認識不清，以致團體被誤用、濫用與盜用，則將對團體及其內的個體（包括領導者與成員），甚至整個機構造成難以彌補的傷害及後遺症，也降低了團體的專業形象與功能。

事實上，許多人自參與團體的過程中獲得成長、適應與發展，但是也有不少人在團體中受到傷害，學習錯誤的行為，加深自卑或自大的心理，甚至否定團體、攻擊團體，不僅個人問題未能獲得妥善的解決，反加深內心的挫敗感，困頓自己，自絕人群。是故，有心從事團體工作的領導者宜充實專業知能，認識團體與團體輔導的內涵：團體輔導的意義、功能、特徵、種類、發展過程及其與團體諮商、團體心理治療的差異。此外，也必須運用團體動力學，充分了解團體的輸入變項（成員特性、團體情境），掌握團體的中介變項（團體過程、領導知能、溝通模式、團體氣氛等），以產出正向效果的輸出變項（成員的改變、團體的發展）。如此，方能真正發揮團體及團體輔導的功能，有效提供成員資訊，協助問題解決，促進其身心發展與生活適應。

第三節　團體輔導的內容

一　團體輔導的意義

「團體輔導」（group guidance）乃是指運用團體動力學的知能，由受過專業訓練的領導者，藉由專業的技巧與方法，協助成員獲得有關的資訊，以建立正確的認知觀念與健康的態度行為。易言之，團體輔導即團體諮商（group counseling），二者常相互為用（張景然，2001），它有別於團體心理治療（group psychotherapy）、團體訪談（group interview）、團體會議（group meeting）。

二　團體輔導的特徵

從團體輔導的意義可以發現，團體輔導與團體諮商具有經濟性、經驗交流等優點，它是一種與個別諮商一樣有效的專業（Kivlighan, Coleman, & Anderson, 2000; Yalom & Molyn, 2005），目前已成為普遍應用的助人工作方式（簡

文英，2001）。它同時具備下列的特徵：

（一）專業性

團體輔導的領導者須受過團體動力學及其相關學科的專業訓練，且運用專業的方法與技術來領導成員。

（二）開放性

團體輔導透過開放性的情境來引導成員獲得內在需求的滿足與外在資訊的充實。在開放的團體情境中，有助於成員表達其需求與感受，達成團體目標（Freeman, 1991）。

（三）互動性

團體內的成員產生交互作用，彼此的認知、態度與經驗互相影響。利用團體諮商輔導方式，有利於成員消除孤單感，使經驗共通化，有效產生支持性互動（Huss & Ritchie, 1999）。

（四）目標性

基本上，團體輔導有其教育性的目標，透過團體輔導來協助成員獲得正確的資訊，以建立正向的認知、態度與行為。此外，情感支持、認知學習與經驗共通化亦為團體的重要目標（Zambelli & DeRosa, 1992）。

（五）一致性

團體成員雖須領導者的帶領、引導，方能達成其目標，但前提是領導者與成員、成員與成員之間必須有其一致性的共識，例如遵守團體契約與團體規範、認同團體、支持成員等共識。

（六）結構性

團體輔導從工作準備、團體形成、過程運作乃至成效評估都有其一定的

方法、技術與設計，即使是非結構性的團體，也有其運作的模式，故團體輔導有其結構性。

三 團體輔導的發展

團體輔導是一結合心理學與諮商理論而設計的課程，其本質為教育與發展，透過此一課程，協助學生或團體成員充分發展其個人、生涯和教育（吳秀碧，2000）。團體輔導運動的發展歷史可追溯至 1907 年美國愛荷華州 Ceder Rapids 高中的「職業和道德輔導」課。1908 年康乃狄克州 Wertpart 高中引進「職業資訊」課。這些課程偏重教導式，提供學生職業和生活的資訊，被視為是職業性團體輔導的先驅。

1930 年代，團體輔導式的課程遍及全美各地，並出版許多學校團體輔導的圖書。此外，美國各級學校也實施「Homeroom」（同年級學生定期定點集會接受教師的指導，類似我國的導師時間、班週會時間），強化了教師的輔導功能，包括建立師生關係，協助學生探索自己的性向、需求與興趣，以發展生涯抉擇的能力。此類團體輔導的課程大多在班級教室中進行，人數約在二十到三十五人，領導者是教師或導師，重要目標是提供正確的資訊，用以協助學生改變自我和了解他人。此類課程活動常應用各種教學媒體和團體動力概念，以引發成員的學習動機，並促進學生團隊精神。

直至 1950 年代，因一般教師缺乏團體動力與諮商輔導的訓練，學校諮商員因而取代教師的輔導專業角色，加上學校行政部門又未能有效支持，使得班級團體輔導的實施成效大打折扣。至此，學校教師開始向校內諮商員學習團體領導技巧，並關心學生認知、情感和態度各方面的發展，許多教師在教室內開始引導學生討論個人的感覺、經驗，並帶領發展個體身心的各種練習活動，「團體諮商」於焉形成。

綜合學者（吳秀碧，2005，2010；吳武典、洪有義、張德聰，2010；許育光，2005；翟宗悌，2009；鄔佩麗，2005；Rubel & Kline, 2008; Shechtman, 2004）觀點，團體輔導屬於預防性、認知性，適合人數較多的成員參與，如

以班級為單位；團體諮商屬於心理性、體驗性，重視共通性或個人化的問題處理，宜以人數較少的小團體方式進行，重點在於協助有人際問題或生活困擾的成員。這二類團體多在學校、社區進行，有別於在醫療院所進行以人格重建與矯正性的團體治療（group therapy）。

四 團體輔導的種類

基本上，團體諮商、團體輔導因考量因素及設計內容不同，團體也有不同的分類。目前團體分類係依據團體組成的目標、功能、性質、時間及成員的需求等向度之不同，區分為下列各類團體。

(一) 就團體功能而言

1. 成長性團體：此類團體注重成員的身心發展，協助成員自我認識、自我探索進而自我接納、自我肯定。例如：自我發展研習會、自我成長工作坊、自我肯定小團體等。
2. 訓練性團體：此類團體注重成員生活知能的充實與正向行為的建立。例如：人際關係訓練團體、表達動力團體、身心鬆弛工作坊、敏感力訓練團體、親職效能研習會等。
3. 治療性團體：此類團體注重成員經驗的解析、人格的重塑與行為的重組。例如：馬拉松團體、悲傷治療團體、心理劇工作坊、安寧看護團契、家族治療工作坊等。

(二) 就團體內容而言

1. 結構性團體：此類團體較注重於針對團體所要達成的目標，設計活動以引導成員參與學習，因此它是具有預定目標和活動方向的團體輔導。領導者的角色明顯，團體在預定的目標、方向等控制下進行；相對的，成員自主性與自發性的行為減少，特別是在團體發展過程的初始階段。McManus、Redford 和 Hughes（1997）認為結構性團體較有助於成員

的自我成長，且與他人產生正向互助的關係。

2. 非結構性團體：此類團體並非沒有運用活動、計畫或練習（activities、planning or exercises），而是領導者配合成員的需求、團體動力的發展及成員彼此的互動關係來決定團體的目標、過程及運作程序。領導者主要的任務是催化、支持，以非指導性的（non-directive）架構來進行。其與結構性團體之區別，詳見表 2-1（夏林清，1981）。

（三）就團體人數而言

1. 大團體：此類團體人數約在三十五人以上，例如研習會、活動梯隊或班級團體等輔導／心理教育團體。目前坊間許多企管顧問公司、潛能開發機構或外國專家主持的訓練營等，人數動輒上百人以上，多半是以經濟效益的觀點來考慮團體人數，未必符合團體輔導、團體諮商與團體心理治療的精神內涵。

2. 中團體：此類團體人數約在二十至三十五人之間，例如工作坊、研習營、團契等任務／工作團體。人數過多或過少均會影響團體動力的開展，也會產生成員互動及領導功能的限制。

3. 小團體：此類團體人數約在二十人以下，亦即一般所謂的團體諮商、團體輔導。目前我國各級學校輔導單位所辦理的團體輔導、團體諮商大多屬於小團體性質。諮商／心理治療團體理想人數約在五至十人，支持／成長團體約在八至十六人。

（四）就成員參與而言

1. 開放性團體：此類團體成員較不固定，成員的加入或退出皆尊重其個人情況、需求與意願，成員的流動性相對帶來不同向度的衝擊，彼此刺激、相互學習較多，例如讀書會、團契等。

2. 封閉性團體：此類團體成員固定，熟悉度高，團體凝聚力與信任感較強，成員的加入或退出都會影響團體動力，因此團體開始後，通常不宜再加入新成員。一般而言，大多數的諮商團體、輔導團體都是屬於封閉性質。

➤ 表 2-1　結構性團體與非結構性團體之比較

項目	結 構 性 團 體	非 結 構 性 團 體
成員的學習	成員在參與中，自由地依自己的需要及價值觀來吸收、學習；但學習的範圍和方向則易被團體領導者所設計的結構、主題所限制。	成員學習的內容較無限制，隨著成員彼此的互動，引發出任何可能的學習材料及方向。
催化員的角色	團體領導者清楚地運用其領導的角色來引導團體的進行。有時為了配合成員更有效的學習，會進行簡短的演講或印發講義等學習材料。	團體的學習有賴於成員彼此在團體過程中自然產生的情緒和行為。領導者適度的參與團體，促進團體的溝通與成員的了解、分享；領導者領導的角色較不明顯。
團體的氣氛	團體在整個進行過程中，安全的學習氣氛是被刻意創造的，如開始時運用暖身活動（warm-up exercise）來培養團體的氣氛，醞釀學習情緒。為了避免曖昧不清、不安全和威脅的氣氛，通常由容易或較淺的學習主題進行到較難或較深的學習主題，以幫助成員在安全的氣氛中，針對學習主題獲得最有效的成長。	因為成員的學習資源是來自成員彼此感情與行為的投入，成員自然地出現他自己被期待和鼓勵的行為。團體初期因目標的不明確而帶來曖昧不清的團體氣氛是有其目的的。因為它所提升的成員焦慮壓力反而是催化、引發成員一連串真實行為反應的力量。

資料來源：引自夏林清（1981）。

(五) 就團體時間而言

1. 密集性團體（非週間團體）：此類團體進行時間較長，不固定，視團體動力與成員的需求而定，最常見的是團體時間持續二十四小時以上的馬拉松團體（Bach, 1968），或三天二夜之類的工作坊。密集性團體有利於加速團體發展，凝聚成員向心力，領導者與成員互動較多與接觸緊密，易坦露自我，成員也因團體為期時間短，較不易流失或遲到早退。

2. 常態性團體（週間團體）：此類團體進行時間固定，每次約一至三小時，連續進行八至十週，每週一至二次。一般而言，學校的諮商團體、輔導團體皆屬於常態性團體。

（六）就成員背景而言

1. 同質性團體：此類團體的理論基礎來自於團體凝聚力論（group cohesiveness theory），成員的屬性特質較相近，包括性別、年齡、學歷、職業、婚姻……等，例如晚晴婦女協會所開辦的「婚姻危機調適工作坊」、一葉蘭同心會的「單親媽媽成長團體」、教師同理心訓練團體等。同質性團體的團體動力開展較快，凝聚力強，相互溝通與支持性較高，但也可能影響多元交流與成員成長，團體發展有時流於「閒聊」與單調（Yalom, 1995）。

2. 異質性團體：Yalom（1995）認為：此類團體的理論基礎為社會縮影論（social microcosm theory）及不和諧論（dissonance theory）。凡團體成員的屬性特質有所差異，謂之。異質性團體的動力開展較不容易，成員剛開始較陌生，同理支持行為不多，經驗交流也少，此時領導者的催化、領導很重要。當動力一經形成，成員溝通互動的機會增加，有助個體學習行為的建立。又，異質性團體為避免「獨特」成員的孤立感，可採取成員「配對」或「互補平衡」的方式來進行（Samuels, 1964）。

（七）就團體性質而言

1. 輔導／心理教育團體：此類團體旨在提供成員專業的資訊或生活的知能。領導者設計團體目標與團體議題，鼓勵、引導成員學習、分享與討論，以運用資訊來做適切的決策，促進專業成長與生活適應。這是一種預防性、教育性的團體，常見於學校教育情境。團體人數較多，約在十二至四十人；團體進行次數較少。例如學習團體或班級輔導。

2. 諮商／心理治療團體：此類團體都是在處理個人內在化或自我發展的

議題，甚至深層次的心理困擾。透過領導者的帶領與團體成員的互動、回饋，以增進其內在的成長與發展。此類團體人數較少，約在四至十二人之間；團體次數較多。諮商團體多見於學校或社會輔導機構的專業情境，而心理治療團體大多在心理諮商機構與醫療院所中實施。這是一種發展性、治療性的團體。

3. 任務／工作團體：此類團體係為達成特定的工作或任務而組成，係以團體而非個人為焦點，經常出現於企業組織或公務部門中。Peterson和Nisenholz（1999）認為，這是一種運用團體動力學來完成目標與任務的團體。其人數與次數不定，視工作與任務而定。領導者也未必僅限於心理專業人員，常見不同學術領域的專業人員，例如科技研發計畫團體、專業諮詢小組或研習訓練營等。

4. 支持／成長團體：此類團體旨在交流資訊、支持情感，領導者提供一個溫暖、安全和支持的團體氣氛，針對主題來設計相關的活動，鼓勵成員分享和討論。領導者雖不似諮商／心理治療團體須具備完整、高層次的心理學與團體動力學的專業知識，但也需要接受帶領團體的訓練（連廷嘉，2002）。其團體人數與進行次數不定，有時採非結構團體方式為之，例如家暴婦女支持團體或教師成長團體等。

(八) 就參加動機而言

1. 自願性團體：此類團體的成員加入團體是基於個人需求與意願，因未受到強制性約束，個人參與行為較投入。大部分的諮商團體、輔導團體都是自願性團體。

2. 非自願性團體：凡成員被邀請或強迫參加團體，謂之。此類團體的成員防衛心較重，無學習興趣，對團體、領導者、其他成員及一切活動容易產生排斥反應。一般而言，團體心理治療與學校之矯治性團體、訓練性團體較多非自願性質，例如違規學生現實治療團體、低成就學生學習工作坊、單親家庭子女成長團體、春暉（菸害毒害防制）輔導營等。

(九) 就諮商理論而言

1. 心理分析團體：提供氣氛以協助成員重新經驗其早期家庭關係，發現與過去事件有關聯而對目前行為有影響的壓抑感覺。對於錯誤心理發展的根源（origins）產生頓悟，並激勵正確的情緒經驗。

2. 阿德勒團體：創造治療性關係，以鼓勵成員探討基本的生活假設，同時達到較廣泛的生活格調的了解。幫助成員認同他們的優點及改變的力量，並鼓勵其完全接受並負責所選擇的生活風格及所要做的改變。

3. 心理劇團體：催化壓抑感覺的發洩，提供頓悟，協助成員發展新的、有效的行為。探討有關衝突解決的可能性，並引導他們去經驗生活的重要部分。

4. 存在主義團體：提供有利於擴大自我察覺及減少成長阻力的條件。幫助成員發現並使用自由選擇且對自己的選擇負責。

5. 個人中心團體：提供安全氣氛以便成員能探討各種感覺。協助成員更能接受新經驗並對自己的評價更有信心，鼓勵成員活在當下。發展開放、誠實和自然的關係。強調此時此地與人會心，並利用團體克服疏離感。

6. 完形學派團體：促使成員密切注意此刻的經驗，使他們接受認同，並整合自己不承認的各部分經驗。

7. 溝通分析團體：協助成員去除自我與他人互動中所使用的不當腳本和遊戲。對成員早期的決定作檢視與挑戰，並基於自己的新察覺作新決定。

8. 行為治療團體：幫助團體成員消除不適應行為，學習新的和較有效的行為模式（將廣泛的目標加以分析或簡化成次級目標）。

9. 理情治療團體：教導團體成員必須為自己的困擾負責，並且幫助他們指認並放棄困擾背後的不合理信念。消除成員這些對生活不合理和自挫的觀點，並代之以合理的、較能容忍的信念。

10. 現實治療團體：引導成員學習合乎現實的與負責的行為，發展成功的

認同，同時擬定改變行動的計畫（黃月霞，1991）。

11. 敘事治療團體：強調人是人、問題是問題，教導成員重新詮釋自己的生命故事（事件），重視成員自我的獨特性，深信每個人都有其獨特而奇妙之處，必須予以尊重。教導團體成員運用外化問題，找尋正向獨特的結果，並注入新意義的解釋，鼓勵成員團體迴響並促發正向行動。

　　總之，團體輔導與團體諮商能夠有效改變成員的行為（Hoag & Burlingame, 1997），團體分類則有助於領導者設計團體活動，運作團體動力，掌握團體的發展方向。值得一提的是，上述分類的向度並非彼此互相排斥而是相互為用，也就是說一個團體可能同時屬於不同的類別。例如「人際關係訓練團體」可能是一訓練性、同質性、自願性、封閉性的溝通分析小團體。又如高結構的團體領導較適用於團體發展的初期、輔導／心理教育團體或訓練性團體（吳秀碧，2005）。

第四節　團體發展的過程

　　團體發展歷程對於團體諮商的重要性，猶如諮商關係的發展之於個別諮商，是創造諮商環境與條件的必要過程（吳秀碧，2005），催化團體發展的歷程是一項困難的工作。

　　團體輔導與團體諮商的發展過程，依其團體動力的開展，約可區分為若干階段，唯學者的觀點不盡相同。有學者認為團體發展過程分二階段：依賴期與相互依賴期；Bion（1959）則主張有三階段：逃避期、鬥爭期與聯合期。Golembiewski（1972）強調四階段：建立組織期、衝突挫折期、安全自治期與工作任務期。Mills（1964）認為有五階段：相遇期、嘗試期、協調期、生產期與分離期；Trotzer（1999）從 Maslow 人際成長的需求角度，也主張團體發展過程有五個階段：安全期、接納期、責任期、工作期和結束期。Bradford、

Gibb 和 Benne（1964）、Mann（1967）等人強調團體發展可細分為六階段以上。

我國學者大都將團體發展過程區分為四階段：建立期、探討期、工作期與結束期（黃月霞，1991；呂勝瑛，1991）；或採五階段觀點：初始期、轉換期、安全期、工作期與結束期（黃惠惠，1993；何長珠，1988）；初步接觸、聯結關係、友誼與親密、互助與合作、收穫與退出（吳秀碧，2005）。每一時期皆有其不同的目標、活動、成員心態等等，領導者的領導技巧也不盡相同。目前常用的模式為 Corey 和 Corey（2006）提出的起始期（initial stage）、轉換期（transition stage）、工作期（working stage）和結束期（final stage）四個階段。本單元參考 Corey 和 Corey（2006），以及 Gazda 等人（Gazda, Ginter, & Horne, 2001）之團體發展歷程的分期觀點，說明如下：

一 初始期或建立期

（一）目標

領導者協助成員相互認識，了解團體的目的和結構，察覺自我的感覺和行為。在此階段，團體內成員的關係與互動，僅止於表面層次的社會互動關係，漸進式的建立彼此在團體內的角色及行為規範。團體規範的訂定須考量其時機、對象、內容及成員違規的處理原則，其目的在於促進成員成長與提升團體效能（林俊德，2002）。

（二）成員心態

平靜、冷漠、期待、好奇、觀望、猶豫、無奈、抗拒、焦慮……等。成員的心理與行為反應個別差異相當大。

（三）活動設計

適當運用音樂或團康活動予以催化，並增加成員互動機會，協助其自我

開放。活動進行中，領導者宜以更多的示範、尊重與鼓勵來催化成員，營造正向、溫暖和「有趣」的團體氣氛。

(四) 領導技巧

領導者需使用傾聽、反映、澄清、催化、同理心、發問、解釋、結構、設限、打開話匣等更多的技巧，以主動協助成員打破社交藩籬，相互關心，進而開放自我、催化團體動力。

二 轉換期或探討期

(一) 目標

領導者協助成員分享感受，表露更多團體內或團體外的個人想法、經驗與情感，並察覺自己與他人的感覺和行為，進而開展團體動力。

(二) 成員心態

成員可能會有懷疑、不信任、抗拒、無奈、競爭、不滿、等待、無聊、依賴、期待、好奇、平靜、喜悅、痛苦、逃避等反應。在此時期，成員的心理與行為差異性也大，負向外顯行為增加，被視為是暴風、或敵意、反領導權威的階段（Wheelan, 1994）。但也有成員的反應較前一時期有正向的變化。

(三) 活動設計

考量成員的不習慣、威脅感與抗拒性，領導者不宜設計過於敏感或肢體接觸的團體活動，而是設計漸進式、結構式引發成員表層次至深層次的自我分享活動，並讓成員發展支持性互助關係，凝聚團體向心力。

(四) 領導技巧

建立期技巧 +摘要、解釋、聯結、支持、判斷、角色扮演、阻止等。領

導者在此階段除了持續運用前一階段（建立期）的領導技巧之外，亦宜適時支持不同層次經驗分享的成員，協助表達能力不佳或畏於開放表達的成員參與團體，引導其具體、安心且安全地表達自我的想法、感受和經驗，使團體問題或個人困擾能在此階段的正向團體動力催化下，導入下一階段的團體中處理。

三　工作期或信任期

(一) 目標

領導者可引導團體成員分享成長經驗，協助每位成員檢視自我的困擾、焦慮，學習有效的社會行為，學習問題解決，激發自我的成長動力，開展任務取向及開放性回饋的團體發展動力（Wheelan, 1994）。

(二) 成員心態

大多數成員表現接受、互助、感動、平靜、喜悅、頓悟、積極、開心、熱誠、專注等正向心理與行為，互相關注與支持，調整互動模式，共同解決個人或團體的問題。若少數成員仍有前二個時期的負向反應，領導者宜多加留意輔導；必要時於團體後個別約談之。

(三) 活動設計

配合團體主題、性質、目標來設計活動，設計從小威脅性到大促發性的經驗分享活動，並引發成員非表層次的回饋討論。此一階段的團體，其動態性、康樂性或肢體性的活動不宜過多，須以能夠協助成員抒發負向感受及表露正向經驗的成長性活動或團體討論為主。

(四) 領導技巧

（個別輔導）＋ 建立期技巧 ＋ 轉換期技巧 ＋面質、自我表露、立即

性、串連、執中、回饋、高層次同理心、目標設定、保護、建議、沉默、示範、調律等。當「互助、互信與互相同理」的團體動力一經形成，領導者亦可以更省力而專業的方式來帶領團體，領導者僅扮演「團體安全的守門員」角色（Gazda, Ginter, & Horne, 2001），亦可適度面質（李雪禎，2002），以確認團體成員已有接受他人的挑戰、自我抉擇或積極行動的準備與動力。

四 結束期

(一) 目標

　　領導者協助成員訂定成長計畫、實踐行動，激勵成員，進行準備結束團體和評估團體，同時增強成員在團體內的成長經驗和團體外的適應能力。有時也必須處理成員間「分離」問題，團體的結束也是一種人際失落經驗與因應處理的學習（黎士鳴，2010）。

(二) 成員心態

　　大多數成員會有喜悅、自信、滿足、依依不捨、承諾、高興等正向反應，少數成員可能仍有逃避、解脫、不滿、失望、冷淡及鬆了口氣等負向反應，甚至出現特殊行為，例如挑釁其他成員和領導者。

(三) 活動設計

　　統整成員的學習心得，將感覺、認知轉化成具體行動計畫並鼓勵其實踐，同時，遷移個人學習性行為於團體外的情境中運用。

(四) 領導技巧

　　（個別輔導）＋ 建立期技巧 ＋ 轉換期技巧 ＋ 工作期技巧 ＋統整、評量、組織、激勵、計畫、增強、保證、再增強保證等。領導者必須從不同成員在團體內的自我表露層次與頻率來協助其統整團體成長經驗，適時予以個別差異的回饋或建議，引導其建構團體結束後的成長方法與方向。

　　團體發展過程雖有不同的階段與任務，但各階段發展的時間與團體進行的次數卻未必相等。有些團體可能停留在轉換期好幾週次或未曾出現此一時期，也可能團體進入工作期後又出現動力停滯或轉換過渡的歷程。吳秀碧（2005）認為，團體領導未必是依結構式團體的發展過程和步驟來進行，而是以成員活動和導向來設計團體內容，領導者主要負責催化團體過程的進行；它不像傳統的非結構式團體領導（由成員主導）或結構式團體領導（由領導者主導）。

　　吳秀碧（2005）提出螺旋式領導模式（a spiral model），其團體發展過程含「展開團體」、「過程結構與平衡交流」、「建立人際交流新規範與發展治療同盟」、「步向問題探討與解決」、「結束團體」等五階段；前述領導過程及其步驟，可能出現來回擺盪、推進的發展方式，以滿足成員的需要及促進團體效能。換言之，團體諮商的發展過程未必是直線式，而是非直線、循環交替的動力過程。

第五節　團體輔導、團體諮商與團體心理治療

　　「團體諮商」一詞最早出現在 Allen（1931）的研究中，唯當時較偏重於團體教導（group instruction）。而後，「團體諮商」與「團體輔導」互為運用，儘管有些學者曾進行相關研究，二者之間仍難以區分（吳武典、洪有義、張德聰，2010；Azima, 1989; Beck & Lewis, 2000; Gazda, Ginter, & Horne, 2001）。

　　1947 年，隨著美國國家訓練實驗室（NTL）的成立，及團體動力學的開展，傳統性團體輔導產生很大的變化，結構性團體運動隨之興起，融入更多更新的諮商技巧與行為分析方法，團體輔導遂發展成「團體諮商」，各類團體不斷問世，例如 Lewin（1944）的「技術性團體」，1947 年 NTL 的「敏感力訓練團體」，Bradford（1957）的「訓練性團體」，Rogers（1959）的「會心團體」等。有些諮商員、領導者也開始充實精神醫學知能並學習催眠等技

術，加上有些長期從事精神醫療之精神科醫師，亦不斷涉獵團體動力學及多元取向的理論，進而蓬勃發展了「團體心理治療」。團體心理治療便是以團體方式來治療病人的一種方法（Gilbert & Shmukler, 2003; Moreno, 1962）。

　　基本上，團體輔導、團體諮商與團體心理治療有其相通之處：(1)三者皆是採用團體方式來處理成員的問題，以協助其生活適應與身心發展；(2)三者皆由受過專業訓練的領導者加以指導，帶領團體；(3)三者皆須考量成員的個別差異與背景特性；(4)三者皆須運用科學性、系統性的方法，雖理論架構有別，如圖 2-1 之(A)，但皆以心理學為基礎；(5)三者皆須考量團體動力的運作；(6)三者皆須在特定的情境場所中進行；(7)三者的領導員皆須遵守專業倫理；(8)三者皆須建立督導制度，以保障成員權益，提升專業品質。當然，若分就其對象、目標、功能、方法與團體動力，三者互有重疊之處，但也有其差異性，如圖 2-1 之(B)及表 2-2。

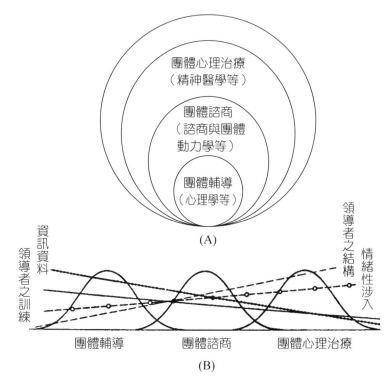

⊃ 圖 2-1　團體輔導、團體諮商和團體心理治療之關係

➤ 表 2-2　團體輔導、團體諮商與團體心理治療的比較

項　　目	團　體　輔　導	團　體　諮　商	團　體　心　理　治　療
對　　象	一般人	一般人	病患
功　　能	預防性、教育性、發展性	教育性、訓練性、發展性	矯治性、復健性、治療性
側重層面	認知的、態度的、行為的	認知的、態度的、行為的	認知的、人格的、內在心理層次的
向　　度	意識的	意識的、前意識的	潛意識的
方　　法	一般教學活動、演講、團體討論、諮詢式互動及諮商技術等	運用分享、探索、引導、面質澄清、回饋等高層次諮商技術	運用治療技術，配合催眠、心理劇等方法及精神醫療
導　　向	資訊導向 成長導向	問題解決導向 成長導向	人格重建導向 行為重塑導向
領　導　者	教師或諮商員	諮商員或受過專業訓練的教師	心理治療師或受過專業訓練的醫護人員
成員屬性	異質性	異質性、同質性	同質性
目　　標	一致、成員有共識	一致、成員需求不一	不一致（領導者、成員想法不盡相同）
團體時間	固定	視情況	較長
實施單位	學校、社會機構	學校、社會機構	醫療機構
備　　註	團體輔導與團體諮商因對象、功能、側重層面等項目頗多重疊之處，故在實際運用時並未嚴格區分。國內目前在學校輔導工作上較偏向團體諮商的內涵，但又經常以團體輔導的名稱呈現。團體輔導是有計畫、有主題的活動，由領導者決定團體走向及團體動力的開展。團體諮商之重點在關係的建立，領導技巧多同理心和諮商技術，由成員決定團體焦點，以現在為導向（present-oriented）。		探討成員過去的成長史，偏重於其意識與潛意識的觀察。成員有病識感，治療上以個人發展為主（雖名為團體治療），深層的分析及探討是必要的，領導者須接受長期的專業訓練。

第 六 節　團體輔導的運用

　　團體輔導與團體諮商並非是團康活動，也非數個團體活動的累積，更非僅以解決問題為目標的團體討論（張景然，2001）。團體輔導旨在藉著團體中人際交互作用以幫助個人成長。透過團體歷程的學習與互動，促進個人的身心發展，學習技能，獲得正確的資訊，從而了解自己、接受自己、實現自己。團體輔導的運用模式如圖 2-2。團體輔導依其目的，含資訊交流、問題解決、技能學習、自我成長及諮商治療等五項；依其作法有角色扮演、團體討論、經驗分享、影片賞析、資料研閱及講授指導等六項；依其型式則有結構團體、非結構團體、輔導活動、教學活動、班級活動、社團活動及其他活動等七項。任何輔導團體皆有其目的、作法及型式，彼此相互為用，三者並非獨立、單一與互斥。

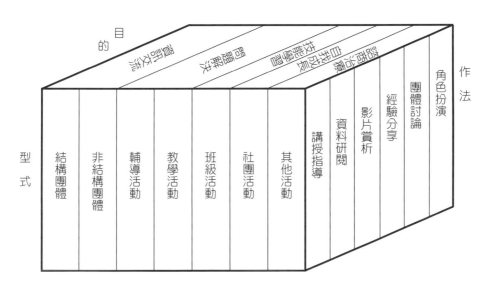

⊃ 圖 2-2　團體輔導的多元運用

　　圖 2-2 說明團體諮商、團體討論、演講座談或角色扮演等團體方式，可運用於正式或非正式團體等情境中，以達成資訊交流、生涯發展、問題解決等認知改變功能。此外，復以「團體過程的本質」、「領導及催化的管理本質」二向度來加以分析，團體輔導在未來的發展及運用上更是呈現多元化的風貌。圖 2-3 顯示團體輔導的運用有四大類：(1)「體驗取向團體」，如：治療團體、會心團體等；(2)「諮詢取向團體」，如：資源互助團體、教育團體等；(3)「關係取向團體」，如：人際溝通團體、自我成長工作坊等；(4)「任務取向團體」，如：訓練團體、增進親職效能團體等。前二類團體重視團體過程的運作，後二類團體注重工作結果。第一、三類強調團體內的氣氛催化，而第二、四類團體則注重領導力與結構化。

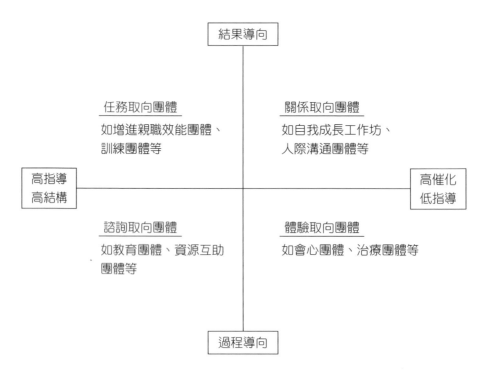

⊃ 圖 2-3　「結果／過程」導向及「結構／催化」導向交互作用的團體輔導類型

　　由此觀之，舉凡治療團體、實驗團體、會心團體、資源團體、教育團體、任務團體、工作團體、人際關係技術團體、服務團體等等，皆可視為不同層面與團體動力發展出來的團體輔導。未來團體輔導的運用趨勢，宜朝向多元化、專業化及功能化的目標努力之。團體輔導不應流於形式，更不可因其經濟效益而忽略了輔導的專業內涵。是故，團體領導者的養成背景、教育訓練與前置作業的準備甚為重要。唯有專業的領導者，才能有效運作團體，達成輔導專業的目標。

CHAPTER ③

團體的形成：成員與準備

三 個人的團體會產生 6 種可能的關係，而七個人的團體會形成 966 種可
能的互動，團體的大小影響人際互動與組織結構。

　　　　　　　　　　　　　　　　　　　　　～Kephart（1951）

第 一 節　團體形成的背景

　　團體組成前，領導者須先考慮清楚：究竟自己要帶的是什麼性質的團體？是同質性團體或異質性團體？是結構性團體或非結構性團體？是成長性、訓練性或治療性的團體？團體的目標何在？個人過去是否有帶領過同類型團體的經驗？團體組成是基於成員的需求或輔導工作的必要？是輔導老師的專業考量或學校基於特殊目的的要求（例如：家長會想法、校長教育理念、社會期待等）？此類團體過去實施成效為何？是否有足夠的資料與活動可參考？領導者是否有足夠的能力撰寫團體計畫？成員參加團體是否要付費？此類團體的組成若涉及收費營利，是否有足夠的市場？如何宣導促銷？如何協調相關的單位與人員……。團體若是在組成之前，能夠先釐清上述問題，妥善擬定對策，必能有助於團體動力的開展、團體實際的運作及專業倫理的依循，以收事半功倍之效。

　　一般而言，缺乏經驗的領導者在帶領團體之前，須先經過嚴格的專業訓練，或蒐集足夠的團體輔導資訊，必要時，先參與同類型的團體，擔任見習領導者的角色。同時，參考文獻資料，慎重評估該類團體的實施成效，尤其是治療性團體對成員的影響甚大，稍有不慎極易傷害成員，違反專業倫理。此外，領導者要清楚團體的目標，了解團體組成的背景是基於輔導工作的計畫或成員的需求？若是前者，也要探討其必要性，是否能充分結合後者的必須性。若是在校方、機構或社會期待下而成立的團體，領導者也宜從諮商專業與輔導行政等層面考量，做出最適當的判斷，以決定團體是否「遵照辦理」的進行，否則應妥善溝通說明，以免造成輔導工作推動的困擾或產生不必要的後遺症。

　　至於坊間社會單位與私人機構辦理之收費性團體，領導者角色宜中立，避免行政介入太深、過度商業化而影響其專業性、權威性。同時，領導者更應適時協調主辦單位有關團體行政方面的支援與配合，以符合專業需求，流

暢團體動力，確保成員權益及專業倫理，否則團體輔導、團體諮商及團體心理治療易遭誤用、濫用，降低成員、消費大眾的信任感與支持度。各類輔導團體氾濫的結果，「供過於求」或「供需失衡」，會造成許多團體開辦不成，甚至有些以心理成長、潛能激發為訴求的個人工作室及企業機構因經營困難紛紛關閉，此等現象值得深思檢討。

任何一個團體的組成，宜慎重評估其「市場需求」與「消費反映」。是故，團體組成之前，適當的「市場調查」、「產品分析」以適切的「市場區隔」、「商品定位」也有其必要。領導者更可據此形成團體計畫的擬訂與團體目標的確立。因此，團體組成前，領導者宜謹慎客觀的考量有關問題。Corey 和 Corey（1987）認為團體組成要考慮：(1)目標；(2)架構內容；(3)實際運作；(4)過程；(5)評量等五個範圍，包括成員的篩選、招募與技術的運用。

第二節 團體計畫的撰寫

基於團體動力與成員認知的需要，團體組成前，領導者宜先撰寫團體輔導工作計畫書，設計宣傳單或海報（如圖 3-1），宣傳單或海報要能吸引人，也要考量議題、團體性質及成員的次文化（吳昭儀，2009）並完成輔導行政程序，例如：會簽相關單位、申請團體經費等。領導者在撰寫工作計畫書前宜參考相關文獻及運用個人專業知能。計畫書的格式不一，唯其內容至少必須具備下列項目：（參閱表 3-1）

1. 團體的名稱
2. 團體的依據及目標
3. 團體的理論架構
4. 團體的內容與功能（活動設計）
5. 團體的參加對象
6. 團體的主辦單位、協辦單位及承辦單位
7. 團體的結構性質

遇見

心想事成的自己

♥您是否對如何走自己的路，常常感到迷惘呢？

♥您是否曾下定決心改變，但又發覺自己力不從心呢？

♥您是否想開創自己的錦繡人生，卻不知從何開始呢？

如果您想找尋方向、重拾希望、掌握契機、認識自己，

邀請您來參加團體，一起遇見「心想事成」的自己！

★參與對象：能全程參與的大學生

★團體時間：　年　月　日～　年　月　日，每周二，18:00-20:00

★團體地點：行政大樓六樓　諮商輔導中心團體諮商室

★成員人數：自由報名，經面談篩選後，錄取 8-10 人

★報名日期：即日起，至　年　月　日止

　　　　　　（名額有限，請把握機會喔！）

★報名方式：填寫報名表後繳交至諮商輔導中心或親自報名

★帶　領　者：梁遠如　老師

★附　　　註：本活動「免費」，全程參與者，將頒發證書與精美小禮物一份

⊃ 圖 3-1　團體諮商與輔導活動宣傳單（海報）範本

8. 團體領導者簡介

9. 團體進行的時間、次數

10. 團體進行的場所（地址、校內所在位置等）

11. 團體評估工具

12. 參加團體的費用

13. 報名須知及注意事項

14. 計畫權責來源

➤ 表 3-1　團體輔導工作計畫書／表

（單位全銜）

一、團體名稱：自我肯定訓練團體

二、計畫依據：1. 教育部　年　月　日　　字第　　　號函

　　　　　　　2.（單位）　　年度　　工作計畫

三、團體目標：協助成員自我了解、自我接納，增強成功的自我認同。

四、理論架構：根據 Glasser 現實治療理論（reality therapy），個體認同自我是成
　　　　　　　功者，在生活行為上將獲致成功，自我認同失敗者會產生不負責
　　　　　　　任的失敗行為。個人認同來自於生活中與他人的互動關係。

五、參加對象：大專生，性別不拘，16 人為限

六、主辦單位：學生輔導中心

七、團體性質：本團體係自願性（自由報名）、封閉性（全程參與）、結構性（領
　　（內容）　導者帶領）的成長團體。活動內容如後表。

八、團體領導：　　　　老師

　　　　　　　（現職）（學經歷）（團體實務經驗）

九、團體時間：自　年　月　日至　年　月　日

　　　　　　　每週　，　時　分至　時　分，計　次

十、團體地點：學生輔導中心團體輔導室（地址或所在位置）

十一、注意事項：1. 參加學員一律免費，報名後一週內通知面談，至多錄取 16 人。

　　　　　　　　2. 團體進行時有觀察員一名協助成員自我評量，團體結束後實
　　　　　　　　　施測驗，以增進成員自我了解。

十二、本計畫經核准後實施。

➤ 表 3-1　團體輔導工作計畫書／表（續）

階段	階 段 目 標	日期/次數	活動名稱	活動目標	活動程序
安全階段	1. 協助成員相互認識。 2. 讓成員了解團體性質、目的，決定團體規範。 3. 建立安全、友善、信任的團體氣氛。	/1	相見歡	1. 激發個人對他人的興趣。 2. 引導個人參與團體活動。 3. 增進成員的安全感及信任感。	1. 領導者介紹自己及團體的目的。 2. 進行見面活動。 (1)二人一組。 (2)相互認識。 (3)團體介紹。 3. 團體回饋。 4. 設定團體規則。
接納階段	1. 協助成員接受團體。 2. 協助成員開放自我。 3. 促進團體動力。 4. 凝聚團體的向心力。	/2	吹牛鏡子	1. 協助成員了解口語及非口語行為對他人的影響。 2. 增進成員的自我概念。	1. 二人一組，由其中一人開始吹牛（專長、得意之事），另一人模仿其動作。 2. 角色互換。 3. 團體討論。
		/3	關於我	1. 讓成員有機會去分析自我、討論自我以及發現自我。 2. 發覺表象自我及真實自我的差距。 3. 更進一步的自我了解。	1. 由領導者先作一番引言。 2. 分下問題卡，讓成員填寫。 3. 成員就所寫的發表感受。 4. 由團體的反應來看自己。

➤ 表 3-1　團體輔導工作計畫書／表（續）

階段	階 段 目 標	日期／次數	活動名稱	活動目標	活動程序
責任階段	1. 自我評估。 2. 認識自己的行為主權。 3. 使成員能肯定自己、接受自己。	/4	周哈里窗	1. 根據自我坦露和他人的意見來認識自我以及他人眼中的我。 2. 探索自我開放的程序。 3. 促進成員自我接納。	1. 分下周哈里窗的二份表格讓成員二人一組填寫。 2. 彼此就所寫的加以討論。 3. 討論自己得到的回饋。 4. 由領導者對此窗加以說明。 5. 成員記錄自我已知覺的部分並發表感想。
		/5	自我肯定的陳述	1. 促使成員自我肯定。 2. 使成員接納自己。	1. 領導者讓團體的其他成員告知，最喜歡自己哪件事情或特點。 2. 經由團體成員的回饋，讓其更客觀的接受自己。
工作階段	1. 協助成員建立客觀的自我影像。 2. 引發團體成員彼此真實的回饋。	/6	「應該」的專利	1. 成員看清自己的價值觀是否有偏見。 2. 放棄原有因「應該」所造成的傷害。 3. 客觀的面對自己及他人。	1. 讓成員寫出自己三項「我應該」（非理性）的事。 2. 處理「應該」中偏見的部分。 3. 團體加以檢視。 4. 領導者說明為何「一直認為自己應該怎樣」對自己是一種傷害。

➤ 表 3-1　團體輔導工作計畫書／表（續）

階段	階 段 目 標	日期／次數	活動名稱	活動目標	活動程序
工作階段	3. 讓成員自我檢視、自我修正。 4. 建立成員的自信心與健康的自我概念。	／7	我不能… 我不要…	1. 讓成員學習為自己的行為做決定。 2. 使外在力量的控制減少，拒絕本身難以負責的事。	1. 成員二人一組，輪流以「我不能」的敘述彼此交談。 2. 改變方式，以「我不要」代替原來的「我不能」。 3. 體會兩種不同的感受。
		／8	「友善」的句型填答	1. 增進成員的人際關係。 2. 促使成員更愛自己的家人、朋友……	1. 使用預先印好的試題讓成員用友善的語句加以填答。 2. 填答自己心裡所想的，並發表出來。 3. 成員以智慧加愛心地彼此回饋。
結束階段	1. 了解經過團體後的改變。 2. 發現更多別人的優點。 3. 對自己更具有信心，建立認同。 4. 圓滿地結束團體。	／9	優點轟炸	1. 學習發現別人的優點。 2. 讓成員更有信心的走出團體並迎向未來。	1. 先讓成員填下自己喜歡的數字。 2. 抽出代表一成員的數字，由其他成員說出他的優點及團體內的成長。 3. 相互道別。

第 三 節　團體成員的選擇

一 領導者的準備

　　成員的特性深深影響團體的互動關係、團體進行的結構以及團體動力的運轉。是故，團體組成之前，領導者要考慮：成員的條件為何？如何招募、篩選成員？團體需要多少成員？團體是否包括協同領導者？團體是否需要設置催化員、觀察員？哪些成員適合參加團體？哪些成員用個別諮商較團體輔導更能協助其成長？特殊成員如何處理……等等問題。

　　有關協同領導者、催化員及觀察員，留待本書第四章「團體領導者」再討論。至於其他一般成員，領導者在開始進行團體之前，須先與成員個別晤談或做團體說明。說明事項如下：

　　1. 團體的性質及目的。

　　2. 團體的過程及方法，團體活動是否適合該成員？

　　3. 說明領導者帶領團體的經驗及專業背景。

　　4. 團體成員須配合的事項，包括成員的心得寫作等。

　　5. 團體費用說明，成員須了解的相關經費使用情形。

　　6. 團體記錄（錄音、錄影、攝影等）的運用。

　　7. 領導者與成員的責任、權利與義務。

　　8. 成員屬性的考量標準。

　　基本上，在團體組成前篩選成員時，宜協助其了解團體導向與結構內容，最好真實呈現團體設計，避免給予任何承諾或誇大團體輔導的功能，例如：「參加自我肯定訓練團體，一定可以信心大增，解決生活難題，增進有效的人際關係。」當然，配合團體說明、個別晤談時，領導者宜化解成員對團體不確實的期待與參加動機，促進雙向溝通，使他們更了解團體的本質。

二 成員的自我準備

團體進行前，除了領導者與成員晤談之外，成員也可在接到通知面談前，事先整理自己的需求或待解決的問題，以便請教領導者，諸如：

1. 你的團體目的、功能為何？
2. 若是團體進行中，個人不適應，甚至引發嚴重困擾，可否退出？
3. 你的團體需要成員配合哪些事項？
4. 你選擇成員的考量標準為何？
5. 有關的費用或團體的結構為何？
6. 過去是否曾舉辦過此類團體？可否提供若干成員與之交換意見？
7. 團體大小、人數為何？進行時間？
8. 你帶領此類團體的經驗為何？
9. 此類團體是否有哪些書籍可參考？團體進行前需做哪些進修？
10. 我個人的特性為何？是否適合加入此一團體？

領導者在團體進行前與成員交換意見，有助於團體動力的鋪陳、釐清團體的期待，同時有助於領導者初步了解成員的參加動機、人格特質、過去經歷及參加意願，進一步建立良好的互動關係，並據此來設計或修正團體活動的內容與方向。特別是非自願性團體，成員被迫參與所有可能產生的抗拒、冷漠等負向行為，可以事先加以疏導、輔導，也可適時表達領導者的期待與團體規範，必要時也可讓成員決定自己是否適合參加團體。

三 成員選擇的一般性考量

領導者在篩選成員前，個人也要仔細思考下列問題：若成員有特殊的身心疾病，是否允許其加入團體？成員人際關係太差，是否適合加入團體？成員表示無法全程參與（請假二次以上），是否適合加入團體？成員參加動機與團體目標不同（例如成員好奇、想交友、無聊等），即使團體人數報名不

足，是否同意其參加團體？成員正接受他人個別諮商或治療時，是否適合加入團體？成員對團體心存觀望，擬先來一、二次再做決定，是否適合加入團體？成員對領導者或團體質疑時，是否適合加入團體？非專業因素考量而是因外力介入（例如校方、家長會、民意代表等）推薦的成員，是否適合加入團體？事先篩選成員，有利於減少其對團體運作的干擾或破壞（吳昭儀，2009）。

　　一般而言，領導者可以事先蒐集成員相關資料及訪視相關人士，以評估該成員在輔導團體內自我成長與發展的可能性。必要時，也可透過表格（如表3-2、表3-3）、問卷、測驗與評估工具，甚至模擬團體之情境以挑選成員。基於團體動力、諮商倫理與團體功能的考量，具備下列條件的成員優先邀請參加團體：

1. 自願者
2. 成長動機強
3. 與人相處自在
4. 無明顯身心疾病
5. 參加動機與團體性質相符
6. 過去未曾參與同類型之團體
7. 具一般表達能力
8. 未有明顯與其他成員差異之獨特特質（例如唯一異性、 唯一未婚、唯一社會人士等）。若是成員異質性太高，對於成員的互動與團體初期動力的開展有相當程度的限制。

➤ 表 3-2　（名稱）團體成員報名資料表

姓名		性別	
年齡	年　月　日出生，　歲	教育背景	（本欄在學生可改為「科級班別」，社會人士可改為「學歷」）
婚姻狀況		現職	
電話		住址	
團體經驗	（個人過去參加團體的經驗：包括團體名稱、日期、帶領者、地點、個人感受……等）		
自我評量	（請根據個人狀況，於下列問題中填入 1 至 7 的數字，7 代表非常同意，1 代表非常不同意） □ 1. 我想參加此一團體。 □ 2. 與人相處感到自在、自然。 □ 3. 我喜歡經由別人的經驗來成長自我。 □ 4. 我會全程參與各次團體活動。 □ 5. 我會配合完成團體的有關規定（例如：作業）。 □ 6. 在團體中，我會用心參與，適當自我開放，分享經驗。		
自我介紹	（請簡要描述個人的個性、興趣、專長、人際關係、成長經驗、參加動機……等）		
備註	（其他有關本次團體或對領導者的意見）		

** 歡迎你報名參加團體，敬請期待面談通知 **

➤ 表 3-3 團體活動文宣及成員報名表

遇見 心想事成 的自己
～這是一個讓自己成長與改變的團體～

您 在人生的旅途上，找尋不到方向與目標嗎？

您對於未知的未來，不敢有期待和願景嗎？

您是否對如何走自己的路，常常感到迷惘呢？

您是否曾下定決心改變，但又發覺自己力不從心呢？

您是否想開創自己的錦繡人生，卻不知從何開始呢？

如果您想認識自己、找尋方向、重拾希望、掌握契機，
誠摯邀請您一起來遇見「心想事成」的自己！

★實施對象：想要自我成長、改變自己，且能全程參與的本校學生

★團體時間： 年 月 日至 年 月 日，每週二，18:00-20:00

★團體地點：本校行政大樓六樓諮商輔導中心團體諮商室

★成員人員：自由報名，經 面談篩選 後錄取 8-10 人

★報名日期：即日起，至 年 月 日（星期 ）止（名額有限，請把握機會喔！）

★報名方式：填寫報名表後繳交至諮商輔導中心或親自報名

★帶領者：梁遠如 老師

★附註：本活動「免費」，全程參與者將頒發證書與精美小禮物一份

- -

「遇見心想事成的自己」團體 報名表

姓名： 性別：□男 □女 系別： 年級：

電話（家裡或宿舍）： 手機：

E-mail：

方便聯絡的時間：□上午 □中午 □下午 □晚上（ 點前）

方便面談的時間：週一：□上午 □下午 週二：□上午 □下午

週三：□上午 □下午 週五：□上午 □下午

◇是否曾有參與團體或工作坊的經驗：□否 □是，主題是有關 方面

◇請簡述參加「遇見心想事成的自己」團體的動機：

　　Yalom（1985, 1995）認為，有腦傷、妄想症、酒癮、藥癮、精神疾病、社會功能障礙、極度躁症或鬱症、自殺傾向等疾病及處於危機狀態中的人皆不適合加入一般輔導團體。當然，團體成員若有因來自同一背景者或呼朋引伴前來報名者，也宜謹慎考量，以免造成團體內小集團的形成，影響團體的進行，例如同班同學、公司同事、同一社區居民等。

　　其他諸如：因工作或其他因素未能定期準時出席者、交通安全因素之考量者、缺乏同理心者、攻擊性強者、語文表達能力甚差者、不易與人相處者或需接受諮商治療者（喪失對現實覺知的精神病患、嚴重程度的精神官能症者、明顯情緒不穩定的人、面對壓力會有身心症的人或正在危機狀態的人），也都是不適合參加團體輔導、團體諮商與團體心理治療的成員。

四 成員選擇的特殊性考量

　　值得注意的是，選擇成員時，成員的性別、年齡與偏差行為等因素，對於某些特定性質的團體也須特別的考量（Shechtman, 1994, 2004）。異質性團體因其成員背景特性差異，剛開始雖不易凝聚團體的向心力，不易深入交流互動，但是一旦團體動力開展後，便能有效催化成員互動，促進高層次心理動能，達成深度與廣度的自我成長，同時也可避免因成員過度同質性而帶來的團體「標籤」，影響成員參與團體的心態及其關係人（家長、師長、親友、同儕……等）的特定成見。因此，異質性團體有其價值，在成員選擇時，不同性質的團體，成員屬性的考量也會有不同。

(一) 兩性關係類團體

　　成員的性別因素須考慮，不同性別的領導者或成員所組成的團體，其領導、運作也會不同。至於性別差異及其偏見，可透過長期的團體互動歷程來降低（Kolb, 1997）。理想上，成員不同性別的人數宜平均，以十六人的團體為例，八男八女為佳，詳見表3-4。性別混合團體與單一性別團體，對團體動力與團體決策的影響雖有差異，但在領導行為與團體任務的達成方面則皆有

相同的效能（賴美英，2002）。

➤ 表 3-4　成員性別人數與團體動力

不同性別人數對團體動力之影響	男性	女性
理想運作層級	8	8
尚可運作層級	9～11	7～5
	7～5	9～11
困難運作層級	4 人以下	12 人以上
	12 人以上	4 人以下

(二) 人際關係類團體

　　成員的背景因素須考慮其加入團體前彼此的熟悉度，以十六人的團體為例，凡成員加入團體前，只要有成員對其他成員不熟悉，則團體其他成員以非來自同一組織體為宜，如圖 3-2。彼此不熟者數須多於原本相識者數為基本原則，以利團體動力的開展，避免小集團出現而干擾整個團體的進行。最不理想的狀況是團體中有些成員是校友、同學、同事、鄰居……，各自形成團體內小集團，如此容易導致彼此熟悉者相互依賴、團體內私下交談，形成對抗等現象或孤立其他成員，阻礙團體動力的發展，亦即人際取向高且結構性低的同質性團體可能妨礙團體發展；至於成員異質性高的人際團體雖可多元交流，但也要留意成員彼此的「極端」差異，會影響團體的凝聚力（Yalom, 1995）。

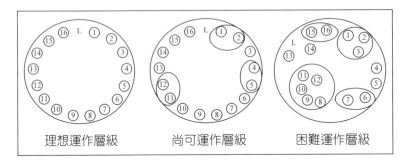

⊃ 圖 3-2　團體進行前成員的熟悉度與團體動力

(三) 知能訓練類團體

　　成員的教育程度、學習速率、起點行為（該項知能原具有的程度水準）等因素宜加以考慮，避免因成員學習能力差異太大，造成團體動力停滯，領導者花太多的時間、心力去設計、帶領及催化團體動力，而未能集中心力於團體知能訓練的目標。以同理心訓練團體為例，成員中有大學畢業，也有國中學歷；有人聽不懂台語，有人不善於說國語；有人曾受過同理心高階訓練，有人第一次聽到「同理心」名詞……。凡此種種，成員的學習基礎差異、表達能力有別，皆可能影響團體動力的發展，宜加以注意。

(四) 行為矯治類團體

　　成員中若有偏差行為、不良記錄等背景者，其人數的多寡也極易影響成員自我形象、參與心態及周遭人對此團體的觀感。以教育部輔導工作六年計畫之「朝陽方案」、「春暉專案」、「璞玉專案」為例，立意甚佳，唯將「問題行為學生」、「濫用藥物、吸菸的學生」、「中途輟學、不升學不就業學生」組成一輔導團體，成員屬性一致、特定行為相同，極易被人誤解為「集中營」。錯誤的標籤歸類，影響成員的參與意願及家人的支持態度；同時，行為矯治重心完全置於領導者一人，其成效亦有待商榷。

　　基本上，團體輔導有別於個別輔導，即在於透過成員與成員、成員與領導者的互動觀摩與經驗交流，以達成個體適應、成長與發展的目標。是故，

此類團體行為偏差成員的人數比例也要加以考量。精神治療團體除外，因其涉及病理學、精神醫學、成員的病識感及團體的功能等因素較為複雜，仍以同質性成員為宜。

理想上，行為矯治類團體之成員篩選以正向力量（非偏差行為者）大於負向力量（偏差行為者）為原則。當諮商／心理治療團體成員人數少於五人以下，團體領導者必要時可在成員的同意下引進新成員（Yalom, 1995），一方面增加有效的團體動力，一方面減少團體的負向標籤；唯當團體處於危機衝突或轉換歷程時，較不適合加入新成員。以十六人的團體為例，其成員人數考量詳見表 3-5。

➤ 表 3-5　團體內偏差行為人數與團體動力

行為偏差成員人數對團體動力之影響	行為偏差成員	一般成員
理想運作層級	6～4	10～12
尚可運作層級	7～10	9～6
	9～6	7～10
困難運作層級	11 人以上	5 人以下

上述四類僅是成員選擇時有關性別、熟悉度、教育水準及偏差行為等變項運作的一般性原則。每個團體因性質、功能、目標、活動內容、成員需求、機構裁量及領導者輔導理念等不同，在實際運作上可能會有不同的考量。以支持性或治療性的團體而言，其成員同質性愈高，反而有較高的情感支持、開放行為與醫療復健的效果，例如「婦女婚姻危機的調適團體」，若成員都有先生外遇、婚姻暴力的類似經驗，則在成員的開放度與向心力的凝聚上較容易形成團體動力，彼此支持、相互關懷，有助成員渡過情緒低潮期。同時，在領導者的帶領下，減少嘗試錯誤的摸索，避免負向效應，學習正向經驗。同樣的，心理治療的團體，因涉及複雜的病理學、精神醫學及成員的病識感，故同質性愈高愈容易統整處遇方法，發揮治療效果。

第四節 團體時間、空間的安排

一 團體時間的安排

　　團體的時間一次進行多久？相隔多久再進行一次？每個團體需要進行幾次？團體進行中途是否需要休息？持續進行多次的常態性團體，若期間遇到特殊因素（例如國定假日、天災、意外及其他因素），是否要暫停進行團體，縮短或順延團體次數？凡此問題在團體組成前都須要加以考慮，特別是時間的安排以力求所有的成員及領導者都能出席團體為原則，避免造成「外務太多」的領導者或成員在團體開始後，頻頻更動團體時間，導致團體動力在團體進行初期的凝滯停頓。

　　一般而言，團體每次進行時間以 90 分鐘至 150 分鐘為宜，短則影響團體活動的進行、成員的參與率，及給予領導者壓迫感；時間過長恐又造成領導者與成員的身心負荷，輔導效果不佳。一般而言，團體若為常態性，則每週進行一次或二次較為理想（吳昭儀，2009；翟宗悌，2009），一週三次以上的常態性團體，其效果可能不如密集性團體（二天一夜以上），也易造成成員生活時間安排上的不方便。

　　至於團體進行中間是否休息，則視每次團體時間的長短、成員的身心負荷、領導者活動設計及團體動力的考量來決定。若是團體時間超過 90 分鐘、成員中有人生病或感到疲累、一次團體內前後活動單元必須區隔，或有團體氣氛沉悶、動力遲緩等現象出現時，最好能適時安排團體中場休息，否則領導者可視情況「一氣呵成」。唯任何時間的安排必須事先告知成員，或由成員共同決定團體的問題（特別是團體無法在預訂的時間內完成，必須延長時）。此外，配合各類團體性質（例如社交技巧訓練團體、潛能激發團體、馬拉松式團體及團體正進行冥想活動時）、成員需要支持時，或是考慮到各機構狀況（例如學校的午休時間、課程時間、企業的作息時間等）以及成員

屬性（例如兒童、老年人、智障者）等因素，團體時間的安排也有不同的考量。

此外，團體進行幾次為宜，也可參考上述原則加以設定。翟宗悌（2009）認為，至少八次、每次約 2 小時以上及每週一次的團體次數與時間，較能形成團體內緊密的成員互動關係，讓成員能夠自發地將個人困擾引入團體內討論。Cummings、Hoffman 和 Leschied（2004）認為，青少年的諮商治療團體次數太少，成員行為改變的可能性與團體成效也會較低，但團體次數太多及團體時間太長，成員較易流失或降低其全程參與團體的承諾度。大多數的團體皆以八至十二次為主（吳秀碧，2005）。領導者也應注意次數多寡是否影響成員報名參與的意願。同時，團體是否收費、費用的高低也會涉及團體進行的次數問題。

二 團體場地的考量

最後，場地的選擇與布置是否適當，也會影響團體發展初期團體動力的開展。通常進行團體輔導的場地要考慮下列因素。

(一) 舒適性

包括抱枕、地毯、靠背椅、通風、溫度、濕度、整潔、亮度、陽光照射的角度等因素，是否會令成員感到不舒服。

(二) 非干擾性

團體進行時是否會受到外力或外物的干擾，例如靠近廁所、無窗簾、有人聲及電話聲等噪音、動物出沒等因素。

(三) 隱密性

特殊性團體宜在場地布置或成員出入處多考量其隱私權的保護，例如在團體輔導室門口貼上「違規學生成長團體」的海報，易導致成員入門的壓力

與引發他人的歧異眼光；此外，場地隔音效果不佳，有時也會影響成員的參與意願及開放度。

（四）功能性

場地的安排、道具的運用也需要配合團體的性質及功能來加以設計，包括錄音、錄影及白板等設備；又如團體進行時，若設計有紙筆活動，是否備有紙、筆、桌面或墊板等物。

（五）互動性

團體成員最好能排列成圓形，以利彼此互動，互相看得見、聽得見對方；團體中間除非活動需要，避免有任何桌椅、花木、檯燈等障礙物。

（六）催化性

為期團體動力順利開展，團體進行前適時的播放配合接下來活動設計的音樂（以輕柔音樂、無歌詞者為佳），或呈現相關掛圖資訊也有其必要。常見有些團體第一次進行時，發生成員在團體中彼此不熟、互相等待的情形，氣氛略顯尷尬、沉悶，如此易影響成員的心情及第一次參與團體的感受。

第五節　團體開始的前置作業

領導者在團體形成前，除了完成團體計畫、成員選擇、時間安排及場地布置之外，為激發成員的參與興趣，確立成員的團體認知，凝聚團體動力，開啟團體的運作能量，領導者也可視團體的性質、功能，適時地安排前置作業，邀請成員一起參與。所謂：「好的開始就是成功的一半」，藉此一前置作業的安排，有助催化成員調整心態準備加入團體，也代表領導者對此一團體的準備用心、態度慎重。前置作業包含：

1. 寄發邀請卡，溫馨、親切地表達歡迎之意。

2. 寄發團體輔導的參考資料，協助成員認識「團體」。

3. 寄發團體成員參與資料或契約書，如表 3-6，強化團體的結構力。

4. 寄發曾參與此類團體的成員資料（須尊重當事人意願並事先告知對方），鼓勵成員與之連絡，了解團體進行的方式、內容。

5. 寄發成員自修的參考書目。

6. 視情況需要寄發領導者的簡介、團體計畫給成員。

7. 寄發成員的報到通知單。

8. 適時地以電話或任何方式問候。若有成員生日即將來臨，也可寄發生日卡，或配合時節寄發賀卡。

9. 配合團體初期活動設計，規劃必要之家庭作業。

10. 鼓勵成員表達參與期待。

　　上述前置作業乃是基於未來團體動力的開展，使團體運作更為順暢及考慮成員需求所做的設計，若因此反而導致成員壓力增加、領導者工作負荷及任何足以影響團體形成的負面因素，則宜再斟酌。其他關於活動的內容、道具設備及記錄表格，包括領導者的記錄表（如表 3-7）、成員的記錄表（如表 3-8、表 3-9），亦需加以準備。

➤ 表 3-6　團體成員契約書範例

生命之旅成長團體──心靈的饗宴

自我啟示錄

　　余誓以至誠，自　　年　　月　　日始，全程參與「心靈的饗宴」成長團

體　　次計　　小時。願以真摯的情、熱誠的心，遵守下列「自我設限六條

款」，若有違背，願無條件接受自我檢討。

一、我絕不：遲到、早退、缺席

二、我願意：尊重每位夥伴的隱私權，遵守保密原則。

三、我可以：＿＿＿＿＿＿＿（自填正向反應）

四、我希望：每位夥伴（包括我自己）皆能真誠互動、開放學習。

五、我期待：＿＿＿＿＿＿＿（自填正向反應）

六、我　　：＿＿＿＿＿＿＿（自填正向反應）

　　走筆至此，我以大笑三聲代表自我承諾，以鼓掌三次代表自我期許。

　　謹誓

　　　　　　　　　　　　　　　　立　誓　人：＿＿＿＿＿＿（簽章）

　　　　　　　　　　　　　　　　幸運號碼：＿＿＿＿＿＿（自編）

　　　　　　　　　　　　　　　年　　月　　日

➤ 表 3-7　團體輔導記錄表

團體名稱		團體次數	第 ／ 次（該次數／總次數）
活動時間	年　　月　　日　　時　　分至　　時　　分		
活動地點		領導者	
團體活動流程 （活動目標、性質、內容）			
成員互動狀況 （團體氣氛、特殊事件）			
領導者自我評價 （感想、討論與建議）			
督導意見 （回饋與指導）	督導者：_____		

➤ 表 3-8　團體成員心得記錄表(一)

望展	得心	第 次團體
		主題：
我將用何種心態面對下次的團體？如何將今天所學應用於平常的日子裡……	我學到了什麼？團體給我的感受？讓我印象最深刻的是？我現在的感受……	時間：　年　月　日

➤ 表 3-9 團體成員心得記錄表(二)

```
_____年_____月_____日_____（時間）第_____次_____團體

1. 我覺得這次的活動⋯⋯




2. 經過這次活動，我體會到⋯⋯




3. 我覺得 ╳ ╳ 在團體中，⋯⋯




4. 我感覺我們的團體⋯⋯



```

領導者：_____   成員姓名：_____

CHAPTER 4

團體領導者

影 響團體成功的因素甚多，就團體內而言，領導者所言所行是決定團體成效的重要因素。團體領導者本身的人格特質、熟練技巧、策略運用和其領導風格，都會影響團體的過程與動力的發展。

～George 和 Dustin（1988）

第一節　領導的基本理念

　　雖然團體領導者如同個案諮商員一樣，並非是一位萬能的「完人」或「強者」，唯因前者係一人影響多數人，且其角色是多重的——既是成員、教導者、控制者及協調者，也是仲裁者、催化員和領導者。因此，團體領導者也應隨時不斷的充實專業知能，學習領導技巧，並清楚了解團體共同的目標、成員個別的期待及團體動力的障礙等概念。美國「諮商與相關教育學程授證委員會」（Council for Accreditation of Counseling and Related Educational Program，簡稱 CACREP）規定，團體諮商為諮商師的核心能力與必修課程，故團體領導者的訓練備受重視（吳秀碧，2010）。

一　領導理念

　　領導基本上是一種影響力作用，它是一種實現目標的行為，也是一種動機導向的行為。領導乃指「引導成員有所不知而使其知，有所不能而使其能」，易言之，領導是少數人影響多數人的一種能力或一種過程。領導也是一種複雜的行為，同時受多項因素的影響。領導者個人特質、能力、領導情境都會影響其領導成效，而成員之所以受領導者影響，主要就在於領導者具有法定的權力、專家的權力、酬賞的權力、懲罰（強制）的權力及考核的權力。是故，領導者對整個團體（組織）的發展具有相當重要的地位。

　　領導者在團體目標的追求與團體動力的掌握上，也具備了關鍵性的地位（Rubel & Kline, 2008）。他必須適時的催化團體氣氛，激發團體動力的運轉。常見的催化技巧包括：(1)關懷成員；(2)藉由活動激發成員的參與意願；(3)將成員的經驗、感覺和行為口語化、具體化，並客觀的賦予其意義，以促進當事人覺知自我狀態；(4)將團體視為一個社會體系來處理，並大量運用結構式的團體方案、活動，以達成團體目標的運轉和強化。有關領導者的各項

領導技巧，留待下一章討論。本章將逐一探討領導者的理念、特質、角色與功能等。

二 領導行為

團體領導者所具備的領導特質直接影響其領導行為與領導功能，這些領導行為須靠平時的訓練和經驗來獲得，如果領導者未具備良好的領導能力，即使擁有有利的角色形象和專業地位，仍會引發成員的冷漠、憤怒、抗拒或不合作。

(一) 介入指導式行為

舉凡領導者使用對質、勸誡、解釋、詢問等方式，間接地要求成員反應，或是領導者以具體的口語，直接要求成員按照其所希望的方式來反應，皆屬於此種領導行為。

(二) 契約管理式行為

領導者認為團體本身如同一個社會單位，只要明確地賦予其原則、規範，成員即可按照預定的契約來反應，領導者與成員的互動關係也是依此而發展。

(三) 認知教育式行為

領導者有時運用講解、說明等傳統式教學法來指導成員，此類領導行為常見於專業性的學習團體中。若是團體內成員順從性格愈高且領導者愈具有權威性角色時，此類領導行為則更為顯著。

(四) 支持同理式行為

領導者採取關懷、鼓勵、讚賞、尊重的態度與行為來運作團體，使成員在正向、安全、開放的情境下，願意主動投入團體與他人互動，是為支持同理式領導。此一領導行為常見於輔導團體、諮商團體及團體發展的初期階段。

(五) 澄清引導式行為

　　領導者給予成員較大的空間自行決定團體導向、個人參與度、團體目標、活動內容、輔導地點等事宜，領導者僅從旁協助成員澄清問題，引導討論。此類領導行為必須是領導者具有客觀判斷、精確分析、清晰思考及敏銳觀察等能力，才能達成團體目標。

三 領導型態

　　領導者帶領團體時，因團體性質、個人習慣、人格特質及其所認同輔導理念的不同，領導型態約可分為民主型、權威型與放任型三種。Lewin（1944, 1951）認為，此三種型態的領導模式各有不同的人性觀、領導行為與溝通網絡，詳見表 4-1。

　　上述領導理念、領導行為與領導型態，可配合不同的團體性質、不同的團體發展過程、不同的階段目標，綜合性地加以運用。

➤ 表 4-1　三種領導模式的比較

項次	權　威　式 （authoritarian）	民　主　式 （democratic）	放　任　式 （laisser-faire）
意義、內涵	1. 所有的事，由領導者決定。 2. 所有的步驟、方法完全由領導者指揮，一個命令一個動作，所以成員總是不知下一步如何。 3. 每人的工作任務及工作夥伴由領導者決定。 4. 以領導者個人的觀點讚美或批評成員的工作，在團體過程中對人保持冷淡態度。	1. 領導者鼓勵並協助所有事務的討論與決定。 2. 目標與步驟在討論中已有共識，如需技術指導時，領導者會提供參考性的建議。 3. 成員自由與任何人共事，工作分配由團體共同決定。 4. 對於成員的工作，領導者客觀地或以事實觀點讚美或批評；在團體中盡量和一般成員一樣，不做過多的介入工作。	1. 領導者避免參與決定，完全由成員決定。 2. 領導者只在應成員要求時，提供各種有關資訊，但不參與討論。 3. 領導者完全不參與工作分配、人員配對。 4. 除非被問及，領導者對成員的活動才會有非常性、自發性的意見，不想去評價或調整團體過程。
對人的假設（基本信念）	懷疑人的獨自判斷力，認為人無成熟的鑑別力，從事任何工作都必須要請示專家或權威的領導者。	拒絕接受一個固定責任來引導團體。認為團體的成長並不是領導者全然要負責，是每個成員要負責。	團體成員自己要負責整個團體的發展。領導者相信成員的角色是與自己相同，拒絕接受任何的功能、關係、責任。人是無法加以約束的。
方法（行為表現）	對成員的行為會做許多分析、解釋，以幫助人解決困難。若是帶領小團體，傾向於去做精神分析（對人的診斷）、判斷與評價。	希望能了解團體成員的能力、需要，適當地以團體關係來幫助其發揮，協助成員了解團體的目標，不拒絕成員的依賴，而是有技巧、方向的協助個體消減其焦慮。用澄清、反應、回饋等技巧來幫助成員了解團體，提供良好的氣氛與資源給成員。	對成員的一切，不予引導，全取決於大家的討論，將團體模糊不清的事物、狀況拋給成員去解決，不做指導。

➤ 表 4-1　三種領導模式的比較（續）

項次	權 威 式 （authoritarian）	民 主 式 （democratic）	放 任 式 （laisser-faire）
溝通型態	「輻射型溝通」： 成員彼此較少互動，大多與領導者交流，此亦為一般團體初期發展的情況。	團體初期（如左圖） 團體中期以後（如下圖） 「網狀型溝通」： 溝通有系統，並不完全集中在領導者身上。	「混亂型溝通」： 團體溝通混亂，無目標，沒有脈絡，成員私下互動，影響整個團體動力。 註：M 代表成員 　　L 代表領導者

第 二 節　領導者的特質

　　團體的成效取決於領導者和團體的互動效果。Napier 和 Gershenfeld（1983）相信領導者的貢獻大於其他因素。無論領導模式為何，領導觀念為何，任何一種團體組織的領導成效，與領導者的人格特質和行為特性有絕對相關。具體而言，領導者的行為和對團體的介入反應，受其個人的價值觀、人格和心理需求的影響，此等內在因素與外在行為因素（領導技巧）同等重要。究竟哪些領導者的人格特質有助於凝聚團體動力，催化團體情境，促進成員內在成長性的改變；相反的，哪些領導者的不良特質，將會造成團體的衝擊，渙散成員的向心力，停滯團體的動力，激起成員的反彈、抗拒等行為，在在值得探討。

Corey、Corey 和 Callanan（2003）認為有效的輔導人員特質甚多，主要有下列十七項：

- 自我身分的明確認定。
- 自我尊重與自我欣賞。
- 認識與接納自己所擁有的力量或權力。
- 改變的意願。
- 持續與深入地對自己與他人的覺察。
- 對人生模糊性的忍受力。
- 能發展獨特的諮商風格。
- 能不占有地去同理他人的經驗。
- 活潑有力的生命觀。
- 誠信。
- 幽默。
- 允許自己犯錯、認錯。
- 以「現在」為導向。
- 不斷創造自我。
- 做抉擇以塑造生命。
- 真誠關懷別人的福祉。
- 投入工作尋得意義。

Stockton 和 Morran（1982）強調有效的領導者具有溫暖與情感流露二項特質。成功的領導者都是自我接納和尊重別人，破壞性的領導者則多攻擊的、權威的、情緒化的、缺乏耐心的行為。Trotzer（1977）則主張有效的領導者須具備七項特質：(1)自我覺察；(2)開放；(3)有彈性；(4)容忍不明確；(5)積極；(6)有人性；(7)人格成熟與統整。黎淑慧（2001）認為，成功的領導來自於領導者及成員的特性，每位成員都能了解團體的目標和遠景，了解自己的角色、責任和任務，領導者和成員彼此信任和支持，團體的氣氛是自由、互助和開放的。

綜合言之，有效領導者的特質應該是：有勇氣、肯付出、自信、有主見、

開放坦誠、有個人魅力、有活力、肯嘗試新事物、富覺察力、幽默感、創造力、以身作則、客觀的、負責的、樂觀的、親切的、敬業的、體貼的及情緒穩定的……。當然，一個人若已具備上述良好特質則幾近於「完人」，然而領導者又不是「萬能者」，是故領導者宜時時自我涵養，提升內在修為，避免負向特質在團體中反應、發酵，例如：膽怯的、被動的、頑固的、防衛的、害羞的、主觀的、自負的、攻擊的、情緒化、高度自我中心、缺乏耐性、心浮氣躁、油腔滑調等。

領導者能夠「自我覺察」，才能反觀自我，同時也能協助成員覺察自己的感覺、情緒與經驗，如此才能建立團體共識。自我覺察的領導者較能容忍不同的個人價值觀，並了解表露自己多少的價值觀、看法會影響成員。國內輔導工作者曾研擬一套「自我覺察訓練方案」（陳金燕，1996），足證領導者及輔導人員自我覺察的重要性。其次，領導者需要有彈性與開放的特質，「開放」有助於成員感受到安全感，可以在團體中表露不同的意見，「彈性」使領導者能充分運用團體動力而不致為團體計畫所限。有些領導者固執於團體預定的目標與方案內容，無視於團體不同階段的發展動力與成員需求，造成團體運作困難，甚至造成成員被傷害，領導者也因不知變通、壓力過大而「灰頭土臉」，殊為遺憾。

最後要強調的是，領導者的人性觀及其人格是否成熟，將影響團體的成效。一位有效的領導者要時時對人有興趣，熱愛工作，對人尊重，有助人的熱忱，更重要的是要同理人（包括自己）在生命不同階段種種的幸與不幸，並能體會成員在解決問題過程中的一切努力。他能夠堅強地面對團體中的挑釁、衝擊，能夠對自己、對成員、對專業負責，如此才能協助成員學習良好的行為示範（modeling），獲得人格的正向改變：成長、適應與統整。

第三節　領導者的角色與功能

領導基本上是一種「影響力的作用」，Forsyth（1990）認為「團體領導

是一個交互的（reciprocal）、轉換的（transactional）、變化的（transformational）歷程。在此過程中，有人去影響（influence）、激勵（motivate）他人，以達到個人與團體的目標」。所以，領導是一種影響、改變個體的重要方式，領導者正是其中的樞紐。如今領導被廣泛地研究運用在各種團體情境中，包括心理學、社會學、行政學、組織管理學、行為科學與管理等。過去有人誤解領導是非科學的、非人性的，是一套公式、制度，是一種控制、駕馭的手段，領導者是天生的或環境下的產物，所謂「英雄造時勢」或「時勢造英雄」。其實領導就是一種團體動力，領導者就是此一動力的促發者。固然團體輔導成功的因素甚多，未必全繫於團體之一人（領導者或成員），但任何人都不否認團體形成初期，領導者的引導、催化、整合功能甚為重要。

若說領導是一種過程，那麼領導者就是一個人或一種職位（position），領導者的行為與角色深受領導策略、成員反應及團體發展過程的影響，領導者的策略可能依時間的進展，催化成員發揮更多的影響力與擔負更多的責任。很多的領導者傾向於減少團體初始期階段的結構行為和責任，決定給成員較多的團體討論及團體責任；有些領導者的想法恰好相反。不論何種型式、風格的領導均取決於團體領導者的角色界定與功能取向。Kolk（1985）認為「角色功能」是領導者（諮商員）的活動和風格的一般性描述，例如評量（assessment）是領導的一種功能，民主式是領導的一種風格，而許多的技術是領導的具體方法。

團體領導者最重要的工作，除了選擇、使用與安排適合成員問題處理的技巧與活動之外，便是催化團體過程，促進凝聚力的產生，減少干擾團體發展的因素，使成員得以安心分享自己想解決的問題，並進行自我試探和尋求解決問題的途徑（吳秀碧，2005），以達成個人與團體的目標。是故，領導者的角色（roles）可歸納為如下三大類：

一　催化團體的角色（facilitative roles）

團體進行時，成員的反應受到團體氣氛的影響，領導者宜適時地活絡團

體動力，塑造開放、溫馨、自然、無壓力的團體情境，以促進領導者和成員、成員和成員、人和事，問題和方法之間的討論與互動。

(一) 創始者（initiator）

配合團體活動設計、成員需求與「此時此刻」（here and now）的考量，領導者在以工作為導向的團體中，必須先開啟團體討論與互動的話題或關係，催化團體氣氛，以促發成員「打開話匣子」，例如：「首先，讓我們關心一下××成員，他最近生活中有許多的感觸，現在××願意和大家分享嗎？」「××很信任大家，所以分享了一些他的困擾，不知道哪一位夥伴願意給他一些回應？」

(二) 細心觀察者（observer）

任何一次團體事件，任何一種團體氣氛，任何一位成員的一句話、一個動作、一個眼神，任何一項團體的活動設計、一張表格、一項活動，任何一種團體的道具或設備，都足以影響團體動力的發展與團體活動的進行。因此領導者必須是一位用心、細心、虛心的經營者，且要洞察團體的一切人事物，掌握一些小細節，以有效運作團體，例如：「我記得××在第一次團體中提到喜歡聽聽別人的意見，剛才他說完話後，眼睛一直看著×××，×××，你願意給他一點回饋嗎？」

(三) 訊息與意見的詢求者（information & opinion seeker）

領導者位居團體的樞紐，同時也是團體問題的起始者及引導者，因此領導者必須時時激勵成員或覺察成員的問題，並詢求團體的意見。同時，領導者為有效完成團體目標與工作任務，會適時提出建設性問題，引發成員的反省、討論與腦力激盪，例如：「團體時間已接近尾聲，××想再提出一個問題聽聽大家的意見，各位的看法呢？請大家一起來決定是否延長團體時間？」

(四) 訊息與意見的提供者（information & opinion giver）

成員參加團體的動機通常是想探索自己、肯定自我、獲得資訊、學習知能，因此藉由輔導團體以促進成員的經驗交流，固然可達成上述功能，然而，一般同儕團體的支持性行為往往多於指導性行為，故團體內成員遇到發展瓶頸或個人困擾，仍習慣於徵詢領導者看法或求助於領導者（特別是仰慕領導者而報名的成員或同質性團體），領導者儼然是一資源中心（resource center），須適時提出自己的觀點、經驗、方法供成員參考，例如：「遇到這類問題，我過去的經驗會先冷靜下來，並請教專家的意見，心理學上提到的……（理論）也可運用，各位覺得如何？」

(五) 協調者（coordinator）

團體成員來自不同的背景，具備複雜的特性，包括態度、個性、看法與價值觀，成員的個別差異固然有助於交流成長，但也容易形成意見相左、對立衝突的場面，領導者具有法定權力、專業權力、人際權力，故有責任、有義務、也應有能力去協調成員的誤解與團體的僵局，例如：「甲有第一種意見，乙有第二種不同意見，經過剛才的討論後，我發現大家的想法很接近，就是……，不知甲、乙覺得如何？願意再說說看嗎？」

(六) 導向者（orienter）

團體進行初期，成員意見不一、缺乏共識；又團體進行至中期，因團體的凝聚力與開放度，成員討論時，意見偶爾仍會有「離題」或發言內容非共同關注的焦點等現象，為了掌握團體的主題、性質與目標，領導者須適時介入，導引話題與團體方向，例如：「上一次團體，××提到親子之間的問題，本次團體我們再來討論每個人的家庭生活。」「大家發言的內容都很有意思，讓我們再回過頭來想想××的問題。」

(七)評估者（evaluator）、記錄者（recorder）

團體進行前的主題設定、計畫擬訂與成員選擇、每次團體進行後的成員回饋、團體過程的檢討，以及整個團體結束後之成員追蹤與團體檢討……，從計畫、執行到檢核，每每需要領導者細心的分析、評估，才能真實的掌握團體成效與發展動力。領導者可藉由自我檢討、成員回饋、他人觀察及評量問卷來評估團體的過程與結果。

(八) 創作技師（procedural technician）

基本上，團體運作被視為是輸入變項（input）到輸出變項（output）之間的轉換過程（transactional process）。是故，團體發展的結果，包括成員個人部分、團體及其附加變項部分，亦可視為是領導者帶領團體之創作、製作過程的結果。領導者的設計、規劃、領導等行為，對團體及其成員具有決定性的影響。是故，領導者如同一位技術師一樣，需要有純熟的專業知能與豐富的實務經驗。

二 活化與維持團體的角色（vitalizing and maintenance roles）

心理學家 Herzberg（1968）提出激勵二因子論，強調維持人類行為的基本因素在於「保健因子」（hygiene factor），激發人類行為的高層次因素乃在於「激勵因子」（motivative factor）。同樣的，團體的運作，領導者也扮演著維持保健與活化激勵的角色，正如同人體需要各種營養成分才能維持生命的運轉，領導者的角色也須是多元的、彈性的。

(一) 鼓舞者（encourager）

領導者應隨時給予成員激勵、讚美，對於成員在團體內外表現的正向行為須給予增強肯定。特別是成員在團體曖昧時期出現抗拒、冷漠、無力、封閉等負向行為時，更需要給予鼓勵、支持，使團體動力不至於沉悶、遲緩、

停滯。鼓勵成員也可增強其自信心及參與意願，以營造團體的安全感（Yalom, 1995）。

(二) 調和者（harmonizer）

領導者對團體內成員與成員、領導者與成員之間，因人或事所引發的人際衝突或意見相左，皆應適時介入調和，促進人際情感，發展和諧氣氛。

(三) 妥協者（compromiser）

領導者並非萬能的「聖者」、「智者」，難免在帶領團體的過程中會有盲點出現，包括行為上、觀念上、技巧上。當成員對於領導者的價值觀、活動設計、領導方向及團體架構有所質疑，且經過團體討論形成「眾議」時，領導者也必須靜心省思、虛心接受。若確有不當，適時的妥協接受「眾議」而不防衛，有時更能獲得成員的支持及凝聚團體的動力，否則易犯「眾怒」。

(四) 跟隨者（follower）

有時成員當中有人的意見獲得團體的支持，形成團體的決議，或是團體發展後期，成員的專長、潛能被激發後，領導者也可適當的轉換角色功能。若成員言行有助於團體的運作與動力的開展，領導者不妨從主動者轉變成跟隨者，繼續參與團體，支持成員，減少導引控制的行為。

(五) 供給者（expediter）

領導者為活絡團體氣氛或解決成員討論的困境，有必要適時提供問題刺激與解決問題的資訊，以免團體「卡住」了，成員顯得無力、無所適從，甚至覺得參與團體浪費時間、毫無收穫，團體沒有效率，以致渙散團體動力。因此，有時領導者如同是一位原料供給者一般，輸入燃料，促動團體。

(六) 標準設定者（standard setter）

團體固然是屬於全體成員所共有，非領導者一人所獨有，然而，因為不

同成員有其個別差異，心理需求不同，規範與期待也有所不同。因此，為了團體的運作與動力的發展，並確保成員的權益，領導者必須在尊重成員意見的前提下，適時的訂定共同的規範或運作規則，更重要的是，要確實執行此一標準、規範。常見團體進行第一次時，領導者與成員所訂下的團體規範條文多如牛毛，但進行至第二次團體時，成員遺忘大半，領導者除了執行少數公約較為徹底之外（例如「保密」），其餘規範束之高閣，無力貫徹，例如對遲到的成員無法約束，此等現象值得檢討改進。

(七) 團體觀察者與評論者（group observer & commentator）

當團體並無設置協同領導者、催化員、觀察員等角色時，領導者必須扮演觀察者與評論者的角色，對於團體內部的氣氛、流程、領導行為與成員反應加以觀察、記錄及分析，其目的在於能完全掌握團體各種發展的因素，務必使每位成員、每個過程都能有效的被關注到，例如成員的發言頻率與次數、發言內容、口語與非口語的行為等。

三 反團體的角色（anti-group roles）

基本上，領導者因個人個性、專長、價值觀等特質及帶領團體的知能經驗不足，有時其角色、行為反而造成團體的動力渙散，甚至引發成員的排斥、抗拒，或頻頻出現退縮、冷漠行為，值得警惕。特別是愈具權威的領導者或新進的領導者，愈容易產生阻礙團體發展的角色行為。常見的領導者反團體行為有攻擊、阻擾、嬉戲、支配等。

(一) 攻擊者（aggressor）

領導者基於個人防衛或其他因素，對成員或團體產生非理性的批判，甚至導致成員或團體受傷。

(二) 阻擾者（blocker）

領導者無法認同成員想法或團體發展的結果，以致產生阻礙、中斷介入等非理性行為。

(三) 嬉戲者（playboy）

領導者隨個人興之所好或專長習性，於團體中嬉笑怒罵，甚至大量設計康樂性活動，原本用以催化團體，卻本末倒置將「團輔」帶領成「團康」。

(四) 支配者（dominator）、獨裁者（monopolist）

領導者或基於個人主觀特質、或基於對團體的過度自信、或基於對成員的不信任，以致在團體過程中高度掌控，即使進行至團體後期，仍很少給予成員自由、自主與自發的空間。

(五) 誘惑者（seducer）

領導者運用不當的誘因（incentive），企圖影響成員的心理與行為，導致成員在團體產生的行為改變或心理成長，非來自於團體經驗的結果。同時，領導者給予成員錯誤的外在誘因——精神的、物質的，極易干擾成員的學習性行為及其成效。

(六) 自我告白者（self-confessor）

領導者為協助成員學習示範性行為，促進團體動力的發展，適當的自我分享有其必要，唯忌「喧賓奪主」、「反客為主」，若領導者自我表露太多或只為滿足個人虛榮的成就感，則自我表露的效果就有待商榷了。

(七) 尋求認同者（recognition seeker）

有時領導者為求鞏固個人領導地位，強化個人認知理念，往往試圖拉攏成員，特別是當領導者受到某些成員的質疑挑釁，威權動搖時。如此一來，

不但無法催化、凝聚團體動力，反而容易導致團體加速崩潰，成員離心離德，製造小派系小集團，甚至造成某些成員受傷害。此一尋求援救者與救援者（help-seeker & rescuer）的行為恐將對團體動力與團體發展形成負面的影響。

(八) 自以為是的道學者（self-righteous moralist）

領導者在團體中由於受到成員的認同，加上專業性的權威，難免針對主題會提供較多的意見、資訊或建議，特別是在教室的教學情境或任務導向的團體中。若指導性角色沒有考慮成員的感受、需求與反應，忽略團體動力的發展，極易導致領導者自以為是，甚至對成員的行為或團體內的事務，依個人道德觀來加以評斷，儼然是法庭上的法官。基本上，心理學對個體行為的研究注重其過程與發展，較不涉及法律與道德層面的是非功過論斷，故領導者非必要時，宜避免此一主觀性道學者的角色去干擾團體的運作。

(九) 敵對者或憤怒者（hostile or angry member）

領導者自然有人的情緒與情感，在團體中要能完全不涉入情感，不引發情緒，並不容易。然而，領導者應隨時深思個人情緒與情感的介入，是否會傷害、壓抑了成員的情感流露與情緒表達，對團體的動力發展將產生正向或負向的影響。有時領導者自己在團體中表達情感過多、情緒失控，例如哭泣、發牢騷，剎那間導致團體氣氛為之凝重，此時若沒有協同領導者或其他適當的成員來協助帶領團體，一時之間，領導者恐怕很難轉化「感性」角色為「理性」角色，即使領導者技巧性的轉換，恐亦將造成成員認知失調、無所適從，難以調適個人角色與之互動。

(十) 退縮、不參與、沉默的成員（withdrawn, nonparticipating, silent member）

領導者是整個團體中重要的引導者、催化者，基本上很難被視為團體的成員，於是他不能隨意表現出退縮、不參與的行為，否則極易使團體動力中斷，發生成員「群龍無首」的情形。至於「沉默」，若是一種領導策略或技

巧，為了催化引導團體，是被允許的，但若只是領導者的情緒性反應，則有待斟酌。

由上述領導者的團體角色與反團體角色，將更清楚的顯示出領導者的功能包括：規範性功能、協調性功能、評價性功能及統整性功能。

第 四 節　領導者與協同領導者

一 協同領導的優點

團體形成前，領導者須考慮是一人帶領此團體，或是與其他領導者、協同領導者（co-leader）共同配合領導。所謂「協同領導者」，是指協助領導者帶領團體的人；所謂「協同領導」，是指二人以上共同帶領團體。協同領導者不是單一領導者，故不必完全擔負團體之設計、領導、評估等責任，其角色兼具有輔助、催化團體及支持成員的功能。有時團體成員少則十數人，多則數十人，單靠一位領導者，無法兼顧每位成員的需求、反應及團體的過程、細節，加上領導者雖是細心經營者，但也有其盲點，多一位協同領導者，有助於參與團體、照顧成員、觀察動力，以及減輕壓力及增強人際示範（翟宗悌，2009）；同時也可藉此強化領導者的養成訓練，領導者間相互研討、成長，圓熟領導效能。故團體內協同領導者的設置有其必要。

Cohen 和 Lipkin（1978）指出，協同領導者的存在對團體動力的發展有下列正向的助益：

- 減少成員產生「領導者萬能」的不確實期待。
- 具有示範作用，使成員了解團體內允許不同的意見。
- 具有遞補作用，以免因領導者缺席而影響團體的進行。
- 減少領導者壓力，提供必要的支持、協助。
- 具有彈性作用，活化團體的領導風格。

●具有諮詢作用，當團體面臨專業倫理與轉介問題時，領導者有諮詢商討的對象。

二 協同領導的缺點

當然，領導者若與協同領導者默契不夠且配合度不佳，也可能出現不必要的領導困擾，甚至影響團體動力的發展。常見的協同領導缺失如下：

(一) 領導權柄的競爭問題

協同領導者固然是在協助領導者帶領團體，但若領導者的特質、角色、行為，甚至專業知能不為成員所認同，極易造成協同領導者被「黃袍加身」，取而代之領導地位，引發領導權的掌控問題，傷及團體動力。

(二) 領導責任的歸屬問題

俗云「三個和尚沒水喝」，當團體安排有協同領導者時，固然可減少領導者的壓力，也容易產生責任歸屬及工作分配比例不均的問題。有時協同領導者被領導者賦予更多的責任與工作任務，卻無法分享更多的領導權利與福利，在心生不滿之下（例如收費性團體之領導者其鐘點費多於協同領導者），也易滋生錯誤的人際示範予成員。

(三) 團體一分為二的問題

不論是活動設計、成員分組或時間分配，往往因有協同領導者的設置造成團體「二半」的現象，例如領導者帶領前後二段團體時間，協同領導者負責中段團體活動（或二人各自負責前後段時間）；或是成員二半，分別由領導者與協同領導者帶領，造成成員分組的選擇困擾或學習爭議等。

(四) 角色分工刻板化的問題

常見的現象是領導者本身或成員將領導者與協同領導者分別視為「嚴

父」、「慈母」，角色刻板化導致二者的角色行為僵化，阻礙了團體動力的發展；或是協同領導者被成員視為「非專業的助理」：放放音樂、拿拿道具、改改作業、分組湊數、照顧特殊成員等等，形成一強一弱之勢。

(五) 協調研討費時的問題

領導者與協同領導者在團體形成前、團體進行的前後與過程中，必須花較多時間協調、討論，多一層考量與負擔。有時團體進行前二人因缺乏時間預先討論以致在團體中「險象環生」；團體結束後，又因疲累因素，未及討論，無法客觀評估團體，阻礙彼此成長，反而造成雙方人力、體力、心力與時間的浪費。

(六) 配合不佳，形成多元對立的現象

若領導者與協同領導者默契不佳、協調不夠，在團體帶領方式、風格及看法上容易產生衝突，甚至出現「扯後腿」現象，例如協同領導者表示：「剛才領導者××的意見，我不以為然，我覺得……」；領導者也可能說：「你們還是照我所說的，至於協同領導者 × × 示範的，先擺在一邊……」。如此一來，不但使成員無所適從，感受到領導二人的對立與衝突，而且破壞了團體氣氛，嚴重者甚至造成團體派系對立，分崩離析，不可不慎。

由此觀之，領導者與協同領導者，或二人以上的團體領導者，皆需要具備充實的專業知能，清楚團體輔導與團體諮商的概念，了解領導者或協同領導者的角色、功能與任務；再加上二人要有默契共識，擁有尊重、真誠、理性、包容、自我開放、關懷他人的共同特質，彼此互補二人的領導特質與風格，「截長補短」、彈性主動、互相了解支持，同時配合觀察員、催化員的設置及督導制度的運用，才能有效開展團體動力，落實團體輔導的功能。

由於領導者的角色非常吃力且易專業枯竭，需要內化能量與外在資源，故有必要持續接受專業督導（Gilbert & Shmukler, 2003），舉凡團體計畫（方案）的擬訂（連廷嘉，2002），團體進行到準備、團體輔導的帶領過程，以及團體

團體動力與團體輔導

結束後的專業評估等，皆須經由資深、曾受督導訓練的督導人員指導之。有關團體領導者、協同領導者、催化員、觀察員及督導者之相互比較，詳見表4-2。

➤ 表 4-2　團體內重要角色之比較

項目	團體領導者	協同領導者	催化員	觀察員	督導者
意義	帶領團體的人	協助帶領團體的人	協助發展團體動力的人	觀察、記錄團體運作的人	專業指導帶領團體的人
功能	1. 定向性功能 2. 協調性功能 3. 指導性功能 4. 統整性功能 5. 規範性功能 （含右列功能）	1. 支持性功能 2. 行政性功能 3. 調和性功能 4. 互補性功能 （輔助性） 5. 教育性功能	1. 參與性功能 2. 示範性功能 3. 開放性功能 4. 催化性功能 5. 輔助性功能	1. 回饋性功能 2. 記實性功能 3. 觀察性功能 4. 比較性功能 5. 動力性功能	1. 診斷性功能 2. 諮詢性功能 3. 評價性功能 4. 教育性功能 5. 支持性功能 6. 行政性功能
職務	可兼右列角色 （督導者除外）	可不設此角色	可由領導者兼任	可由領導者兼任	宜由專業人士擔任
角色	教師、領航者、仲裁者、設計師、技術師、結構者、訊息提供者、立（執）法者等	助教、DJ、援助者、和事佬、代理人、示範者、激勵者、導航者等	朋友、發問者、成員、先覺者、催生者、小叮噹、加油員、服務生等	場記、攝影師、成員、技師、記錄、守護者等	專家、評論員、資料庫、顧問、醫生、考核員、加油站、上級指導員、教育工作者等
技巧	右列各項技巧	傾聽、反映、鼓勵、澄清、摘要、同理、解釋、詢問、增強、面質、設限、評量、統整、支持、保護、阻止、建議、調律等	澄清、摘要、催化、激勵、同理、執中、聯結、支持、探測、診斷、統整、調律、示範、自我表露、團康活動之設計與帶領	記錄、傾聽、澄清、同理、觀察、視聽器材之操作等	診斷、詢問、建議、指導、評量、面質、討論、同理、增強、支持、統整等
團體貢獻	右列各項特點	1. 減輕領導者負荷壓力 2. 發揮互補領導功能	1. 凝聚成員向心力 2. 開展團體動力	1. 協助領導者察覺團體重點 2. 協助成員自我覺察	1. 協助領導者專業成長 2. 評估團體成效

086

➤ 表 4-2　團體內重要角色之比較（續）

項目	團體領導者	協同領導者	催化員	觀察員	督導者
團體貢獻	右列各項特點	3. 成員獲得較多的照顧，例如個別諮商。 4. 促進成員多元化學習。 5. 提供良好的人際示範。 6. 協助領導者省思領導行為，提升專業成長。 7. 培養團體領導人才。 8. 協助解決團體問題。	3. 融洽團體氣氛。 4. 修正團體發展方向。 5. 增進成員互動機會與經驗。 6 發展人際情感。	3. 協助領導者顧及每位成員，掌握其心理與行為。 4. 提升領導人員之自我成長。 5. 協助提供專業督導諮詢之團體資訊。	3. 給予領導者支持及行政指導。 4. 有效解決團體問題。 5. 提供相關資訊。 6. 確保成員權益及團體輔導品質。
注意事項	右列各項特點	1. 避免損及領導者專業地位及成員的信任。 2. 避免「雙頭馬車」，使成員無所適從。 3. 避免角色僵化成助手，宜適時呈現專業輔助功能。 4. 避免團體意見分歧。 5. 避免成為領導者與成員之間的代言人、中間人、阻隔者。	1. 避免領導團體方向。 2. 避免控制團體。 3. 避免取代領導者的功能與角色。 4. 避免團體氣氛、團體動力失控，例如嬉鬧，「團輔」變「團康」。 5. 避免人際導向取代工作（任務）導向。	1. 避免干擾團體運作。 2. 避免給予成員壓力。 3. 避免過度解釋所觀察的團體事實。 4. 避免成為團體裡的木頭人（宜有人性的態度）。 5. 避免提供錯誤的團體資訊。	1. 避免過度掌控團體發展。 2. 避免增加領導者壓力。 3. 避免理論與實務脫節。 4. 兼顧教育性、行政性、支持性功能。 5. 遵守「臺灣輔導與諮商學會諮商專業倫理守則」中「教學與督導」部分的規定（詳如本書附錄資料）。

第 五 節　催化員與觀察員

一　催化員與團體

　　催化員是團體成員之一，此一角色視團體動力的發展來行動，有時配合團體活動的方向和目標來協助團體過程的運作。催化員的任務就是要能察覺不同團體的性質和不同成員的需要，安排和提供安全的物理環境，不要為團體指引任何方向，而是隨著團體的情緒動向來參與團體過程。基本上，催化員可能是有效的成員，可能是協同領導者，可能是實習領導者或領導者。在團體內，催化員須適時的開放自我，運用口語行為與非口語行為來促進團體動力，和諧團體氣氛，激發其他成員的參與行為。

　　人有其個別差異，集合多數人互動的團體自有其複雜性、多變性，團體可能隱藏著許多危險刺激，強烈考驗著領導者與成員，受過良好訓練的團體催化員知道在團體中何時該介入、何事須處理、何人要回饋、何物必安置，以期有效協助領導者運作團體。面對團體事件發生之前、當下及事後，確切明瞭妥善處理的程序。Whiteley（1970）特別擬訂團體催化員的十二項指導守則，以規範其行為與角色：

- 團體催化員有責任對團體的進行發展出一套看法，以使自己清楚該團體活動的目的。
- 團體催化員有責任了解自己能力之範圍及其技術之極限，僅在能力範圍提供服務，並協助成員了解。
- 團體催化員有責任遵守其專業機構的規定，並適當的在團體中運轉角色。
- 團體催化員必須是相當一致而穩定的個體，沒有較嚴重的心理病態，並且能發展內省覺察的能力，以面對團體情境下的壓力。
- 團體催化員可協助領導者篩選成員，避免高危險群的人加入團體。

- 團體成員若有團體外的接觸，催化員須將團體洩密的危險性減至最低。
- 適時的追蹤輔導成員，以保障成員權益與福祉。
- 專業性限制團體中的語言與非語言行為，避免傷害成員。關於此點，Ohlsen（1970）更進一步指出，催化員有責任尊重社會習慣、道德規範及法律責任。
- 催化員應該協助團體討論守密的契約及其必要性，明示成員其能力範圍所及的是團體內發生事件的守密。
- 協助成員了解自己加入團體的利弊得失等各方面資訊。
- 協助成員了解自己的權益，包括自己是否加入或退出團體，特別是在遭受領導者、成員或團體之不當壓力時。
- 協助團體及領導者評估團體的成效，並且參與團體的研究活動，以有效運作團體。

二 觀察員與團體

　　觀察員乃是將團體過程中一切的人、事、物，具體清楚的觀察、記錄、分析並回饋予團體內人員。他可能是一個或數個人，他可能是領導者、協同領導者、催化員、督導員或任何團體中的成員。這個角色對團體是有助益的，通常也是超越團體之外，並未真正參與團體活動的內容，卻又能有效協助團體的運作。事實上，真正團體運作的過程中，領導者及所有成員身在其中，當人際互動、溝通或任何狀況產生時，難免無法「旁觀者清」，是故觀察員可從旁協助觀察團體內的互動情形、成員及領導者的細微反應，並檢查團體的結構性，以促進團體動力更有效的發展。

　　一般而言，觀察員大多由領導者、協同領導者或實習領導者來兼任，也有基於團體動力的需要、成員特殊的表現或活動內容的設計，由領導者指定成員來兼任，人數不限一位，唯過多的觀察員對團體的運作也有實際的干擾。上述兼任性質的觀察員大多實際參與團體內活動，是為「參與式觀察者」（participant observer），被觀察的成員較自在，不會感受太大的壓力，甚至

成員難以察覺此角色的存在。另外，團體有時基於團體性質、功能與活動設計，在團體形成前先找一位或數位專職的觀察者，預先告之其角色任務，並明示於成員（在成員篩選時或團體進行前一次，即應先行告之），也應徵詢成員的同意。此一觀察員在活動過程中不參加團體活動，只在團體情境的一個角落或另一房間藉助單面鏡、錄影機等器材，默默記錄、觀察，是為「非參與式觀察者」（non-participant observer），此類觀察多用於訓練性或治療性團體中。表面上非參與式觀察者不影響團體進行，但因其實際存在團體內外，且為成員所覺知，難免會形成對被觀察者的壓力。故領導者宜適當的說明、解釋，並強調觀察員對團體及成員的正向功能，以化解成員疑慮，使團體在「接近自然狀態」下進行。觀察員觀察領導者與成員的行為包括以下項目：

- 領導者與成員的肢體語言（儀表、態度……）如何？
- 領導者與成員的活動指導語說明是否清楚？
- 領導者的表達能力如何？
- 領導者彼此之間的默契、配合度如何？（指二人以上的領導者，含協同領導者）
- 領導者與成員的互動關係如何？
- 領導者帶領團體討論的能力如何？
- 領導者對特殊成員或特殊事件的處理反應如何？
- 領導者設計活動的內容與團體目標是否結合？
- 領導者掌握團體時間的能力如何？
- 領導者與成員的人格特質如何？（自信心、開放度、親和力、焦慮感……）
- 成員參與團體的感受與反應為何？
- 團體的互動網絡與氣氛為何？

無論是參與式或非參與式的觀察，基本上，觀察者都不能過度解釋所記錄、觀察到的現象，也就是觀察者著重在掌握「是什麼」（what）而不是「為什麼」（why）。同時，觀察所得的資料必須具有準確性、代表性，不宜「斷

章取義」、「以偏概全」，觀察行為要先界定，觀察宜隨時記錄在事先準備的觀察表上，並利用電子器材輔助，例如錄音機、錄影機等，以便獲得更多更客觀的資料，唯須事先告之成員，徵詢其可接受的觀察方式。同時適當的採用時間取樣（time sampling）的設定方式，例如：何時觀察、觀察多久、時段選擇、重點觀察或完全觀察等等。對領導者與成員的觀察內容也有不同，團體領導者的行為觀察詳見表 4-3，成員行為的觀察詳見表 4-4（黃惠惠，1993）。觀察所得的資料宜交由相關人士，包括領導者與督導者討論，才能有助於團體動力的活化與輔導成效的檢討。

➤ 表 4-3　團體領導者行為觀察表

1. 團體名稱：		團體成員位置圖：
2. 團體時間：　年　月　日　時（第　次）		
3. 團體地點：		
4. 成員人數：		
5. 被觀察者：		
6. 觀　察　者：（非參與式或參與式、姓名）		
項目	等級	說明
1. 守時		
2. 穿著適當		
3. 輕鬆自在（鎮靜沉著）		
4. 能保持眼神的接觸		
5. 無令人分心的肢體語言		
6. 口語表達清楚明白		
7. 面部表情適當、自然		
8. 對專業的理論有很清楚的了解		
9. 對成員的心理行為有很清楚的概念		
10. 對成員的背景資料記得很清楚		
11. 能專注（是個很好的傾聽者）		
12. 回答合乎邏輯及道理		
13. 及時且適當的回答		
14. 引導思考的問題是有智慧與思想的		
15. 對團體輔導的專業倫理及所需負的責任有很清楚的了解		
16. 情緒穩定		
17. 對人顯得十分有興趣		
18. 尊重成員		
表內等級評定說明如下：五點評量 　1. 在平均之下（完全非如此）　　4. 優異（完全如此） 　2. 平均　　　　（有時如此）　　5. 無法評估（不適用） 　3. 在平均之上（大部分如此）		
其他觀察事項請註明：		

　資料來源：引自黃惠惠（1993）。

➤ 表 4-4　團體成員行為觀察表

1. 團體名稱：			團體成員位置圖：
2. 團體時間：　年　月　日　時（第　次）			
3. 團體地點：			
4. 成員人數：			
5. 觀　察　者：（非參與式或參與式、姓名）			
成員行為		成員代號	說明
消極抗拒行為	1. 大頭腦		
	2. 缺席者		
	3. 沉默者		
	4. 獨占者		
	5. 依賴者		
	6. 敵意攻擊者		
	7. 替罪羔羊		
	8. 建議者		
	9. 救難者		
	10. 社交者		
	11. 玩笑者		
	12. 持家者		
	13. 哭泣者		
積極行為（任務功能）	1. 起始者		
	2. 資訊意見探詢者		
	3. 資訊意見提供者		
	4. 詳述者或協調者		
	5. 程序技術者		
協助行為（維持功能）	1. 催化者或鼓勵者		
	2. 守門者		
	3. 標準或目標設立者		
	4. 調和者或撫慰者		
	5. 妥協者或中立者		
	6. 團體觀察者		
	7. 跟隨者		
其他觀察事項請註明：			

資料來源：引自黃惠惠（1993）。

第六節 領導者的養成與訓練

　　美國心理學界通常把臨床心理學（clinical psychology）、諮商心理學（counseling psychology）、學校心理學（school psychology）及工業與組織心理學（industrial and organization psychology）通稱為專業心理學（professional psychology）。其訓練模式有兩種：一是科學家的訓練模式（scientist model），一是專家的訓練模式（practitioner model）。前者重在培養科學研究人才，多半為以學術研究導向的傳統大學採行，課程內容重視專業知識、研究方法、統計分析，以及外國語文訓練；後者以培養能夠從事臨床工作的心理學家為訓練目標，多半是以實務為導向的輔導機構所引用的模式，課程內容重視心理診斷、心理治療及實習訓練。

　　一般而言，團體輔導、團體諮商與團體心理治療的領導者，其養成教育多屬於專家的訓練模式。專家的訓練模式包含以諮商師自我覺察能力訓練為主的傳統經驗式訓練模式，例如敏感度訓練團體、人際關係訓練團體、自我成長團體等；另一則是以強調訓練效果的技術本位式訓練模式，例如，模擬式團體諮商（simulated group counseling）、技術性團體諮商訓練模式（skilled group counseling training model）等。前者有雙重關係的倫理議題、缺乏實證訓練效果，後者偏重技術與實務能力訓練，受訓的領導者較缺乏團體發展的認知（吳秀碧，2010）。

一 領導者的養成教育

　　目前國內團體領導者，約分成二種養成背景：學術背景與實務背景。前者又可分為博士教育背景、碩士教育背景、學士教育背景；後者則分為專業背景的實務工作者與非專業背景的實務工作者。當然也有兼具學術理論與實務經驗的團體領導者。基本上，學術背景的領導者多半專注於團體輔導的理

論研究、教學與扮演實務工作者的督導,特別是博士、碩士學位者。至於學士學位者及專業背景的實務工作者則多為實際帶領團體者。

非專業背景的實務工作者多為學校的兼任輔導教師、社會輔導單位中對團體輔導工作有興趣的人員,或以人際溝通、潛能開發、員工訓練為設立宗旨的私人企業機構人員,此類工作者有些實務領導經驗豐富,但也不乏專業學術理論背景薄弱亟待強化在職訓練的人。值得注意的是,若大量非專業人員投入團體輔導工作,則團體輔導普遍化的結果,也可能導致團體被誤用、濫用及引發非專業化的危機,違反專業倫理,損及成員權益,降低輔導品質。

目前國內輔導系所或相關系所輔導人員的養成教育系統中,除了心理學門、社會學門及一般性輔導與諮商等必要課程之外,有關團體輔導部分的學理訓練包含下列課程:

(一) 大學部(數字代表學分數)

1. 團體動力學概論(2)
2. 團體輔導(3)
3. 團體輔導實務(2)
4. 團體工作概論(2)
5. 小團體訓練實務(2)
6. 團體輔導評鑑(2)
7. 遊戲諮商(2)
8. 方案設計與評估(3)
9. 輔導活動方案設計與實施(3)
10. 輔導活動教材教法(2)

(二) 研究所(數字代表學分數)

1. 團體動力學及其研究(4)
2. 輔導與諮商研究(3)
3. 諮商技術專題研究(3)
4. 團體輔導實務(2)
5. 團體諮商研究(3)
6. 督導理論與實務(3)
7. 團體諮商實務(2)
8. 督導導論(2)
9. 遊戲治療(2)
10. 社會劇(3)

（三）教育部輔導工作六年計畫之團體輔導教師研習課程（數字代表時數）

1. 團體領導技巧（3）
2. 團體輔導基本原理（2）
3. 團體輔導基本技巧（2）
4. 團體輔導方案設計與效果評估（4）
5. 團體實務與演練（12）
   A. 康樂性團體（2）　　　C. 成長性團體（4）
   B. 教育性團體（2）　　　D. 問題解決團體（4）
6. 個別單元設計之應用（4）
7. 主題單元設計之應用（8）
8. 專業精神與諮商倫理（2）

　　茲因團體諮商與團體輔導乃是助人專業工作的重要一環，近年來，國內大學校院諮商輔導及其相關系所在此一方面的課程，除理論概念、基本知識之教導學習之外，有時也會配合課程需求安排「訓練團體」施以實施演練及督導，以培養領導者領導團體的技巧（柯淑惠、石麗如、張景然，2010）。這類「訓練團體」乃是成員（選課者）在課堂中進行領導者、成員及觀察員及三者角色型態的轉換練習，成員平均分為四組，各組進行四週、一主題式（人際關係、生涯探索、親密關係或壓力紓解）、每週一次60分鐘的團體，同組成員輪流扮演團體領導員、成員與觀察員的角色，每次訓練團體結束後指導教授督導討論40分鐘。

二 領導者的實務訓練

　　除了上述「學院系統」的養成教育之外，為了使領導者有機會了解團體發展過程、成員心態感受、團體行政運作、學習他人領導經驗及其他團體輔

導事宜，凡欲從事團體輔導工作的人更需要接受「技術導向」的實務訓練。基本上，一位有效的團體領導者除了要具備人文科學、行為科學、社會科學、基本的諮商理論與實務、團體輔導理論與實務等知能之外，尚須具有成員、諮商員、觀察員、催化員、見習領導者、協同領導者、實習領導者等經驗。

成員　領導者的養成與訓練背景中，首先須有多次參與團體的經驗，先去感受成員參加團體的心態、感覺與經驗，才能在領導團體時「同理」成員，掌握團體動力。

諮商員　大部分的團體輔導工作者都須具備個別諮商的經驗，如此才能運用諮商技巧於團體中，且能將團體輔導與個別諮商相輔相成的運用（尤其是團體中學習狀況不佳，或受限時間、團體動力等因素無法在團體中處理的成員問題，也須藉助於領導者團體外的個別諮商）。

觀察員　觀察員有三類：直接觀察員（進入團體內不參與活動的觀察員）、間接觀察員（錄影觀察，減少干擾團體歷程）及參與觀察員（以成員身分投入團體觀察）。透過觀察員的角色，有助於接收團體環境的脈絡訊息，了解成員的主觀感覺與非口語行為（陳奕良，2002）；進而觀察團體的動力發展、成員反應、他人的領導理念與技巧，培養個人的觀察力、敏感度，此亦是領導者的重要能力之一。

催化員　學習如何自我開放、人際互動，並且「身歷其境」的訓練自己凝聚團體動力與成員向心力的能力。換句話說，任何團體的經驗，包括家庭、班級、社團，也都需要有一催化性、媒介性的「橋樑」。

| 見習領導者 | 具備前述的角色與經驗後，即可選擇一個團體，實際以領導者心態，去體察真正領導者帶領團體時應有的心理與行為，例如：團體前要做何準備？為何設計此一活動？活動指導語的說明為何？突發狀況、特殊事件如何處理？如何帶領成員團體討論等。 |

| 協同領導者 | 搭配一位有效的領導者實際去帶領團體，從協同領導的過程中，彼此回饋、相互討論，以提升自我的專業成長。協同領導的經驗有助於領導者的養成訓練，也有利於團體的動力運作，以協助領導者處理兒童或青少年團體內的干擾行為（Cummings, et. al., 2004）。 |

| 實習領導者 | 實習領導者之所以要實際一人獨自帶領團體，又須配合一位有經驗的領導者擔任團體觀察員（或安排督導員從旁諮詢、指導），其目的一則訓練實習領導者成為「完全的領導者」，再則也可確保團體成員權益，提高團體輔導成效。 |

| 團體領導者 | 領導者須不斷充實自我，加強在職訓練，學習國內外團體輔導新知技能，以精進理念與技術，例如參與各項研習、工作坊，閱讀相關新知資訊等。 |

　　由此觀之，團體領導者的養成教育與訓練是一相當專業性、多元性、持續性與挑戰性的過程，領導者在團體輔導與諮商方面的理論與實務必須兼具，同時強化專業精神與倫理內涵。目前國內實施團體輔導工作，有些學校單位或社會機構「速成式」的團體領導者訓練，令人擔心其對成員身心發展與專業品質的影響。常見的模式是由受過簡單訓練的人（例如參加二天一夜的團體訓練工作坊，或擁有數個學分之團體輔導研習的結業證明），再跟隨一位資深、經驗豐富的領導者一起帶一個團體，進行數次的團體後，即令其「獨當一面上戰場」帶領團體，殊不知「一將功成萬骨枯」，嚴重違反專業品質

與諮商倫理（詳見本書第八章），值得深思。否則團體輔導普遍化的發展結果，終不免被誤用、濫用而走入「死胡同」。

有鑑於國內團體諮商與領導者的訓練模式之開發與分享，有其必要性與迫切性，且針對傳統經驗式訓練模式與技術本位式訓練模式的缺失，吳秀碧（2005，2008，2010）近年來持續專研於進階領導者系統化訓練模式的建構。本模式係以發展領導者的認知能力訓練為主，訓練內容涵蓋各團體階段、領導任務、主要受訓內容及其領導策略（如表4-5），配合真實、自願的團體成員及現場通訊（受訓者戴耳機）指導的督導人員，由受訓領導者親自帶領一個十次聚會的團體，以獲得並精進團體領導知能。

國外團體輔導工作者的養成教育與訓練，大都是與證照制度、實習制度及社會需要互相結合。各類型團體蓬勃發展，且不斷研究、發展團體輔導新知能，值得借鏡效法。凡是有興趣從事團體輔導工作及教學、研究的人，應厚植學術理論基礎，並持續從事臨床實務工作，配合督導制度的運用，不斷的進修、檢討、評估與研究發展，方能成為一位有效的團體領導者。

➤ 表 4-5　進階領導者系統化訓練模式的訓練內容

團體階段	領導任務	主要受訓內容——領導策略
初始團體 （包括初步接觸、聯結關係、友誼與親密等三階段）	1. 學習開展團體 2. 學習建立有利的團體規範 3. 學習建立適當團體文化 4. 學習發展工作同盟 5. 學習推進體歷程 6. 學習發展與促進團體的凝聚力	1. 展開初次團體的程序結構與策略 2. 建立你—我直接溝通 3. 建立使用「我」訊息表達 4. 建立成員負責與自主文化的策略 5. 訓練成員人際溝通技巧的策略 6. 平衡溝通（深度與廣度）的策略 7. 聯結（個人與自己內在、個人與人際或個人與團體） 8. 「此時此地」運用策略 9. 聚焦與轉換焦點之策略 10. 團體歷程評論 11. 促進參與增進人際互動之策略 12. 聯結相同（相似議題、相似經驗、相似情感情緒、相同目標）
進階團體 （包括互助與合作、收穫與退出二階段）	1. 學習建立互助的模式 2. 促進個人探索與深化 3. 學習有效的改變技術 4. 學習適當結束團體的技術	1. 形成團體討論議題之策略 2. 建立互助模式之策略 3. 運用團體成員資源之策略 4. 協助成員建立工作目標 5. 促進成員人際型態覺察之策略 6. 促進個人朝向目標工作之策略 7. 促使成員探行為與內在關聯之策略 8. 運用問題解決策略 9. 嘗試與練習個人偏好的改變技術 10. 促進學習遷移之策略 11. 準備結束團體 12. 處理分離焦慮 13. 終結團體的程序結構

資料來源：引自吳秀碧（2010）

CHAPTER ⑤

團體領導技巧

> **我**們不希望任何一位團體領導者一成不變的引用我們所提到的技巧,並且在沒有思考是否適合你團體的成員和你與每個成員的獨特關係之前,就使用它們。
>
> ~Corey 等人(1982)

第 一 節　團體溝通網絡

　　有人聚集的地方，就會有人際溝通與互動的問題，任何的溝通：親子溝通、師生溝通、兩性溝通等，都會涉及溝通技巧與態度的差異。團體輔導乃是集合數人至數十人的情境，能否達成團體目標，發揮領導功能，滿足成員需求，取決於領導者的領導技巧與團體動力的發展。無論前者或後者，均涉及「團體溝通網絡」的型式與結果，故研究團體領導技巧的同時，有必要先探討如何建構一有效的溝通網絡。

　　「溝通」是指個體或團體與其內外在環境之間訊息的傳遞、交換與相互影響的過程。溝通的方式分為口語的與非口語的、正式的與非正式的、平行的與垂直的、內在心理的與人際互動的。溝通的目的在於使個體對自我、對他人增加覺察能力，使自我擁有確切的敏感度，能夠對外界現象進行有效判斷，換句話說，溝通在於使自我的反應更能掌握多元的訊息。

　　團體進行時，溝通障礙常來自於成員彼此的信任感缺乏、個人價值觀、溝通知能與生活態度的差異，以及領導者的領導技巧與統整能力。從團體動力學的觀點而言，有效的溝通必須考慮團體的各個發展階段以及溝通者應有的態度。溝通時也應注意語言的選擇（語辭、語調、語氣）、時機的考量、表情的輔助、內在的同理、專注的傾聽等因素，詳見圖5-1。陳若璋、李瑞玲（1997）認為，團體發展過程中，語言與非語言行為是兩個重要的領導與溝通變項，二者會影響團體的發展與成效。

（清楚溝通目標）

成員特性

- 改變對方的態度或行為前，先要了解其基本資料。
- 溝通之前要先清楚自己的想法，有系統的分析主題與概念。
- 澄清自己最重要的溝通目標，然後選擇合適的溝通技巧。
- 事先訂出溝通計畫，多尋求他人意見，有助溝通時獲得他人支持與客觀訊息。

成員的改變

- 了解他人及自己的行為與態度之改變。
- 增進成員的情感交流與關係，有助於彼此的成長經驗。
- 探討改變的層面與溝通內涵之間的相關。

統合運作的過程

- 不要太急於或勉強於溝通、互動。
- 溝通時注意彼此的聲調、語意、表情、態度等細微之處以及溝通訊息的基本內容，避免對方曲解意義。
- 語言的選擇，特別是微妙的語意或情緒上的形容詞都會影響溝通者的感受。
- 溝通時，宜同時注意對方內在和外在所表達的訊息，尤其是面對一位內向性格的溝通者。
- 把握時機，適當的蒐集有助於溝通的消息或價值的事例，以助溝通內容。
- 檢討自己的溝通方式或內容，鼓勵對方表達他的反應（回饋），以及事後自我檢討。

虛線：回饋反應　實線：直接影響

團體情境

- 溝通時考慮物理與社會的環境，唯有個體與環境的互相配合，才能有助於達到良好的溝通。
  物理方面：
  場地布置、活動設備、噪音隔離、通風照明等。
  社會方面：
  人際、互動關係、社經地位、權威角色、社會期待、團體目標等。

團體的發展

- 此種溝通是否符合團體的要求，是否有助於達成團體長遠的目標與發展。
- 溝通能否維繫團體的存在，建立團體專業性的形象。
- 溝通能夠促發團體的動力。

（清楚溝通目標）

⊃ 圖 5-1　促進團體動力的溝通模式

團體內溝通網絡約可分為三變項：輸入變項、中介變項與輸出變項。領導者要先了解輸入變項，掌握中介變項，並深入評估輸出變項。輸入變項一為成員的溝通特性：溝通的目的、溝通的方式、溝通的訊息、溝通的計畫等，特別是領導者要了解在溝通過程中想要改變對方的哪些態度或行為，因此需要先了解成員的需求與基本資料，包括團體進行前及過程中，領導者應參考成員的報名表、自傳或其他資料；當然，領導者溝通前也要先清楚自己的想法，有系統的整理、分析，以便溝通時加以呈現。

另一個輸入變項是溝通的情境條件：溝通時場地布置、輔助設備、噪音控制、人際模式、社經地位等。溝通的結果（輸出變項）不外乎是為了要達成團體的發展與成員的改變。前者包括團體目標是否藉由溝通而完成，溝通是否有助於維繫團體的存在，確保專業的品質；後者包括成員的態度、看法、感覺及行為是否改變，領導者與成員的情感是否因而增進交流等。

基本上，領導者與成員在團體內要達成有效的溝通，除了要了解並運用上述輸入變項與輸出變項之間的關聯性、因果律之外，更必須掌握中介變項，此亦為領導者的重要領導責任。團體內人際溝通包括下列原則：

1. 不要太急於或勉強於溝通、互動。溝通時注意彼此的聲調、語意、表情、態度等細微之處，以及溝通訊息的基本內容，避免對方曲解意義。

2. 副語言（語氣、語調或頻率、速率等）及語言的選擇使用，特別是微妙的語意或情緒上的形容詞都會影響溝通者的感受，宜謹慎用之。

3. 溝通時，宜同時注意對方內在和外在所表達的訊息，尤其是面對一位內向性格的溝通者，更須察覺其非語言行為。

4. 把握時機，適當的蒐集有助於溝通的消息或價值的事例，促進雙向溝通。

5. 檢討自己的溝通方式或內容，鼓勵對方表達他的反應（回饋），以及事後自我檢討。

6. 理想的溝通狀態是「團體中心」的溝通，而非「領導者中心」的溝通。留意團體外溝通及次團體溝通對整體溝通網絡的影響。

7. 團體內溝通重視成員自由互動、自發性的溝通。鼓勵成員分享討論，

MalaKoff（2004）認為透過公開的團體討論，有助於關注每位成員的感受，確認每個人都有能力助人或催化團體動力。

8. 適當運用領導技巧來達成有效的團體溝通，包括運用初層次與高層次的領導技巧。

第二節　初層次領導技巧

茲因團體領導者的主要任務有四：營造情境、經營團體人際、發展策略與動力促成改變，以及結構程序使成員參與團體（Drum & Lawler, 1988），因此領導者為期達成團體目標、發展團體動力、促進成員互動、提升團體效率，適時的採取某些方法、態度、策略或手段，都可視為是「技巧」（skills）的運用，或稱為「技術」（techniques）。

在團體輔導過程中，哪些是屬於技巧，哪些是屬於方法，哪些是屬於態度，甚至哪些是屬於領導者個人特質的部分，恐怕不容易加以區分，例如「沉默」（silence），在團體中可能是領導者的領導技巧，或催化策略、或處理態度、或個人反應、或人格特質等。因此，凡是有助於形成團體動力，運作團體發展的一切領導行為，均謂之為「領導技巧」。

Stockton 和 Morran（1982）認為團體領導者具有四大項特質技巧：(1)中度的情感表現（自我表露、假設、情緒反映、同理心等）；(2)高度的關懷表現（支持、真誠、鼓勵、保護、回饋等）；(3)認知的歸納（了解、澄清、解釋、建議、摘要、統整等）；(4)執行的功能（設定目標、設限、管理、評量、面質等）。

Trotzer（1977）則把領導技巧區分為三大類：(1)反應技巧（積極傾聽、同理心、澄清、摘要）；(2)交互作用技巧（支持、解說、聯結、執中、阻止、設限、保護、歸納）；(3)行動技巧（發問、探測、調律、自我表露、示範、面質、建議）。Hill 口語互動矩陣（Hill Interaction Matrix，簡稱 HIM；Hill, 1971）所發展的十六種口語分類系統，經常被用以作為各類小團體口語

互動內容與品質的評估工具,以及團體督導、訓練的重要內容。口語行為直接反映了團體互動的溝通內容,有利於發現影響團體效果的有意義變化之來源(潘正德、林繼偉、王裕仁,2003)。

　　無論口語行為的領導技巧的分類為何,重點在於為何要使用該項技巧,其對團體的互動溝通與成效影響為何,任何技巧的運用須是領導者基於發展團體動力與促進溝通互動的考量所採取的一切作為(Johnson & Johnson, 2003)。本節特將常見的十二項初層次領導技巧,依其意義、內涵、範例、目標及期待結果加以介紹,高層次的團體領導技巧留待下一節討論。

▆ 同理心技巧(empathizing)

意義 對成員所傳達出的訊息,給予正確了解的溝通。亦即領導者設身處地站在成員的立場,以其參考架構去體會說話成員的感覺、需求、經驗、想法等,從而獲得共鳴性的了解並回應予成員。

內涵 以成員的內心世界及其參考架構來了解他,不加入任何主觀見解,可用假設性口吻回應,避免「鸚鵡學語」的重述。

範例

成員甲:「有時候我感到很混亂很煩,不知下一步該怎麼走?常常發呆。」

成員乙:「我也是,每次做了計畫最後都不知道該不該做,我完蛋了。」

領導者:「甲,你好像感到很困擾,不知道未來怎麼辦?」「乙,你與甲有同樣的感受,心裡非常擔憂。」

成員甲:「是呀,我就像你說的那樣,……。」

成員乙:「嗯,對!對!我……。」

目標及期待結果

建立信任、關懷的團體互動關係,領導者表達了解,鼓勵成員更深的自我探索。

二 積極傾聽技巧（active listening）

意義 藉由領導者生理、心理的專注與聆聽，來掌握成員表達的口語與非口語的真正內容。

內涵 領導者不涉入評價、判斷，注意成員的一切反應，包含口語行為與眼神、表情、動作等非口語行為。

範例

成員甲：「我經常失眠，每次到了睡覺時間，我就告訴自己今夜又無眠了，我在想⋯⋯。」（眼光拋向領導者）。

領導者：「嗯！嗯！」（注視、傾身、表情自然、鼓勵的眼神）。

成員甲：「我在想別人是不是也和我一樣，我想自己大概是世界上最倒楣的人啦！別人不會像我這麼慘，是嗎？」

領導者：（領導者以關懷的眼光注視甲，點點頭，同理的眼神。再將眼光環顧其他成員，作個邀請發言的手勢，充滿鼓勵）。

成員丁：「我有時候和甲一樣也會失眠，特別是遇到工作壓力很大的時候，⋯⋯。」

目標及期待結果

給予成員關注，培養信任氣氛，充分尊重並讓成員有宣洩情緒的機會，鼓勵其自我開放、自我探索。

三 澄清技巧（clarifying）

意義 藉由領導者與成員之間的問答過程，使成員自由的、完整的表達，並對個人情況進一步評量、探索。

內涵 掌握成員談話背後隱含情緒及思考的訊息本質，特別是成員內心涉及混淆、衝突、無知時。領導者的澄清有助於對準主題焦點。

範例

成員甲：「我不知道要不要與他交往，我覺得他有點怪怪的，心裡不太舒服。」

成員乙：「聽起來，他會與甲交往，我也覺得怪怪的。」

領導者：「乙，我知道你很關心甲，讓我們來聽聽甲進一步的說法。」
「甲，你說他怪怪的，你願意指出是哪些方面嗎？個性、價值觀或交往動機……。」

目標及期待結果

協助成員更具體、正確的表達意見，整理出問題或困擾的焦點，促進團體有意義的溝通。

四 支持技巧（supporting）

意義 領導者給予團體成員鼓勵、增強。

內涵 當成員表達意見、團體動力呈現正向或負向發展時，領導者宜適時給予支持，特別是成員分享個人的內在深層次感受與痛苦經驗時。領導者的支持不是形式化的社交辭令，而是輔以非口語專注行為及對人性的尊重。

範例

領導者：「今天對於甲的分享及大家的回饋，我覺得很感動，因為大家是那麼的用心、關懷，彼此互相信任，如同知心朋友一樣，……。」、「現在讓我們一起伸出雙手與兩旁的朋友握在一起，每人簡單一句話，分享此時此刻的感受。」

目標及期待結果

領導者的支持技巧有助於激勵當事人，增強自信，開創和諧、溫馨的團體氣氛，凝聚團體成員的向心力，並產生學習遷移、人際示範的作用。

五 解釋技巧（interpreting）

意義 領導者對自己、成員或團體提出補充性的說明，或對於某些人的看法、情感與行為提供可能性的敘述。

內涵 解釋通常是一種假設、補充而不必然是事實，讓成員有機會加以思考。應用原則有三：(1)團體動力已形成，領導關係已建立時才解釋；(2)對問題有了解或獲得足夠資訊時才解釋；(3)避免投射領導者自己的價值觀、態度和感受給當事人。

範例

領導者：「今天有兩位成員無故缺席，可能和上次團體討論時，他們的意見不被採納而且當時大家也沒有給予支持有關。各位的看法呢？」

目標及期待結果

領導者的解釋適當，有助於團體動力的開展，化解團體僵局，並刺激成員自我探索，導引新的觀點及省思方向。

六 摘要技巧（summarizing）

意義 領導者將成員的反應或活動的內容，提綱契領的整理並反映於團
體內，使成員能從中獲得學習與促發。

內涵 將領導者與成員、成員與成員之間的互動，或團體過程中重要的
事件摘述反應。

範例

領導者：「今天團體結束前，請每位夥伴（成員）針對這一次團體的經
驗做個簡要的敘述，並分享一下對自己最有意義的一句話或一
個活動？」

成員甲：「我喜歡團體的每一個人，尤其是在『情緒氣象台』的活動
中，戊的反應令我很感動，我相信他肯定自己，未來必能擁有
成功。」……。

成員乙：「我看到自己在活動中可以表達的很好，我自己也覺得很訝異。
老師說得對，只有愛是解決人類問題的唯一答案，我真的發現
我們團體的每一個人都有愛的能量。」

領導者：「今天團體的活動目標是愛與自我激勵，總共進行了三個活動：
優點列車、情緒氣象台、把愛找回來。剛才大家都分享了本次
團體的感受，×××等五人提到個人生活感想來應證團體經
驗。×××等三人分享了團體內的收穫，一句話或一個活動。
其他人也都清楚的呈現了自己的感想。我也有很深的體會在其
中，……。」

目標及期待結果

領導者的摘要，提供團體一個穩定感及意義感，避免團體過程陷入或形
成零碎分散的現象，有助團體方向的引導。

七 反映技巧（reflecting）

意義 領導者將成員溝通的要點回饋給當事人，以便於當事人能檢視自我。

內涵 領導者表達自己對成員的了解，同時協助成員表達其無法完全以語言表達的部分。避免「鸚鵡學語」的反映。反映有助於成員內在省思與人際溝通。

範例

成員甲：「我覺得今天的團體很無聊，我不認為繼續下去會有進步。」

領導者：「你不想參加團體，因為你覺得無聊，而且繼續下去也不會進步。」（錯誤反映）

領導者：「你不想參加團體，因為你沒有從活動中有所收獲，你好像很失望。」（正確反映）

目標及期待結果

讓成員知道領導者不僅在傾聽，同時也了解其內在感受，甚至清楚了解其深層而非表面的意義。積極的反映，有助領導者與成員的溝通，進而引導成員推敲自己的世界，俾能發展自我的新架構。

八 發問技巧（questioning）

意義 有意義的探詢成員的感受、經驗與行為。

內涵 領導者使用開放式語句引導成員對於自己行為的內涵及成因作自我探索，以促成動力性的自我了解。

範例

領導者：「甲，什麼時候會令你感到失望，當面對它時，你作了哪些反
　　　　應？」

目標及期待結果

領導者有技巧的發問，有助於引出成員更多討論，獲得有意義的資訊，
刺激思考，增進溝通及會聚焦點，以提供成員自我探索的方向。

九 開啟技巧（opening）

意義 團體進行之初或團體動力停滯時，領導者以口語、非口語行為及
活動，帶領團體進入互動交流的情境中。

內涵 領導者運用開啟技巧帶出成員的參與感，介紹團體的新方向，並
適時的轉化正向的團體動力。

範例 團體成員剛結束期中考，每人皆感到疲憊，有些人精神不濟，有
些人意興闌珊，……。

領導者：「剛考完試，從你們的表情看得出來大家很用功。為了彼此打
　　　　氣，現在請三人一組，甲、乙先幫丙按摩，配合音樂。來，來，
　　　　一、二，一、二，一、二，……。」

目標及期待結果

開啟的技巧，有助於增加團體過程的效率及團體動力的開展，並避免團
體不必要的遲緩、慌亂及折騰。有時也可運用在團體開始時領導者的開
場白及正式活動前。

➕ 回饋技巧（feedback）

意義 領導者基於對成員行為的觀察與了解，表達具體及必要的反應。

內涵 回饋的時機宜適當，避免過度介入或中斷成員的分享。同時，回饋不限於領導者與成員之間，有時也可由成員自發性的回饋予當事人，或由領導者邀請其他成員給予當事人回饋。

範例

成員甲：「我覺得自己很丟臉，經常做錯事，有時努力去做，又被別人誤解，我真是糟透了。」

成員丙：「我也有這樣的經驗。甲，其實我還滿欣賞你的自我覺察力，我有時還反應遲鈍哩！沒辦法，這就是我。」

領導者：「謝謝丙的分享，尤其是你能自我接納，令人印象深刻。當然甲願意把他的煩惱說出來，足證我們的團體是那麼的溫馨，相信他此刻也想再聽聽其他夥伴的意見。哪一位願意說說看呢？」

目標及期待結果

增加當事人的自我覺察，同時協助所有成員自我開放，以展現「社會我」的互動動力。

➕➊ 非語言技巧（non-verbal）

意義 領導者運用眼神、表情、距離、動作及姿勢等非口語行為來引導成員參與團體。

內涵 非語言的技巧須慎重，不宜濫用、誤用，須考慮性別、場合、適用時機。避免專注於少數人，形成團體的派系裂痕或成員產生特殊心態。同時也須察覺成員非語言行為所代表的意義。

範例 領導者正帶領國小兒童的「快樂成長營」，其中有甲乙二位成員喜歡坐在一起，又私下打打鬧鬧，其他成員講話時，成員甲又頻頻發言打斷……。

領導者透過活動，技巧地坐在甲、乙之間，例如大風吹。當其他成員發言時，領導者一方面面帶微笑支持發言者，一方面以手輕放於成員甲的肩膀或腿上，略施壓力，以暗示其安靜傾聽別人發言，再適時以眼神環視其他成員以鼓勵他們回饋。

目標及期待結果

領導者的非語言行為顯示對成員的暗示或關懷，有助於成員的示範性學習與自我開放，「多向度的專注」也會增加團體的信任感和同理心。

十二 催化技巧（facilitating）

意義 領導者運用口語、非口語等行為或帶領活動，以協助團體「熱場」及成員「暖身」，俾便於進入團體的工作情境，開展團體動力。

內涵 領導者可以使用下列方式來「催化」團體：(1)協助成員表達其擔心、恐懼等負向情緒；(2)營造安全和接納的氣氛，使成員相互信任；(3)邀請成員參加活動；(4)減少成員對領導者依賴，鼓勵成員自我開放；(5)當成員分享時，給予支持；(6)鼓勵成員公開對話、談心，特別是團體內發生衝突的當事人；(7)適時、適當的運用團康活動。

範例 團體本週進行「生命低潮事件」的經驗分享。領導者事先帶領成員冥想走入「生命時光隧道」，並藉感性的口白及音樂來引導成員（注意音樂的選擇、音量的控制，及物理環境的布置，包括燈光、噪音等）。

目標及期待結果

開創團體一個清楚且有方向的運作情境，協助成員有效的溝通，增加其責任感，以發展出兼顧工作導向及人際導向的團體動力。

第 三 節　　高層次領導技巧

初層次領導技巧旨在促進團體動力的開展、互動氣氛的營造，有助於領導者與成員、成員與成員之間的關係建立。基本上，初層次領導技巧只是形成團體輔導的一般性條件。為了促進成員自我了解，開啟動力性的發展方向，以達成團體的功能、目標，團體領導者宜配合團體發展的過程、對成員的了解、團體特定事件的出現等狀況，適時運用高層次領導技巧，避免團體停滯於支持性氣氛裡，或成員耽溺於情感性互動中。

高層次領導技巧包括再陳述技巧、保護技巧、目標設定技巧、建議技巧、面質技巧、立即性技巧、沉默技巧、自我表露技巧、阻止技巧、執中技巧、聯結技巧、評估技巧、設限技巧、調律技巧與統整技巧等。值得注意的，此類高層次技巧雖有助於團體發展出積極性、建設性的方向，唯使用不慎或經驗缺乏的領導者運用不當，對團體動力、領導關係及成員心理，也極易產生難以估計的傷害，不可不慎。

一 再陳述技巧（rephrasing）

意義 將成員說話的內容，運用不同的字詞再回應一遍，以確認其意思。

內涵 表達領導者對成員語意的了解，包括感覺、思想和經驗，近似「簡述語意」技巧。

範例

成員甲：「我這次期中考已經很用功準備，花了很多時間，甚至熬夜，
　　　　但是考出來的成績仍然很糟糕。」

領導者：「你是說已盡力且花了時間準備考試，結果仍然不如預期。」

目標及期待結果

領導者確認了解成員的敘述是否正確無誤，並提供支持性功能。

二 保護技巧（protection）

意義 領導者為了使成員免於不必要的身心傷害、批評或攻擊，而採取
必要的安全性反應。

內涵 領導者有責任經營安全的團體氣氛，使成員免受傷害，畢竟數人
以上的團體互動情境，難免會有衝突或負向行為的發生，領導者
宜隨時察覺團體中各項危機，安全地引導成員，避免不需要的心
理冒險。

範例 成員甲正失戀中，其他團體成員七嘴八舌，或關心，或看熱鬧，
或好奇的詢問甲。甲面有難色，甚至情緒不穩，明顯的不耐……。

領導者：「好像大家對甲很關心，很想幫助他。相信甲此刻的心情一定
　　　　很沉重，不知道哪一位願意先分享類似的經驗，讓大家參考一
　　　　下？」

目標及期待結果

領導者對團體或個人的危機，有責任預警之，以降低團體的危險性。然
而，不宜過度保護成員，以免影響團體互動或減少當事人獨立性成長的
契機。

三 目標設定技巧（goal-orientation）

意義 協助成員確立具體及有意義的目標，配合團體動力的發展訂定階段性目標。

內涵 團體形成前，領導者已訂定團體主題及其目標，唯配合每次團體的進行、團體特殊事件、團體發展方向及成員需求，有必要適時設定階段性目標。

範例

領導者：「好像我們在座的每位夥伴都有課業學習的困擾，大家願意利用此次團體來討論一下有效的讀書方法嗎？」

目標及期待結果

目標設定技巧有助於成員選擇及澄清個人目標，同時也可發展團體新導向。

四 建議技巧（suggestion）

意義 領導者透過提供資訊、意見、方法及觀念，來協助成員改變認知、態度與行為。

內涵 領導者對成員的建議及成員相互所提的意見宜慎重考量，過度的建議或不當的意見可能引發危機，同時形成成員過度依賴、權威崇拜及經驗錯誤移植等後遺症。

範例

領導者：「甲，你已嘗試過上週團體夥伴給你的意見，願意說說看這一週來的情形嗎？」

成員甲：「我試著和那位同學解釋誤會，但他還是不理我。」

領導者：「我知道你已經很努力的與他溝通，顯然效果不如預期理想。你想過交談的時間、地點適當嗎？同時，你是否曾聽聽他的意見？」

目標及期待結果

協助成員發展多元性、選擇性的方向及思考模式。適當的建議有助於成員解決問題及掌握時效。

五 面質技巧（confrontation）

意義 領導者（或成員）透過有意義的陳述及高層次同理心，協助成員面對自我扭曲、否認、逃避及矛盾的行為，以促進其動力性的自我了解。

內涵 面質是高難度及高壓迫性的技巧，挑戰成員去檢視自己言行不一致或語言訊息、非語言訊息之間的矛盾，並指出衝突問題的焦慮所在。

李雪禎（2002）認為使用面質時，肢體動作要放鬆，減少攻擊或批評言詞並簡明扼要，聲調要平和，領導者適時重述面質內容使成員注意，避免成員群起面質少數成員，以及領導者多提供具體資訊。

Gumaer（1984）強調面質時必須注意下列原則：(1)面質要具體與正確；(2)面質要強調此時此刻，非翻舊帳；(3)面質須在關係建立後為之；(4)面質須對成員有足夠的了解，避免領導者個人成見，它不是一種懲罰；(5)面質於成員有能力改變的行為；(6)面質時態度要關懷尊重，呈現助人的意願。

範例

領導者：「你一直提到團體夥伴不支持你，老師可以了解你的心情。然而當夥伴們想關心你時，你卻表現出一副不在乎的樣子，例如你低頭，眼神朝向地板，不答話。同樣的，當別人在講話時你也是如此，不知道你自己發現到了沒有？你願意說說看嗎？」

目標及期待結果

面質有助於改善阻礙成員自我成長及團體動力發展的因素，鼓勵團體成員更加誠實的自我探索，覺察自我矛盾或團體成員不一致的現象，促進團體有效的溝通、形成共識。同時讓當事人能面對一些他不願面對的感覺、經驗或行為，以幫助當事人看到阻礙他自我了解及積極反應的一些盲點、矛盾和衝突。

六 立即性技巧（immediateness）

意義 領導者透過此時此刻的反應，以表達其感覺、想法和行為，澄清領導者與成員、成員與成員、成員與團體之間的關係。

內涵 團體互動的過程極其複雜，每位成員都需要被照顧，避免顧此失彼，領導者可藉由立即性技巧來澄清團體輔導的契約規範與角色關係。

範例

領導者：「現在各位的沉默是在等待我的答案嗎？我想團體是大家的，我也很想在團體中與大家成長、聽聽別人的意見，我們都是共同的夥伴。對於這個主題，此刻有誰想說些什麼嗎？」

目標與期待結果

立即性技巧有助於釐清團體輔導的角色關係，催化團體的氣氛，「當下檢視」團體情境與成員心態。

七 沉默技巧（silence）

意義 領導者節制語言行為，以專注的態度來運作團體。

內涵 當成員沉默、思考或過度依賴時，領導者也可用沉默來回應團體，促發成員對上述不當反應的自我覺察。

範例 團體進行六次，成員習慣於被動的等待別人發言，此次當領導者邀請大家表達意見後，不再發聲，靜觀其變，但領導者仍以非口語行為觀察團體。

目標及期待結果

提供反映領導者狀態，「類化」成員機會。固定焦點，促使情緒性緊張訊息的整合，協助成員開放本身的資源。

八 自我表露技巧（self-representation）

意義 領導者於適當的時機有意義的、有建設性的分享個人類似的經驗、感受與看法。

內涵 領導者的自我表露時機選擇宜適當，最好是先引導其他成員自我開放；成員的自我表露性與團體的開放性會影響團體發展的凝聚力與親密度（Schechtman & Dvir, 2006）。同時，領導者自我表露的內容宜與當事人或討論的主題有關，避免言不及義、文不對題、反客為主，甚至情緒失控而中挫團體動力。

範例

領導者：「甲、乙、丙等三人剛才提到：因父親嚴肅或很少在家，以致親子關係冷漠，甚至害怕與父親相處。我也有這樣的經驗。從

小父親因工作關係經常不在家，一回來又喜歡指責我們，所以我也不喜歡他，甚至認為他不負責任。等到我上大學，第一次寫信回家報平安，居然接到父親的回信，字數不多，已令我驚訝。後來寒暑假回家遇到他，我經常主動和他說說在校求學的點點滴滴，我才發現原來他也懂得很多，很關心我，他的內心很孤獨，很需要家人的支持。我想，若當時我不主動寫信，努力與他溝通，大概永遠也不了解他，現在我們的父子關係也不會有所改善了。」

目標及期待結果

領導者的自我表露有助於與成員建立良好關係，催化團體氣氛，同時增強成員示範性的學習效果，刺激成員思考，以發展有效的工作情境。

九 阻止技巧（blocking）

意義 領導者運用口語與非口語行為，防止成員在團體中表現不適當的口語與非口語行為。

內涵 領導者有責任提供有效的互動情境，避免成員在團體中受到傷害。「阻止」的行為來自於領導者的敏銳觀察力，適時的反應及避免形成攻擊，以免造成保護了某成員卻又傷害另一成員的現象。有時也可運用團體規範來達成「阻止」的效果。當成員出現壟斷團體、攻擊他人、干擾耳語、不當支持、閒聊、洩密、侵犯隱私……等行為時，領導者須加以「阻止」。

範例

領導者：「團體一開始就說好的，當有人發言時，我們要加以尊重，專注傾聽。有意見須等待，等不了可先舉手暗示當事人。」（正確阻止）。

領導者：「甲，你說太多了；乙，換你說。」（錯誤阻止）。

目標及期待結果

保護成員，有規範的運作團體，創造有建設性的團體動力。

十 執中技巧（mediating）

意義 領導者以公平、中立的態度，掌握團體成員，給予其充分且平均的發言機會。對於意見衝突的部分，技巧性的「求同存異」，不偏袒任何一方。

內涵 當團體出現強勢成員、強勢語言及強勢意見時，領導者宜適當處理，運用執中技巧，以創造有效的溝通情境。同時，領導者中立、客觀、不偏執的態度是很重要的。

範例

領導者：「聽完這麼多相似的意見，一定還有其他的看法，尚未發言的人願意說說看嗎？」……。

領導者：「剛才甲和乙的看法是有不同，但各位可能也和我一樣發現：二人都不否認求學有助於充實自我，不只是求文憑而已，是嗎？」

目標及期待結果

執中技巧有助於催化團體討論氣氛，塑造團體多元化的交流情境，同時有助於集合各種不同看法，促進成員的相互了解。

十一 聯結技巧（linking）

意義 領導者運用其敏銳的洞察力與反應力，技巧地將成員之間所表達的內容及有關的題材、人物、事件與團體目標相關聯，有意義的組織成員的資訊，特別是成員未覺察到的片段資訊。

內涵 領導者敏感於成員之間共同的問題、共同的線索，能促進成員間的互動並提高團體凝聚力的層次。基本上，聯結技巧適用於成員間的互動，而非領導者和成員間的互動。

範例

成員甲：「除非對方是完美的，否則我不會輕易與他相愛。」

成員乙：「我交異性朋友是很慎重的，除非對他有充分了解，否則我寧缺勿濫。」

領導者：「甲、乙好像對兩性關係的看法相似，兩位願意說說你們的擔心、考慮嗎？」

目標及期待結果

一則增進團體的凝聚力，再則有助於成員重新檢視個人看法與經驗，使團體互動更有意義。

十二 評估技巧（evaluating）

意義 領導者協助自己及教導成員如何衡量團體的進展與方向。

內涵 包括對個人及團體過程的評量。

範例

領導者：「本次團體結束前，讓我們做一個小活動來評量自己在團體中的表現。待會兒請所有成員閉上眼睛，然後舉起雙手，從0到

10，用十根指頭為自己在團體中的開放度、參與情形打個分數。十分代表完全投入、參與，依此類推，0 分代表自我封閉、沒有參與。我的說明是否有不清楚的地方？」「若沒有，現在請大家閉眼，避免相互影響，開始準備自我評量。」（本活動也適用於評量其他成員、領導者）。

目標及期待結果

評估技巧可增進成員更深的自我覺察，有助於成員產生建設性的行為，並結構團體的過程與導向。

十三 設限技巧（limiting）

意義 領導者規範團體共同行為與個人行為，以有效運作團體。

內涵 設限可在團體形成前或團體進行中加以運作。基本上，設限提供了成員一種互動架構，以使成員的行為知所遵循，進退有據。「設限」不同於「阻止」，前者近似於團體契約，是一種團體內群體行為的積極指標；「阻止」較傾向於防杜成員個人消極性的行為。

範例

領導者：「今天我們要討論如何提高班會的出席率，請大家充分發言。每人五分鐘為限，請就事論事，勿作人身攻擊或涉及班級以外的事務。別人發言時，請尊重傾聽，勿私下交談……。」

目標及期待結果

導引成員建設性的團體行為，創造理想的工作情境，並且有助於成員產生交互作用。

十四 調律技巧（tone setting）

意義 領導者調整團體進行的方向與步調，以開展團體動力。

內涵 當團體進行方向偏離主題、發展速度太快、成員不習慣或無法忍受團體氣氛時，領導者皆應適時調律。領導者可用口語、非口語、活動及情境安排來進行調律。

範例

領導者：「大家都很關心甲的近況，何妨等他喘口氣，再來分享。別忘了，剛剛乙的問題，我們好像還沒有討論完，似乎大家討論乙的升學較多，願意談談乙若先就業的優缺點嗎？」

目標及期待結果

調律有助於改善團體氣氛，整合成員的學習速率，協助成員發現團體新方向，避免團體陷入盲點或成員「鑽牛角尖走入死胡同」。

十五 統整技巧（integration）

意義 每次團體結束前、團體討論告一段落或整個團體結束前，領導者協助成員整理學習心得。

內涵 統整時，宜兼顧意見整合與情感融合，同時結合團體內情境與團體外環境的學習遷移，並給予成員增強，創造一種自信的氣氛，以協助成員成長、適應與發展。

範例

領導者：「今天的團體，我們進行了三個活動，……。我看到每位成員用心參與，彼此支持，尤其是大家分享『生命中的心情故事』

時，我深深體會到甲、乙、丙的堅強，丁、戊的勇氣……，相信這些堅強、勇氣、智慧……一定可以幫助我們未來成功。別忘了在生活中隨時發揮你的潛能，各位一定可以做得很好。」

目標及期待結果

流暢團體過程，實現團體目標，協助成員類化、內化及強化學習經驗，並運用於現實生活中，使團體動力凝聚至高點。

十六 團體實錄：第五次「性別關係成長團體」

（L 代表團體領導者；F7 代表編號 7 的女性成員，M3 代表編號 3 的男性成員，以此類推）。

L ：今天一開始請大家分享本週心情感受，或上週至本週的生活感想。哪一位朋友先「自發」？（**開啟技巧**）

F7 ：上週我去參加「○○培訓營」，到墾丁滿好玩的，我們團體有六位夥伴一起參加；玩活動時，我一不小心跌倒了，褲子還跌破一個洞，眼鏡也摔壞了。

F1 ：天啊！

F7 ：雖然如此，我想到○○爸爸的「全然接受」論，所以心情還是很高興，這麼一想，也就沒什麼。然後，今天又去聽老師演講，覺得好好玩喔！

L ：F7 已經能夠學習到怎麼「全然接受」她的受傷，令人感動與印象深刻。還有哪一位願意分享？（**支持技巧／開啟技巧**）

M3 ：我一來到團體我懶得動，是因為昨晚太晚睡了，今天要考一科，很重要。我一直很緊張，等下一次沒有考試時，我一定和大家動一動（眾人笑）。剛才提到○○培訓營，我們○○也有去。

F7 ：對！對！○○提到爬奇萊山的經驗。

M3 ：他提到他是有去爬，但路封閉了。我只是希望成績好些。其他沒有
什麼，就這樣。

L ：好，這是 M3 的生活經驗，M3 目前關注於課業學習。（**反映技巧**）

F5 ：我上週回家，因為家裡有事情，爺爺生病了，身體不舒服，我回去
看他。我男朋友問我，有沒有常回去，他認為家裡有事，就應該常
常回去啊！不要等到人不在了，才來後悔。他也陪我回去，我男朋
友人很好。我回去，爺爺病較好些，家裡人很高興。這禮拜過得不
錯。

M1 ：你男朋友人很好，他在做什麼？

F2、F6：對啊，上次妳要說又沒說。

F5 ：嗯！他……。

L ：F5，這禮拜做了一些想做的事，見了一些想見的人，妳的心情似乎
很愉快。（**同理心技巧**）我想，大家很關心她的男朋友，我們先讓
每位朋友分享完本週的生活心情。（**調律技巧**）

F10：我這禮拜過得很忙碌，因為我之前身體不好，沒有參加期中考，所
以這週以來大都在補考。考得還不錯，上週考完了，這一週較輕鬆
愉快。

L ：F10 這週較輕鬆愉快，我想妳已熬過去了。（**支持技巧**）好！還有
誰呢？（**開啟技巧**）

M2：我啊！等很久了！（眾人笑）

L ：很多人都在看 M2，M2 你願意說說看嗎？（**發問技巧**）

M2：這禮拜日子過得很充實，比較重要的有三件事：第一件事是我們大
三要做專題，看了很多英文資料還要翻譯，對我來說，這是一件滿
困難的事，明明知道要做它，但做起來有無力感，一直放著，放到
前二天假期時才把它完成。專題做完了，所以我覺得現在滿輕鬆
的，OK。第二件事情是……（M2 笑）。

L ：M2，你現在停頓一下，笑的意思是？（**澄清技巧**）

M2：我有一件要澄清的事，就是今天下午聽演講，有一位女同學發問，

她是我過去的女朋友（眾人起哄）。天天在學校相處見面很尷尬，但是我一見到她，我仍然對她很親切，給她一個熱情的微笑。有一天，她打電話給我說，你這樣太虛偽了，我覺得很傷心。OK，事情就是這樣。

L　：M2，如果今天團體中沒有人提到演講發問的事，你會提到第二件事嗎？（**澄清技巧**）

M2：不會（面無表情的）！

L　：現在的感覺是什麼？（**澄清技巧**）

M2：很愉快啊！心裡面沒有罣礙，非常輕鬆啊！

L　：這一刻有誰想要對 M2 說什麼嗎（L 以手勢邀請）？（**催化技巧**）

M3：唉！沒有啦！事情的經過，我只有看到表面，M2 有他自己的成長方式，所以我在這邊祝福他，期待他能夠走過這段失戀的成長過程。

M2：老師，我有一個問題，我們在分手時雙方是非常不理性的，彼此恨對方，但後來她又寫信告訴我，她最近生活過得非常非常好。老師，若是她寫信給我說她很好，我該怎麼解決？

L　：M2 這個問題滿重要的。現在 M2 你想直接聽我的意見，還是也想聽大家的意見？（**調律技巧**）

M2：老師，聽你的意見及大家的意見。

L　：好！聽同學的意見和我的意見。有誰願意先回應 M2 的，分享你對他和那位女孩的看法？（**發問技巧**）

F6：不管怎樣就老實說出你的感覺，或者（看 M2）……，對啊！我覺得……。

M2：等一下（打斷 F6 說話），你們先講，最後我告訴你們，她後來有寫一封信給我，我寫一封回信給她的情形（眾人笑）。

F6：對啊！其實我覺得感情的事情，應該抱著感謝的心情回應對方，這樣比較不會出事情。

F7：不過若是我的話，我會寫信給已經分手的男朋友，我會告訴他一切，讓他不要擔心我，我還是會過得很快樂。然後……

M2：對不起，你會希望對方有什麼反應，而你又會有什麼感覺。這樣好像是對方故意寫一封信來刺激你。（多數人回應同感！）

F7：如果是我，我不會做那種事情，我不會寫信刺激他。

F4：如果我是那個女孩子，寫信的用意不是在刺激對方，是因為很想念對方，可是不知道用什麼立場去寫信給對方說，我還是很想念你，只好告訴你，我過得很快樂。可能是想告訴你，提醒你，我這個人還是很想你，很喜歡你。所以就寫一封信給你了。

M2：謝謝！我以前沒有想到這些。

L：M2 似乎從大家的看法中體會很深（M2 點頭）。大家都在努力地以不同的角度、正向的觀點來看男女朋友分手後通信這件事。（**同理心技巧／聯結技巧**）

F5：我覺得人不應在不理性的情況下去寫信。若是在氣憤下，也不應該去看那封信。我認為 M2 應該要把心情沉澱下來，再去看那封信，他會覺得那位女孩子不是要讓他傷心，而是那位女孩子已經過得很好，M2 也可以比那女孩過得更好！M2 太主觀、太倔強了。

L：感謝 F5 的想法。我們先談這件事，而不是 M2 這個人，M2 你想先回應或再聽其他人意見？（**中止技巧／保護技巧**）

F5：嗯！

L：F10，你想說？（手勢邀請）

F10：（微笑搖頭）沒有。

M2：那我先說當時我的作法，然後想聽聽老師和其他還沒有發言的人的意見。本來我接到信時，我在氣憤的情況下，馬上打了二千多字的回信說，我現在很傷心，妳寫這種信來，是要讓我活不下去嗎！我寫：幹嘛！幹嘛！……我非常傷心，妳這樣是在傷害我。可是我沒有寄出去所寫的信。過了三天之後，我想一想，假如這樣的話，我是在傷害自己，所以我要做一種措施來保護我自己，我回了一封信，只寫了幾個字，對於妳生活的種種，我都不在意，妳不要告訴我妳過得多好。目前我過得非常的愉快，妳知道嗎？然後我整個心

情都放鬆下來，我不再掛意那件事情。OK，就這樣。

L　：在此，老師想了解，整個過程發展到最後這樣，現在你臉上在笑，我想了解這一刻你的心情是什麼？（**引導技巧**）

M2：自從跟女朋友分手後，或許她對我很好，可是我對她有點……

F8、F7：不諒解。

M2：不是不諒解，而是莫宰羊（不知道情況），就是……

M3：身在福中不知福啦！

M2：對，就是身在福中不知福。有一段時間我非常傷心，但後來漸漸走出陰影，我非常愉快。過程中我得到很多東西，得到友情，比較能找到自我，學習到一些東西。

L　：照你這樣敘述，現在你的心情應該是非常快樂的，對嗎？（**澄清技巧**）

M2：嗯！若是還跟她在一起，可能仍在忙碌中、爭吵中。OK，以前感情占據我太多生活了。

L　：所以，M2 的意思是那段感情生活也帶給你很多美好的經驗。（**回饋技巧**）

M2：（微笑點頭）嗯！（眾人對 M2 點頭，微笑或鼓掌、豎大姆指）

　　無論是初層次技巧或高層次技巧，除了領導技巧的學習之外，更重要的是領導者對團體的了解與對人的尊重，否則技巧的運用徒然增加領導的「匠氣」而少了「人味」，如此無法有效且持續性的影響團體，創造人性的溝通環境。是故，團體領導者需要不斷求知進修，同時透過在職訓練和督導制度的運作來充實專業知能。上述技巧本質上並非完全分離獨立，有時還有重疊之處，難以區分，例如：澄清技巧與發問技巧，傾聽技巧與非口語專注技巧，反映技巧與回饋技巧，阻止技巧與設限技巧，示範技巧與自我表露技巧，摘要技巧與反映技巧，支持技巧與同理心技巧等。

　　有關團體中人際口語互動方面的研究成果豐富，確有助於團體的運作與領導的經營（吳秀碧，2005），但口語行為與領導技巧的學習與運用，重點

應置於：對團體發展的影響為何？對成員成長的影響為何？領導的目的為何？技巧呈現的意義為何？技巧的適用時機為何等，凡此問題皆值得思考。最後，必須強調的是，每位團體領導者都有不同的人格特質、領導風格，是故技巧的運用也不盡相同，既然「領導是一種藝術」，技巧的使用也宜有彈性，領導者切勿「一招半式闖江湖」，才能確保團體成員權益，符合專業倫理。

第 四 節　團體事件的處理

　　所謂「團體事件」是指團體中個人與他人互動時，發生干擾團體運作與動力發展的現象或行為，例如成員企圖控制他人，非理性的依賴他人，懲罰自己或別人，成員退縮、等待或習慣觀察別人，不傾聽或使人閉嘴，情緒化行為反應等，亦即出現控制者、盲從者、依賴者、攻擊者、退縮者等成員（何長珠，1988）。團體事件可能是一室窒礙的情境，無法使團體順利進行；團體事件也有可能是一衝突的過程，衝突可能來自於成員之間有不同的目標、價值觀、規範、動機和興趣，由於生活經驗與社會經濟地位的不同所造成的差異；當然，團體事件也可能是團體一種危機的呈現與轉機的前奏，使成員開放溝通、分享感受，促使領導者必須臨場應變、適時處理，藉此催化團體的動力。

　　團體發展過程中有可能發生團體衝突或事件。領導者可利用此類事件與危機，協助成員培養「停和想」的行為習慣，並建構問題解決的程序和責任機制。因成員人際互動經驗愈多，愈容易成為彼此社會化的對象（Rose，2007）；至於「停和想」乃認知行為治療取向團體領導者常用的諮商策略。當團體出現衝突情境或事件時，領導者可採取下列步驟處理：(1)優先處理情緒；(2)促成雙方對話；(3)確認團體涉入；(4)促進雙方反思事件背後的意涵；(5)評估並探索對團體的影響（Chen & Ryback，2004）。團體事件的妥適處理與特殊成員的有效輔導，有利於促進溝通、相互尊重並減少誤解，增進成員的情感相依與團體的凝聚力（Johnson & Johnson, 2003; Shulman, 2003）。

團體事件宜由領導者及成員共同處理，領導者在處理團體事件時應對成員有相當的了解，並清楚自己的團體理念。此外，領導者處理團體事件時不能含有懲罰、報復意味，團體事件可能是團體成員本身激化的，未必與領導者能力有關，故領導者不必過度心理防衛誤認為自己領導權威受損，而應本著彈性及人性化的原則處理之。茲將各種可能出現的團體狀況及其處理原則說明如下。

一 初為領導者如何有效的運作團體

1. 首先要加強專業訓練並接受督導，勿壓抑自己的感受：焦慮、疑惑、壓力等。

2. 其次，領導者須對自己的人格特質及所要帶領的團體有深入的了解。

3. 對所要帶領的團體目標有清楚的了解與認定，並安排計畫、進程、次目標等。領導者設計方案後，須先與督導者或有經驗的領導者討論。

4. 事先充分準備，且對團體成員有相當了解：

   (1) 團體進行前，須蒐集、閱讀成員的基本資料，充分掌握成員的特性與需求，包括成員的個人資料及團體的經驗等。

   (2) 團體進行過程中，避免提及個人經驗不足或緊張壓力，畢竟成員來參加團體有權利要求有經驗的領導者來協助其成長，而非來協助紓解領導者壓力或擔任「實驗品」。此外，尚須配合下列事項：

   ①了解成員對團體的期望並統整之，做為擬訂或修訂方案的參考。

   ②隨時了解成員在團體進行中的反應。

   ③了解成員的人格特質、行為型態、能力及限制，以使領導者更能清楚掌握團體內成員的互動行為。

   ④領導者要熟悉帶領團體的知識與技巧。對團體動力、領導角色和行為科學，須加以了解並內化後適當的發揮，切勿「照本宣科」，要隨機應變團體的變化。

   ⑤發揮領導者「真誠」的特質，以對「人」的態度來面對成員、帶

領團體，而不僵化拘限於角色，如此才能自然的領導團體。不妨
視其為一人際互動的團體，個人正在參與人際訓練。

⑥隨時發揮領導者的敏感度，察覺自己及團體中發生的事件，以便
做立即性的反應處理，保護成員，並順利推動團體。遇有難以處
理的人、事、物，可藉助團體動力來處理或事後向督導者等專業
人士請教。

⑦適時告知、引導成員了解並分擔團體的責任，運用團體規範來運
作團體。

二 領導者與成員對團體的期望及目標不一致時，領導者如何自覺並處理

1. 接受此一差異，並以坦然的態度與成員分享、討論，異中求同。

2. 領導者在帶領團體前，對自己本身的特質、領導型態應先有充分的了
解，同時清楚成員參與團體的動機。

3. 領導者擬訂團體方案前宜先參考成員的動機期待，同時清楚認識此次
所要帶領的團體特質與目標。

4. 在團體開始進行時，領導者即有責任把團體目標加以澄清，適時導向
說明，讓成員完全了解。

5. 在團體運作中，領導者應時時自我提醒是否掌握團體目標。

6. 發現團體方向有偏差或成員期待不一致時，領導者要主動提出並與成
員再次討論、澄清並修正團體目標。

7. 領導者帶領團體的技巧與作法，要配合團體目標，但是也要有彈性變
化，成員才能配合並持續增強參與意願。

8. 對於少數期待差異較大的成員，不妨適時輔以團體外的個別諮商。

三 團體中沉默的成員該如何處理

1. 了解成員沉默的意義及形成的因素：
   (1) 思考：針對團體討論的主題或事件，成員正在思考自己的反應，整理自己的思緒。
   (2) 抗拒：對團體成員或領導者有不滿，例如領導者無能處理衝突或進行方式不當，或對某些人沒有好感……，而以沉默表示不滿、抗拒。
   (3) 茫然：當成員對團體目標或進行方式不了解時，不知道該做什麼時，只好沉默等待。
   (4) 觀望：遇到較大的壓力、事件，不知道自己該如何反應才適當，於是先看看別人如何反應，再做決定。
   (5) 感情負荷過重：團體談論某種主題時，刺激了成員的某些回憶，引發過去類似的經驗，導致成員產生許多的情緒，需要停下來思考或處理。
   (6) 自然停頓：話題告一段落，自然結束。
2. 領導者宜省察自己的個性，避免冒然因自己無法忍受沉默而打斷團體，急於由自己或邀請成員來發言。
3. 適時觀察成員，不必勉強打破沉默，容許沉默存在。
4. 領導者發揮敏感力，洞察造成沉默的因素並思考如何解決。
5. 了解原因後，再做立即性的處理，成員沉默之後領導者可澄清其意義，並加以處理，例如詢問成員：「剛剛我們突然靜了下來，大家都不說話，空氣有點僵硬、不自然，我很想知道為什麼大家都不說話……」。了解原因及情況之後再做改變或補救，以使團體順利進行。
6. 團體初期少數沉默的成員，領導者可適時的邀請、引導來協助其表達。若是團體進行至中期以後，沉默的成員仍少發言但很專注在參與團體，沉默只是其個性使然且又不影響其他成員及團體的運作，領導者可適

當的尊重並輔以團體外的個別諮商。

四 當成員攻擊、指責領導者時，領導者該如何處理

1. 首先，領導者必須開放自我、坦然且心平氣和的面對；有時成員基於社交平衡而形成團體假互相（pseudomutuality）的現象（李文瑄，2001），未必有利團體運作與團體動力的開展。

2. 其次，思考成員攻擊的反應真象以因應之：

   (1) 了解此成員攻擊的內在動機為何。

   ①為吸引注意力。

   ②爭取地位。

   ③內心不安的投射。

   ④對領導者帶領方式、能力不滿。

   ⑤對整個團體氣氛、方向不滿。

   ⑥對成員不滿情緒的轉向。

   (2) 如屬④⑤，領導者可真誠的表現不必防衛或攻擊成員，讓成員了解自己的強弱處，鼓勵成員一起來討論如何適當修正團體方向，或向成員說明帶領方式的用意。

   (3) 如屬①②③⑥，可用委婉語詞暗示成員的攻擊行為不當，私下深入地與之探討攻擊的動機與心態，使其自我了解；或技巧地應變，設計分組活動，領導者再與當事人同組進行澄清。必要時，團體後個別諮商。

   (4) 最好當場處理，尤其是成員在團體中公開攻擊時。

3. 處理成員攻擊行為的原則：

   (1) 了解是少數成員或多數成員的反應，若是後者，領導者宜自我反省；若是成員個人個性使然，宜善加輔導。

   (2) 盡量在團體中處理，不要迴避，不要帶出團體外。

   (3) 假設成員情緒反應過於激烈，團體不易完全處理，則領導者亦須在

團體內做些交待，私下再補救處理。

(4) 注意成員失控、攻擊的行為是否「波及無辜」，避免團體凝聚力受影響。

(5) 領導者配合全體成員的決議，決定是否改變團體進行方向或方式，可適時運用「執中」、「聯結」、「統整」等領導技巧。

(6) 必要時，領導者可找督導者或有經驗的領導者晤談，尋求平衡的心態與適當的處理方法。領導者不妨視此為個人領導能力的挑戰，勿氣餒、勿自我設限，隨時激勵自我。

五 兩位領導者或領導者、協同領導者之間如何配合

1. 慎選搭配的領導者，並清楚評估團體是否一定要其他領導者。

2. 兩人事先對團體目標、團體型態、活動設計等協調出一致的看法及搭配原則（Cummings, et al., 2004）。

3. 兩人之間要有相當程度的熟悉度。如果是第一次合作，應事先認識並培養默契。帶領團體前，兩位領導者須找機會坦誠溝通，互相了解彼此的生活型態、個人價值、解決問題方式……等，以求互相搭配與取得諒解。

4. 選擇搭配對象時要注意彼此的類型，與自己太相似或兩人差異太大者皆不宜。最好注意對方的特長，選擇互補型來搭配，助益較大；性別、年齡倒不必特意強調，除非團體成員屬性與主題性質需要。

5. 每次團體開始前，先互相討論如何搭配進行；團體結束時，並做立即討論與修正。

6. 領導者與協同領導者對團體發展方向或領導方式的意見不一致時，必須相互討論處理或尋求督導者的協助，由其專業指導。

7. 在團體過程中，雙方彼此尊重、支持。團體進行時如果有意見不一致，仍先技巧地配合，團體結束後再討論。

8. 協同領導者如果也展現相當的領導才能時，領導者可容其發揮，只從

旁注意團體方向是否偏差及技巧是否不妥，協助其改進即可。以團體進行成功為目的，而不以領導地位權之爭取、個人發揮多少功能為準則。

9. 團體帶領過程中，兩位領導者（含協同領導者）避免相互較勁，爭奪領導權，避免搶話或互相扯後腿。

10. 每次聚會快結束時，如果不知道彼此是否要做結束，可用眼神或口語上暗示。

11. 隨時注意角色互補、互換。例如當甲領導者在做完感性的自我表露後，陷在情緒中或融入成員角色時，乙領導者（協同領導者）不妨擔任引導團體的主要角色，避免產生甲領導者剛完成成員式的分享後又扮演領導者角色說：「我覺得自己發生這樣的事好難過……，各位有什麼看法，聽完我的話有沒有什麼想要回饋的？」上述情形相當突兀，易使成員認知失調。

12. 領導者遇有挫折時，應該要迅速自我調適。兩人不計較彼此利害得失。對彼此的能力差異，應該相互尊重、學習。

13. 帶領團體不宜二人切割團體時間，例如甲領導者負責前半段，乙領導者負責後半段，而是相輔相成，發揮團體動力使成員獲得多元化的學習，絕非領導者「接力賽跑」。

六 領導者的自我肯定對團體動力的影響為何

1. 領導者缺乏自我肯定時對團體的影響：
   (1) 容易形成領導壓力，無法全心全力照顧領導成員。
   (2) 無法給予成員安全感、信任感。
   (3) 成員會逐漸遠離、拒絕領導者，對團體失去興趣。
   (4) 領導者本身不能肯定個人引導的方向、技巧及能力時，經常會猶豫不決，舉棋不定，對團體無法做及時且有效的處理，若遇到強勢成員，則領導威信易受衝擊。

2. 當領導者和成員的理念不一致時，領導者宜省思下列事項：

(1) 客觀思考意見不一致的部分，如確認自己方向正確要能堅定信念，不因成員批評而退縮。

(2) 多去了解成員，同理成員內心的想法與感受，適時的修正。

(3) 若此不一致皆已為團體成員察覺，不妨將它拋給團體，大家相互討論，也聽聽其他成員想法。

(4) 若確定無法溝通、協調清楚時，不堅持成員必須接受領導者的意見，請成員回去自己想想再討論，領導者也表達願再思考的誠意。

3. 領導者如何培養自我肯定：

(1) 多加強在職訓練，充實自我。

(2) 了解並接受自己的能力及限制。

(3) 不斷自我覺察，自我改進。

(4) 有懷疑時，從理論中找基礎，從實際中去印證，尋求有益於團體的作法。

(5) 掌握個人領導成功的經驗，並從失敗中檢討改進。

(6) 多與其他領導者觀摩交流。

(7) 隨時激勵自己。

七 團體中有壟斷、愛說話（大嘴巴）的成員，領導者該如何處理

1. 領導者可提示、邀請少說話的人也表達意見。

2. 可簡述此成員的意見，為他做整理而適時打住他的話。

3. 在團體中公開來談，但要注意對當事人可能造成的傷害。

4. 請成員給予當事人回饋，後者在當時或許會覺得受到傷害，但是經過這樣的回饋實際上對他有益處。

5. 帶領成員「閱讀」團體氣氛，提醒成員團體是大家的，一起探討為何有人一直說話，有人一直聽話。

6. 察覺愛說話的成員是否有特殊的人格或心態不安全的原因，特別注意他，找機會與之溝通。

7. 團體之外與他個別諮商，協助他改變。

8. 請此當事人擔任團體觀察員，或由其他成員（包括當事人）輪流當觀察員，以使其了解個人表達過當，對團體可能產生的影響。唯忌以此方式來懲罰當事人。

9. 另外邀請有經驗的領導者來觀察，團體事實將更客觀呈現，此時領導者可對成員做事先且適時的引導。

10. 處理的程度還須視團體性質及時間長短而定。時間短或知性強的團體比較不容易做深入完善的處理。

八 當成員經常表現退縮時，領導者如何處理

1. 成員表現退縮可能有各種不同原因，領導者必須能察覺及分辨。有些成員沉默退縮但仍投入，有些則不投入。投入者又有個性謹慎且沉默退縮的安然自得者；有反應表現稍慢的，也有因缺乏信心而沉默退縮的。不投入者可能運用沉默退縮來表示抵制，另外也有些成員依自己情緒的起伏而表現不同的參與度。

2. 團體初期，對慢半拍的成員須給他一些刺激或鼓勵。

3. 領導者對退縮成員多給予同理支持，並引導其他成員一起來鼓勵他。

4. 多留機會給想參與而缺乏信心者，必要時擬訂團體方案，設計帶領活動時可加以考量，讓每位成員有參與表達的機會。

5. 在團體初期，若是發現成員的退縮是因自己的期望與團體目標不合時，領導者可以解釋、溝通，並讓他抉擇是否留下。

6. 若成員因為過去有不愉快的團體經驗而退縮，領導者應盡量使他感受到現在團體與過去團體不同，充分給予溫暖、支持。

7. 領導者應能容忍個別差異，不要造成壓迫感，要注意自己的期待是否超過成員的能力表現。

8. 當已盡力處理（如上述的措施）後，退縮成員仍然改善有限時，不妨尊重其狀態，並於團體外適時予以個別諮商。

九 整個團體氣氛沉悶，成員顯得很被動，要如何處理

1. 先了解成員參加團體的動機及對團體的期望如何。常常成員在團體中表現的行為與其參加動機期望有關，如成員對團體目標有不了解時，可再次澄清、確定。

2. 檢查團體過程是否發生了什麼事，並檢討自己對成員的照顧是否適當，帶領方式是否恰當，例如可設計帶領「團體溫度計」活動（參閱本書第十章），對團體加以檢視。

3. 運用立即性技巧進行團體氣氛「閱讀」，以了解此時此地成員對團體的感受，並能洞察團體狀態。

4. 使團體成員了解責任的分擔義務，共同運作、催化團體，達成目標。

5. 領導者也可採用動態性的活動或團康活動催化、改變氣氛。

6. 領導者自我檢討領導的方式與風格，探討團體動力是否卡住了，適時的修正處理。

十 團體中部分成員常有對立的情緒或明顯的爭執，領導者該如何處理

1. 最好在團體中處理，但如團體時間、進度有困難或氣氛太強烈，也可私下處理。

2. 領導者可嘗試導引其他成員指出此種現象與團體遊戲的暗流，並讓成員討論、回饋予爭論的雙方，了解「被幫助」是好的，促發他們有求助的意願及肯面對問題的勇氣。

3. 領導者可請雙方使用同理心技巧再重新溝通一次，適時的角色扮演。

4. 領導者也可示範良好的溝通方式，讓雙方學習，例如嘗試解讀對立成

員語言背後的意思，或由領導者及成員來角色扮演擔任其背後發言人，建立雙方良性的溝通。

5. 領導者勿太焦慮，不妨試著以不同角度協助成員及自己了解「對立」的積極意義，例如：代表團體的自由開放，意見多元化。

6. 雙方以良好的溝通方式來了解衝突的原因並尋求解決。若處理時間會太長而影響團體進行及成員參與，不妨適時告一段落，伺機處理。

十一 有位成員對別人發言的內容感到有興趣，自己卻不大願意自我表露，領導者該如何處理

1. 運用支持、澄清、執中、面質、回饋、調律、反映等技巧來處理。

2. 了解成員沉默的意義何在？是退縮？是個性使然？是抗拒不參與？還是機會未適當掌握？

3. 若了解此成員無特殊困難，領導者可再試探其自我開放的意願，是在團體內或私下溝通較合宜？

4. 可用輪流發言方式，給予當事人機會發表意見，或者設計分組活動，令每位成員有自然發言的機會。

5. 必要時，領導者可示範如何發言或引導他人發言。

6. 團體外，領導者對此成員背景、人際關係須多了解，並給予關心、體諒，適時個別諮商。

7. 團體內，多技巧性地疏導其他成員，發揮團體的尊重與同理心。

十二 團體進行中，引發成員哭泣，領導者如何處理

1. 領導者須先了解成員哭泣的原因：

   (1) 本身分享經驗時所促發。

   (2) 被團體活動所促發。

   (3) 為團體氣氛所感動。

(4) 為他人經驗而感傷。

(5) 喜極而泣。

(6) 受到團體外的生活經驗影響。

(7) 個人情緒化反映。

(8) 不明原因。

2. 若是屬於第(1)項原因：

(1) 領導者可適時坐在當事人旁邊予以非口語行為的關懷（避免突然的動作，同時宜考量領導者與成員的性別，性別不同，肢體語言的關懷宜慎重），遞面紙，適當給予支持、同理。

(2) 領導者邀請或暗示坐在當事人鄰近的成員做 2.之(1)的動作。

(3) 邀請成員對當事人適當回饋，分享類似經驗支持他，成員分享時宜避免給予當事人評價、建議，不妨多給予正向回饋，例如：「我聽了 ×× 的話，我好感動，×× 真的很勇敢，能面對如此的挫折……」。利用其他成員分享回饋時，也可讓當事人喘口氣，領導者或成員千萬不可在當事人哭泣時，一直詢問他，導致他「上氣不接下氣」，情緒失控。

(4) 適時應變，避免團體焦點在當事人身上給予其壓力。

(5) 俟當事人平靜、情緒宣洩後，給予其表達的機會，澄清其想法、感受及行為。

(6) 最後，由領導者或成員再給予口語與非口語的支持。領導者適時統整後繼續進行團體（可再徵詢當事人是否參與團體，例如領導者配合非口語行為關懷詢問：「感覺怎樣？團體可以再繼續嗎？」）。

3. 若是屬於第(6)、(7)、(8)項原因：領導者可根據第2.點之(1)、(2)、(4)、(5)來處理，並適時了解當事人狀況。

4. 若是屬於其他各項原因〔(2)、(3)、(4)、(5)〕：領導者不妨根據第2.點之(1)、(2)、(6)處理即可。

5. 團體內成員的哭泣不妨視為團體動力的指標，不必然是危機事件。當然，一個有效的團體，成員不一定會有哭泣等情感開放的行為，領導

者不必因成員哭泣而沾沾自喜自己帶領的團體是多麼溫暖、成功，甚至無聊到計算自己的團體有幾人幾次哭泣，或與其他人的團體相互比較。總之，當成員哭泣時，領導者務必要妥善處理，切勿慌了手腳，不妨謹慎的根據前述原則來應變。

6. 領導者宜多創造溫馨、互動、支持的團體情境，袪除成員的防衛、壓力，使其能自由的自我開放，凝聚團體動力。

十三 團體進行了若干次，表面上氣氛和諧，大家都在避免表現真實性或攻擊性的反應與情感，領導者該如何處理

1. 首先了解為何會有如此的團體動力，也許是團體剛進行時彼此信任感不夠，不必急於處理。

2. 如團體已進行四、五次，仍是呈現一片表面的和諧，則表示團體存在著暗流，尤其是非自願性團體、常態性團體、非結構性團體最易產生此一現象。

3. 如有成員主動提出此現象是最理想的，領導者可把握此一機會，催化其他成員一起來面對、討論。

4. 假設成員不敢或不方便提出，領導者須有勇氣、責任先加以暗示，唯要確認是團體存在的問題而非領導者個人敏感。

5. 領導者要以同理心技巧來處理此種團體現象，切勿過度給予成員壓力，造成雙方焦慮。

6. 領導者可澄清此時團體氣氛及本身感受，甚至可設計一些探討自我與凝聚團體的活動，例如「雕塑活動」、「問題一籮筐」及「團體溫度計」等。

7. 領導者要有敏感度且在最適當的時刻反應，但也不要過度反應以影響團體自然的發展（可能是領導者本身自信不夠或期望過高的一種投射），適當的借助團體內有影響力的成員來處理，也有其必要。

8. 在每次團體結束前，留一些時間互相回饋，也有助於避免此現象的發生，更可「未雨綢繆」加以預防。

十四 領導者身心狀況不佳時，如何帶領團體

1. 領導者帶領團體前必須具備完全的專業知能與身心健康的條件，這是領導者的責任與義務，也才符合專業倫理的要求。

2. 領導者帶領團體前，宜隨時體察個人的身心狀況。

3. 當發現身體狀況不佳，例如疲累、病痛，可在帶領團體前充分休息或配合藥物治療。

4. 若是屬於心理狀況不佳、情緒不穩時，不妨先自我調適與情緒管理，例如尋找支援系統（朋友、家人、督導者）、獨處冥想、打坐、自我激勵等。

5. 適時修正團體活動設計，不妨在該次團體進行之初，設計分組活動或團體作業，給予領導者較多調適時間。

6. 若領導者身心狀況嚴重不佳時，可暫停或順延團體時間，並迅速通知成員。若成員已出席，不妨向其說明或提供其他服務：例如觀賞與團體主題有關的影帶等，以取得成員的諒解。

7. 必要時也可請協同領導者、催化員等暫時帶領團體。領導者可在下次團體進行時，適時的「機會教育」，強調身心健康的重要性。

CHAPTER 6

團體方案設計

方案設計、活動選擇必須考慮到團體成員的需求、團體目標及期待結果。如能選擇適當的活動並加以運用，將會對團體的過程與發展產生很大的幫助。

~Trotzer（1977）

第一節　方案設計的基本概念

　　團體輔導的方案設計並非憑空杜撰，亦非憑領導者個人興之所好任意發揮。雖然方案設計並無統一格式，但是仍然必須考量團體的性質、目標、設計的背景、適用的領域、設計的角色、領導的步驟，以及領導者專業素養等因素。在社會教育方案設計的領域中，常見三種不同的模式：Houle 的系統設計模式、Knowles的自我導向設計模式及Freire的解放教育設計模式。三者各有其不同的立論基礎、設計重點，唯其設計內容大致包含方案的背景、方案的領域、哲學的基礎、方案的觀點、適用的範圍、主要的論題及設計的步驟等。

　　Harvey（1994）認為「方案設計」（program planning）乃是活動經營時一種有組織的行動計畫，以確保活動有效的進行。易言之，方案設計即是將活動與活動作有系統的安排。團體輔導的方案設計乃是運用團體動力學及團體輔導、團體諮商等專業知識，有系統的將一連串的團體活動加以設計、組織、規劃，以便領導者帶領成員在團體內活動，達成團體輔導的功能與目標。

一 方案設計的內容

　　一個完整的方案設計，至少應包括下列項目：

```
1. 方案名稱

2. 活動地點

3. 活動時間

4. 參加對象

5. 參加人數

6. 活動方式

7. 設計動機（理論依據）

8. 設計目標（活動目標、團體目標、階段目標）

9. 活動資源（人力資源、物力資源、財力資源）

10. 活動內容

11. 時間配置

12. 方案評鑑
```

方案名稱宜清楚明確，使人一目了然，能夠了解團體的性質、目標。活動地點應標示清楚，活動時間應有起訖日期，團體是常態性（每週一次）或密集性（一整天以上），參加對象的條件為何，也有必要加以說明界定。活動方式及其理論依據力求簡要敘述、淺顯易懂，亦即理論能落實生活化、活動化、實用化。更重要的是團體的總目標、次目標、階段目標及活動目標亦應在方案中加以陳述，若能將團體進行中須配合事項、活動資源、成員應習作的家庭作業、時間分配、方案評鑑方法等狀況註明清楚，更有助於成員及其他相關人員了解此一團體。

■ 方案設計的步驟

一般而言，方案設計的步驟涉及個人理念和習慣，因此並無一定的程序，唯團體形成前的準備作業，方案設計是必要的一環，尤其是成員背景及相關資料的蒐集，甚為重要。一般而言，學者認為方案設計包括下列步驟：（夏林清，1981）

1. 確定對象：哪些人是此次團體經驗的主要對象？

2. 我到底要做什麼？（即目標的訂定）：針對這群對象，了解與評估他

們的需要，而後再決定你所要設計的團體經驗要達到什麼目標。

3. 我要如何做？（即進行方式及活動的設計）：設計和創造團體經驗以引發成員參與及分享。

4. 思考配合團體進行時所需要的場地、設備及材料。若需要搭配其他領導者，要決定找誰，以及如何搭配等問題。

5. 將設計好的活動在同事之間或先行組成一試驗性小團體試用一次，與同儕、督導者討論試用的結果，再加以修正。

6. 準備每一活動進行的大綱以及必須的材料。

7. 領導者的帶領、成員的反應、活動的引發及累積的效果均會自然而然影響著團體的過程發展，所以同樣的設計對不同團體實施時，可能會有不同的內容及結果出現。領導者需要準備一些備用的活動，視團體發展的狀況來彈性調整原先的設計。

8. 團體結束時，領導者可以用問卷或其他方法來得到大家對團體的回饋，以評估團體是否達到了目標。

9. 團體的回饋、自己的檢討以及所有記錄的資料均加以保存，以供下次改進的參考。

三 方案設計的考量

(一) 團體需求的考量

　　領導者在方案設計前宜先了解此團體輔導的方案欲滿足何人需求？何種需求？何種問題待解決？究竟是成員的、組織的（主辦者、贊助者、行政者……）、領導者的或有其他需求介入。同時也要考量運用何種方法來確定需求？究竟是通信、調查、問卷或訪談等。最後，也要考量成員需求的個別差異性，不同的社會地位、人口、文化、教育、職業及婚姻狀況的成員，參與同一團體的需求也有可能不同。

(二) 團體目標的考量

領導者在方案設計時欲呈現何種目標？何種抱負？何種理想？其任務與功能為何？目標是否清晰可測？目標與抱負是否源自需求的確認？目標、任務與功能的判斷評估是否經由適當的程序？方案設計與實施前是否可預期輔導成效？成效是否可實際測量評估？方案有無特色……。

(三) 文獻模式的考量

設計前是否已參考過去同類型團體的方案？其實施效果為何？如何蒐集文獻？過去的方案是否適合運用於本次團體？如何截長補短？本次團體方案的設計者、主辦者、贊助者及領導者對過去的慣例、方案及模式是否了解、熟悉……。

(四) 社會文化的考量

團體輔導的領導者、設計者，從專業倫理的角度思考，自有其社會責任，故宜深思此方案是否符合組織期待？是否考量文化特性？例如：學校輔導老師帶領團體，設計方案時也要考量學校性質、學生素質、區域文化、生活作息等因素。任何方案設計者或團體領導者都必須考量社會文化背景，否則團體形成後，接踵而來的問題若無法克服，對成員是一種傷害，對領導者也是一種挑戰，當然對團體動力更是一種考驗，例如同性戀、單親、失婚等團體。

(五) 實際運作的考量

方案設計後實施上是否困難？對招生、甄選、宣傳等工作是否有利？團體輔導實施時，時間、地點、道具器材是否可以配合？方案的特色為何？是否能結合領導者的專長、個性與領導風格？是否能隨時修正？有無替代的方案活動……。同時，善用媒材以營造對話的空間，提供成員澄清的機會，真實坦然地面對自我（柯淑惠、石麗如、張景然，2010）。

(六) 方案影響性及成效評估的考量

團體輔導結束後，如何進行成效評估？外在評估或內在評估？評估者為何人？領導者、設計者、成員或其他關係人？評估的標準為何？評估資料如何蒐集？可否量化？評估結果對相關人員及單位影響為何？如何公布？評估和回饋內容是否出現未如預期的結果？如何處理？上述問題在方案設計時亦宜一併列入考量。

第二節　方案設計的一般原則

一　設計向度

團體領導者在帶領團體前，應事先妥善設計團體方案，設計向度要兼具：(1)目標；(2)過程；(3)內容；(4)人性哲學。整體的方案設計要考量參加對象、具體目標、團體性質、時間地點、成員甄選方式、內容、型態、設備、材料等因素，詳如前一節所述。同時，每一次團體進行前，不妨配合團體方案規劃本次團體的起始活動、主要活動與結束活動，甚至每項活動的材料、時間均須加以註明在方案內。必要時，配合團體活動的目標與方式，亦可設計不同成員座次，適當考量成員的熟悉度、個性、互動習慣及團體動力而重新配置安排。活動場地除了燈光、色彩、空氣調節、掛圖擺飾等必須注意之外，座位的安排依團體活動（人數）大小來區分也有不同的考量，詳如圖6-1（邱天助，1990）。

方案設計時，也要注意人性哲學，包括參加團體的成員素質、價值觀及次文化等；領導者對人的看法，對「輔導」理念的了解程度，甚至領導者個人的性格、風格及人際溝通模式，例如領導者較傾向民主開放或果斷獨行等。

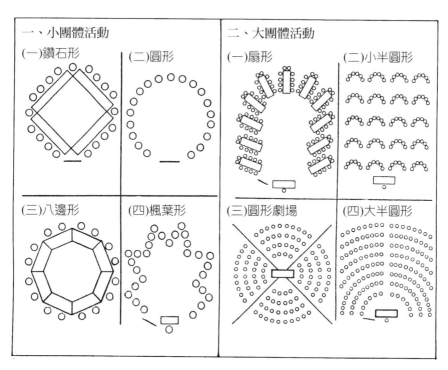

⊃ 圖 6-1　不同團體人數之場地安排

資料來源：引自邱天助（1990，頁140～141）

二 設計要領

　　基本上，不同的領導者有不同的領導理念、個性、習慣、經驗、技巧與專業訓練，故在方案設計時必須加以配合。在進行方案設計時不妨考慮下列一般原則：

1. 領導者要了解自己的特質、能力、偏好及帶領風格。

2. 領導者要了解自己與所要帶領的團體及其對象的特質、目的。

3. 評估自己與所要帶領團體之間二者的適配性。換言之，領導者必須選擇、設計自己熟悉或有把握帶領的活動，避免「錯誤移植」。是故，設計新活動時，領導者在帶領前至少自己要實際操作一遍。

4. 準備設計，包括整個團體方案及每次團體計畫。

5. 如有搭配其他領導者，設計方案時宜一併考量。兩人事先要溝通、討論。

6. 方案設計要實際具體可行，掌握團體的目標與性質。同時，善用表達性媒材進行團體輔導與團體諮商，以結合團體動力，開創團體工作的新形式，諸如遊戲、故事、書寫、繪畫、音樂或舞蹈等具創意的媒介（黃素霞、林高立，2010）。

7. 方案內各項活動的設計要有一致性，前後連貫。基本上由易而難，由淺而深，由人際表層互動到自我深層經驗，由行為層次、情感層次到認知層次，漸進式引導成員融入團體，開展團體動力。

8. 方案設計宜考量成員的特性，如性別、年齡、表達能力、職業背景等等因素。一般而言，不同特性的團體，其方案設計的重點也有差異。
下列數點可供設計者參考：
(1) 年齡層低：傾向動態性活動設計，例如國小兒童的團體。
年齡層高：傾向靜態性活動設計，例如社會人士的團體。
(2) 同性團體：可設計肢體性活動。
兩性團體：可設計分享性活動。
(3) 異質性高：傾向多元化活動設計。
同質性高：傾向情感性、支持性活動設計，例如失婚團體、單親團體。
(4) 學歷高者：傾向認知性活動、學習性活動設計。
學歷低者：傾向技能性活動、訓練性活動設計。
(5) 內向性者：傾向催化性活動設計。
外向性者：傾向多元化活動設計。

9. 方案設計宜有彈性及安全性考量，避免團體過程之窒礙難行或對成員造成身心傷害。特別是深層次、治療性的團體，方案設計更應考量領導者的能力經驗及其危險性。

10. 方案設計時，活動選擇的標準如下：
(1) 選擇的活動必須基於成員的需求、團體的目的和預期的結果。活動

不是團康遊戲，故不應只為有趣好玩、使人興奮或產生高昂的情緒。換言之，活動只是達成團體目標的一種手段或方法。

(2) 選擇的活動應是領導者能力範圍所及且曾有的經驗。

(3) 非必要，盡量少用身體接觸的活動。非語言活動，必須配合語言的分享討論。

(4) 選擇的活動不必標示名稱。領導者去選擇、介紹和討論活動時不一定要強調名稱；因為同樣的活動常有不同的名稱，重要的是活動的內容、指導語是否讓成員了解。

(5) 選擇活動應考慮到成員的年齡和成熟度。

(6) 選擇活動應考慮場地的適合性，以免活動帶領時遇到困難，例如：「信任跌倒」、「突圍闖關」。

(7) 選擇的活動應讓所有成員有參與的機會。

(8) 選擇的活動應容許成員能決定他們的參與程度；活動過程應尊重成員，也就是不應該強迫成員，活動不應干涉個人的自由，同時也要考慮成員的參與難易度，使他們有身心的準備，例如肢體活動要事先預告，以便成員準備穿著。

(9) 活動的過程、細節與結果，領導者都必須考慮，例如各種狀況發生時領導者都要有能力處理。

(10) 選擇的活動要考慮到團體的時間，若時間不夠則延至下次，以免讓成員帶著未表達的感覺和未解決的困惑離開團體。

此外，設計方案後宜與督導者、經驗豐富的領導者及同儕人員相互討論，尋求諮詢，適時修正。任何一個團體的方案設計要達到完美無缺是有其困難的，即使是理想的方案，實際在團體中運作時也可能產生問題，但是基於團體動力的運作，設計前周延的考量、規劃是必要的，團體形成後的方案評估與修正更是不可或缺。有效的領導者應時時不忘虛心求教、反省自我、敏銳觀察，才能發揮團體輔導的功能，確保成員的權益。

第三節　團體發展各階段的活動設計

　　論及團體發展各階段的方案與活動設計之前，首先須要澄清的是：任何一種方案或一項活動，都只是團體輔導的工具之一，欲其發揮功能，必須領導者能適切的運用領導效能及發展團體動力，有時更需要外在條件的配合，例如環境設備、成員參與、行政支持等。有些團體領導者或新進領導者在設計方案時，「依樣畫葫蘆」的參考或抄襲他人的團體方案與活動，對於團體方案設計的概念及活動進行的操作方式並不清楚，甚至設計的方案架構、活動型態等內容與欲帶領之團體目標、性質難以相容配合，以致團體發展過程中狀況頻頻出現，成員權益受損，參與意願不高，甚至缺席流失，同時，也導致領導者衍生挫敗感，降低領導信心，勉強熬到團體結束後，才大大鬆了口氣，如釋重負的，令人擔心。

　　其次，方案設計後也應該先向有經驗的領導者或督導者諮詢請益，更嚴謹的作法是事先找同儕組成一個團體，將所設計出的方案、不熟悉的團體活動，在團體中實際操作一遍，共同探討實施過程的經驗感受、問題焦點，使自己及同儕有時間消化、統整：究竟此一團體方案或活動，帶給成員何種感受？何種經驗？何種認知收穫？對個人及團體有何助益等，針對上述問題仔細省思。若是能催化同儕成員，引發其自發性的互動，激發其思考及形成團體凝聚力，則設計的方案與活動始可確認並加以實施。

　　團體輔導、團體諮商的發展過程，依成員心態、領導功能及團體動力開展等不同，約可區分為若干階段，學者的區分方式不一，已如本書第二章第四節所述。一般而言，針對團體內不同的發展階段，在方案設計與活動選擇上亦有不同的考量重點。茲分述如下。

一 團體初始期的設計重點

　　團體剛開始進行時，領導者與成員都會有些壓力，特別是後者，成員焦慮、擔心、猶疑、防衛、觀望、拘束、好奇、害怕被拒絕、感到陌生、缺乏安全感，甚至懊惱為何要參加團體（包括自願者與非自願者）。領導者除了發揮溫暖、真誠、關懷、尊重、包容、開放等特質，並多運用同理、反映、支持、傾聽、澄清、增強等技巧之外，不妨在方案設計與活動選擇上多作考量。

(一) 塑造溫馨氣氛以開始團體

　　針對成員在團體初始期的心態，領導者在方案內不妨設計一些團體成員的「課前」作業，以加強其進入團體前的心理準備。成員第一次到團體進行地點時，領導者不妨播放些配合團體第一次活動性質的音樂（以輕音樂為主），並用巧思做些小卡片、用些小花布置環境等（可結合第一次團體擬進行的活動目標）。避免成員一進入團體諮商室，在冷冷清清、安安靜靜，你看我、我看地板等尷尬情境下來進行第一次團體，要使成員在美好的第一印象中融入團體、喜愛團體。

(二) 設計無壓力狀態下的相互認識活動

　　團體初始，成員彼此不熟悉，基於團體的運作與動力的開展，必須設計相互認識活動。傳統上是成員一一自我介紹或用紙筆作業介紹自己，此等方式易使成員增加壓力，形式重於實質，甚至引發成員的抗拒、恐懼反應。故團體初始期設計成員相互認識的活動不妨在輕鬆、溫馨等情況下來進行，例如「小記者」、「愛的禮物」等活動（詳見本書第十章團體實務活動彙編）。

(三) 澄清成員期待與團體導向

　　為期團體有效運作並了解成員需求，同時作為修訂方案之參考，團體初

始期宜設計催化性活動來整合成員的參加動機，並使領導者有機會說明團體（課程）活動導向，包括團體性質、功能、目標等，如此領導者與成員相互交流才能建立團體共識。

(四) 擬訂團體契約，建立運作規範

團體是集合數人至數十人的組織體，人有其個別差異，團體輔導（諮商）與個別輔導（諮商）最大差異即是前者運作較後者複雜，助人者的負荷較重。是故，有效的團體運作取決於成員的認同與契約的遵守，團體初始期就須建立團體規範，在活動設計上可以採取較生動非教條的方式，例如：成員用句子完成法來訂定規範，「在一個團體中，當……時，我覺得最舒服」，「在一個團體中，我最害怕的是……」，「我喜歡團體的人……」，「在團體中我不喜歡看到……」。

(五) 設計的活動勿導向深層次的分享

團體初始，成員大都互不認識，彼此的人格特質與人際互動模式缺乏了解，因此縱有成員一、二位較開放，能立即表露自我，唯領導者仍宜謹慎，避免成員開放程度不一、自我表露太多太深，以致產生受傷或洩密的後遺症。因此，團體初期設計的自我分享活動宜偏表層次或威脅性較少的主題。

二 團體轉換期的設計重點

轉換期，又稱「過渡期」、「曖昧期」、「混淆期」、「探討期」等。團體進行若干次後，可能會發現團體卡住了，窒礙難行，成員分享不夠具體深入，人際互動形式化，成員心理反應差異極大，有的成員投入、用心、開放、自主、喜悅、歡樂；也有的成員冷漠、沉默、焦慮、矜持、依賴、抗拒、持續觀望、攻擊防衛等。領導者除了以更開放、包容、耐心、尊重、溫暖等特質與成員互動，運用初始期的技術及摘要、解釋、聯結、設限、保護等技巧之外，也可在設計方案時，選擇適合的活動來催化團體動力。

（一）設計此時此刻的分享性活動，激發團體動力

基於解決成員不信任問題或凝聚團體向心力的需要，領導者在團體轉換期不妨多設計一些成員在團體中分享感受的活動，唯前提是領導者要有能力去處理成員分享後的情緒與團體氣氛。國內很多團體廣泛運用一些肢體活動如（盲人）信任走路、信任跌倒、合力舉人……等信任遊戲，領導者常用這種刻意的結構性活動製造一些短暫的樂趣及談一些表面的想法、感受，而未利用此刺激情境去談團體中此時此地彼此關於信任的情感，殊為可惜，也失去了凝聚團體向心力、激發成員真誠開放的契機。其實，上述活動要能有助於團體動力的轉換，有賴於領導者適切加以運用及引導討論。

（二）設計引發成員中層次自我表露的活動

當團體進行了一段時間之後，成員的自我開放行為會隨之而加深加廣加大。領導者適時運用並設計中層次分享活動，有助成員認同團體，促發更多自我探討、自我了解的機會，例如「我喜歡的人」、「我的生活型態」、「跟隨我的腳印」等活動（詳見本書第十章團體實務活動彙編）。

（三）設計檢視團體、探討人際關係的活動

團體轉換期，領導者應注意到成員不信任自己、不信任他人的各種表現並加以處理，經常出現的情況是：成員不積極主動，也不願說出自己的感受，怕自己表露出負向情緒而躲在理智的言詞後面，談一些言不及義的問題，或心不在焉，或將注意力放在別人身上，只顧「幫助」別人，給予別人建議而少談自己……等。有時成員會產生挑戰領導者的行為，基於團體的動力發展與成員的互動關係，領導者可多設計檢視團體盲點及團體內人際關係的活動，例如：「你那好冷的小手」、「猜猜看哪裡變了」、「尋找燈塔」、「瞎子走路」、「團體溫度計」等活動（詳見本書第十章團體實務活動彙編）。

(四) 設計催化團體動力的活動

有時團體因動力發展遲緩、領導者的能力有限，或者成員的心理防衛與身心狀態不佳，領導者可藉助團體環境的布置、視聽器材的運用、團康活動的設計來催化。音樂是很有效的團體催化工具，不論是團體進行前後、中場休息時間及團體進行過程中，都可選擇適當的音樂來催化。其他諸如設計一些動態性兼具感性分享與理性交流的活動，例如「按摩陣線聯盟」、「誰是超人」、「愛的禮物」、「三人行」、「相見歡」等活動（詳見本書第十章團體實務活動彙編）。

三 團體工作期的設計重點

當團體信任感、凝聚力建立後，團體動力流暢，成員在團體中渴望學習、成長，期盼個人問題能夠解決或團體目標能夠達成，成員與領導者共同努力增強「生產性」的工作效能，團體此時便進入工作期階段。領導者在此階段除了提供成員資訊，運用面質、高層次同理心、自我表露、回饋、聯結、執中、建議、調律及前述二個階段的技巧之外，也宜降低領導者掌控的行為，多予成員自由互動與成長的空間，如圖6-2。依此，團體方案設計的考量如下。

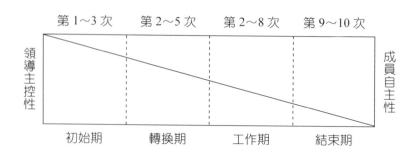

⊃ 圖 6-2　團體過程與領導行為之關係

(一) 針對團體目標來設計活動

團體動力增強後，領導者宜迅速掌握此一「工作契機」，將團體的進行架構重新引導回原先設定的團體目標上（假設團體動力曾卡住時），針對團體原設定的主題、功能來設計活動：例如自我肯定（訓練團體）、人際溝通（成長團體）、生涯探索（進階團體）、理性與情緒（治療團體）等。

(二) 針對成員需求來設計活動

團體是由三人以上所組成的集合體，故成員是團體的「主體」。每位成員參加團體有其不同的行為動機，不同的行為動機來自不同的內在需求。是故，團體成效評估之一取決於能否滿足成員的需求。例如帶領國中生或青少年的團體，活動設計宜多樣化，藉由遊戲、繪畫、戲劇或音樂等具視覺、聽覺的刺激來增進團體學習效果（吳昭儀，2009）。

此外，領導者有必要在達成團體目標的同時，兼顧多數成員伴隨團體互動過程中所發展出的「非預期性的需求」，例如帶領人際關係訓練團體六次後，大多數成員在團體中呈現出兩性關係或親子關係的困擾，領導者不妨適時彈性地修訂團體方案，加入兩性關係或親子關係的活動內容。相信成員樂於在參加團體後贏得「雙重收穫」～人際成長與兩性發展（或親職效能）。

(三) 針對團體特殊事件來設計活動

團體在轉換期或任何發展階段可能會發生特殊事件（詳見本書第五章第四節團體事件的處理），因此有效的領導者不宜固著於原先的團體計畫，應該適時的完成應變設計，例如領導者帶領「學習輔導團體」，當有成員忽然情緒失控的表示：「我覺得自己很貧乏，一無是處」，領導者切忌讓大家就認定當事人是這樣，或一直安慰的表示「你內在仍有很多東西之類」的話，也許可以藉由活動讓其有更深刻的體驗。此時不妨設計下列活動：

- 用 Gestalt 的投射法，讓當事人選一樣事物來象徵其「空洞」，並把自己當成此事物來描述，漸漸引導其深入的體驗到「空洞」的另一層內

在意義。

· 或讓當事人對團體中他認為最有活力、最充實的成員述說其心境。

· 或讓其對團體成員說「你們也是空洞的」，分享大家的感覺。

· 或讓其每天花半小時寫下其所感到空虛的事，當時的想法、情緒……等，下次再來討論其每日的空虛。

· 或讓當事人看著其他成員，當他看到一位成員有某種自己欠缺的特質時，就讓他將自己的想法告訴對方，並讓其說說看如果他要得到這個人的特質來彌補自己的空虛時，他將要做些什麼，如何做才能擁有它。

(四) 針對團體動力來設計活動

工作期的團體動力儘管是流暢、凝聚又鞏固的，然而領導者仍要敏銳地觀察團體的氣氛與發展導向，必要時可彈性設計催化性活動，引發成員自我思考及彼此激盪回饋，例如「此時此刻」（here and now）整理焦點問題回憶過去經驗；「冥想」（meditation）；利用音樂、繪畫、舞蹈，使成員展開「回溯之旅」等。

(五) 針對領導者專長來設計活動

團體進入工作期，成員開始有意義的探索個人的困擾，分擔團體催化的責任。領導者不妨多配合個人的專業背景、訓練導向、經驗技術與個人專長來設計活動帶領團體，此一彈性「個人風格化」的方案設計，有時效果甚於結構式的設計，唯前提必須是基於團體的發展與專業的倫理考量。換言之，領導者實際帶領個人專長性或熟悉性的活動，最能夠運用自如並發揮其功能。

四 團體結束期的設計重點

團體發展進入尾聲時，成員難免會有依依不捨、如釋重負或問題懸而未決等感覺，因此領導者除了必須以身作則，抱持開放自我、尊重支持、積極負責的態度，運用調律、結構、反映、回饋、評估、統整及前三階段的技巧

之外，同時，在活動設計上宜注重：

- 讓成員有機會回溯整個團體經驗。
- 讓成員彼此給予與接受回饋。
- 讓成員自我評量與團體評估。
- 讓成員互相期許祝福與增強激勵。

提醒一點，領導者宜讓成員在團體離結束還有一段時間時（非最後一次團體），利用「即將結束」的事實，刺激成員盡速處理自己的問題，例如「如果這是你最後一次在團體中探索自己的問題，你將如何利用這個時間？」也讓成員探討其對團體即將結束的感受，甚至引導其將此一感受與自己生活中的生離死別加以聯結分享，給予其建設性的參考架構。同時，設計激勵自我與承諾實踐行動的活動，將團體輔導的經驗學習遷移至現實環境中。兼顧上述結束期功能考量之團體活動甚多，例如：「滾動內心話」、「我在哪裡」、「尋找燈塔」、「生命列車」等（詳見本書第十章團體實務活動彙編）。

團體結束後的一段時間，也可在方案設計中加入追蹤輔導或訪視聚會等活動，例如：讀書會、談心會。領導者藉此來評估團體成效，同時也可鼓勵及督促成員繼續成長。當然，不適用團體輔導方式成長的成員或預期效果未達成的成員，也可適時予以個別諮商，以維護團體輔導的專業倫理。總之，團體輔導、團體諮商因成員特性、問題性質、目標功能等不同而形成豐富複雜的團體動力，每一個團體發展階段的活動設計皆應有特殊性考量；同時方案設計也必須與團體的整個目標功能緊密結合，相輔相成以發揮效果。

第四節　團體方案與活動設計範例

本節旨在藉由具體撰述「生涯探索」、「自我超越」、「兩性成長」及「自我探索與成長」等四類團體的計畫書，以說明團體方案的設計內容、要領及活動進行方式。團體領導者在實際設計方案時，宜多方參考諮詢，並衡量個人專業背景、團體性質與成員特性等來擬訂之。

一 「生涯探索團體」計畫書

1. **團體名稱**：生涯探索團體
2. **領 導 者**：李桂仙老師
3. **督 導 者**：徐西森教授
4. **團體性質**：封閉性、結構性團體
5. **成員對象**：專科生（高年級）
6. **人　　數**：12～16 人
7. **篩選方式**：採自願報名，經說明團體目的、徵詢參加動機後決定之，若人數太多，再以抽籤篩選。
8. **團體時間**：○月○日起，每週○（18:00～20:00）
9. **團體次數**：八次，每次 2 小時
10. **團體地點**：國立高雄應用科技大學諮商輔導中心團體輔導室
11. **團體理念**：

在科技掛帥、社會變遷迅速的今日，學校教育除了提供學生學習必備的謀生技能和專業知識外，更重要的是輔導學生培養「生涯」發展的理念。

生涯發展論，代表人物 Super，他以差異心理與現象學的觀點來解釋職業選擇的過程，並將發展心理學與自我概念聯結。Super（1990）認為依年齡可將每個人人生階段與職業發展分期，且每個階段各有其發展任務。他將之分為五個階段：成長（growth）、探索（exploration）、建立（establishment）、維持（maintenance）、衰退（decline），每個階段又各有次階段發展內容。

生涯發展理論加入「時間」的向度，藉由時間的透視，將過去、現在、未來都考慮在內，並將生命角色觀念融入其中，真正擴展個體生涯輔導的空間。因此，要讓學生明瞭自己在每一階段中可能遭遇的困難及如何達成發展任務，並在困境挫折時，能夠明確處理自己的情

緒和找到解決問題的方法。進而在團體生活中，有能力澄清自己的價值觀，了解自己的優點和限制，並能結合周遭各種人力和物力資源，發揮個人潛能，規劃個人近程和遠程的人生藍圖，以實現自我理想，經營美好的人生。

12. **團體目標：**

(1) 協助成員整理過去經驗，了解自我的學習能力、興趣、性向和價值觀，能知己知彼，表現出有效的抉擇與行動。

(2) 使成員能夠學習如何調適自己，有效運用時間，確立自己的生活方式，並計畫未來的生活。

附錄：參與團體契約書、生涯探索團體心得分享手冊、其他相關生涯資料。（略）

團體單元計畫

第一單元 相見歡

◆ **活動時間：** 約 120 分鐘

◆ **單元目標：** 1. 團體形成。

2. 成員相互認識，建立互動關係。

3. 澄清團體目標及成員參加動機。

4. 建立團體規範。

◆ **預定活動內容或進行方式：**

活動名稱	活動內容	時間	準備工具
一、暖身 （相見歡）	1. 成員在歡樂的音樂聲中，以最快速度與其他成員熱情照面後，採訪對方詳細資料（姓名、班別、血型、星座、個性⋯⋯）。 2. 待音樂結束後，每位成員一一將採訪結果公布，並揭曉「最佳採訪獎」予優勝者。	15'	CD播放器 音樂 CD
二、團體形成 （生涯花朵 朵朵開）	1. 發給成員事先剪好的五瓣花朵一張。 2. 請成員在每片花瓣空白處，填寫個人生涯花朵問題的答案。 (1)我是誰？ (2)假如⋯⋯，我將非常滿足？ (3)我希望別人說我是個什麼樣的人？ (4)我加入團體的希望是⋯⋯？ (5)我希望我們團體是⋯⋯？	50'	生涯花朵之紙片 彩色筆
三、認識團體 （相知、相 惜）	1. 藉由上述生涯花朵一一綻放，成員彼此熟識及了解他人對團體的期望和參加動機。	35'	CD播放器 音樂 CD

活動名稱	活動內容	時間	準備工具
	2. 領導者也藉此說明團體的功能和團體的內容、目標,以澄清成員對團體的期待,並建立團體規範。		
四、總結 (分享與回饋)	1. 分享:從活動中,對自我及團體的感受如何? 2. 愛的歡呼:集結團體一份愛的口號,於每次團體後吶喊作結束。 3. 發給每位成員一本《生涯深索團體心得分享手冊》,以記錄團體進行的活動內容、個人心得與收穫。	20'	《生涯探索團體心得分享手冊》

PS. 家庭作業:「家族職業樹」(如附件一),請成員事先回家調查填寫,於第二次單元活動中使用。

第二單元 追本溯源

◆ **活動時間：**約 120 分鐘

◆ **單元目標：**1. 增進成員彼此熟悉度。

2. 促進自我認識、增加自我了解。

3. 落實生涯觀念，協助成員能對「生涯」、「工作」、「職業」有充分概念，釐清生活方向，以肯定自我並實現自我理想。

◆ **預定活動內容或進行方式：**

活動名稱	活動內容	時間	準備工具
一、暖身活動	1. 丟抱枕：使成員彼此間更熟悉，並帶動團體氣氛。接到抱枕者，在丟給下一位成員前，要說某某人丟給某某人。 2. 精神歡呼：圍成一個圈，每個成員想一個動作及口號，讓大家一起為自己歡呼，依次不斷，以帶動團體氣氛。	15'	抱枕
二、引起動機 （葡萄成熟時）	1. 成長過程是青澀的，唯有透過自我了解才能接納自我。 2. 使成員了解自我特質，更加認識自己，透過他人的回饋而肯定自己。請成員選一枝自己喜愛的色筆，寫出多項自己的特質，再從其中選出五項最具代表性的，並說出自己最喜歡哪一項特質。	25'	彩色筆 圓形空白紙 （直徑約5cm）
三、家族職業樹	目的：藉由家族職業樹的探索，認清自己對職業、生涯的期望及對未來發展的憧憬。 〈分享與討論〉 1. 請成員介紹自己家族職業樹的特色。 2. 請成員分享對自己的家有何想法。 3. 請成員談個人的家庭對自我生涯期望、職業的選擇有什麼影響？	60'	家庭職業樹 （如附件一）

活動名稱	活動內容	時間	準備工具
	4. 對自己未來的理想有何期許？		
四、總結	1. 討論、分享對此活動的感覺和其意義，以及對自我認識的重要。 2. 心手相連：請成員小指勾別人大拇指，互相圍成一圈，分享活動後感受及對未來導向的看法並互相建言。	20'	CD 播放器 輕音樂 CD

第三單元　人生有夢～潛能激發

◆ **活動時間：**約 120 分鐘

◆ **單元目標：**1. 促進團體凝聚力，增加彼此信任感。

2. 幫助成員自我認識、自我肯定。

3. 幫助成員規劃自己未來的目標與藍圖。

◆ **預定活動內容或進行方式：**

活動名稱	活動內容	時間	準備工具
一、暖身活動	1. 心心相印，找夥伴：請成員寫出對自我體認的三句話，再由領導者唸出，讓夥伴猜誰是主角。	10'	CD 播放器 輕音樂 CD
	2. 放鬆練習：播放輕音樂，由領導者帶領成員學習放鬆技巧、舒展身心。	10'	
二、潛能激發	1. 信任跌倒大震撼：人有無限的潛能，經由認識自我與環境而產生自信，克服萬難。兩人前後一組，後者站好位置，當領導者喊「倒」時，前者身體挺直向後倒，直直的倒下，前者倒一半時，後者要很平穩的接住（也可換成站在相當高的地方倒下，但要注意成員安全）。 2. 自我肯定訓練： (1)兩人一組互相注視對方的眼睛 50 秒，很肯定的看著對方。 (2)接續步驟(1)，並很肯定的做 2 分鐘的自我介紹。 (3)很肯定的說出三句有關我對「什麼」有把握的話（如興趣：畫畫……）。 (4)肯定的給對方好評價（讚美），對方也肯定的接受。	40'	CD 播放器 音樂 CD 抱枕

活動名稱	活動內容	時間	準備工具
三、生活設計師	1. 發給成員空白紙，經領導者說明，請成員想像未來生活模式，如上班情境、性質或選擇自己理想、執著追求的是什麼，將之畫出。 2. 畫完後，再將所有畫放置團體中央排列，由成員選擇對其他成員畫中有興趣的圖案，一一分享。	10' 30'	彩色筆 B4 空白紙
四、總結	1. 回饋與分享：青年的四大夢想 (1)人生價值觀　　(2)良師益友 (3)終身職業　　　(4)愛的追求 2. 分享：自己對未來目標與理想的建構，與他人有何差異？	20'	CD 播放器 音樂 CD

第四單元　人生大觀園～價值觀澄清

◆ **活動時間：**約 120 分鐘

◆ **單元目標：**1. 促進成員熟悉度，並開放彼此經驗。

2. 釐清成員自我了解的程度。

3. 人生價值觀的澄清。

◆ **預定活動內容或進行方式：**

活動名稱	活動內容	時間	準備工具
一、暖身活動	1. 突圍闖關： (1)突圍：由一位成員站在團體中央，其他成員手臂互相勾住，形成包圍。受包圍者可任意以鑽、跳、推、拉……等方式力求掙脫突圍。須注意安全。 (2)闖關：全體成員面向四周站立，互相以手臂緊緊勾住，請一位或二位成員站在圈外，設法竭力闖入成員圈內。為免於受騙，關卡成員可不理睬闖關者的甜言蜜語。須注意安全。 2. 討論： (1)分享成員在活動進行中的心情。 (2)突圍闖關令成員感受相似的生活經驗為何？ (3)成員在竭力爭勝或被拒團體外時，有何感受？	10' 10' 10'	CD 播放器 音樂 CD
二、生涯年曆	目的：提醒成員思考在自己的生涯當中走了多長？還有多長的日子？可以做什麼？又做了些什麼？還有什麼要做？ 內容： 1. 請成員先畫出理想生命年限？ 2. 再畫出今年的歲數，到今天前做了什麼？	25'	A4 紙張 彩色筆 生涯年曆 （如附件二）

活動名稱	活動內容	時間	準備工具
	3. 請成員深呼吸後，一筆劃去過往的歲月。 4. 請成員好好規劃剩下的生涯時間，並寫下來。		
三、價值大拍賣	目的：使成員了解自己所重視的人生價值，並珍惜與努力去追求、實現自我的人生。 1. 以喊價拍賣方式進行。 2. 每位成員皆有十萬元的財產。 3. 須在二十項價值清單中，購買自己喜愛的人生價值。 4. 領導者以競標、喊價方式開始，由價高者（喊價三聲）成交。	45'	價值大拍賣清單 （如附件三） 全開海報紙 假鈔（以百元、千元、萬元鈔為主）
四、總結 （心情驛站）	分享今天的心得與收穫。	20'	CD 播放器 音樂 CD

PS. 家庭作業：職業訪查名單訪談內容。將「各行各業」、「工作世界查訪單」等資料（如附件四、五）發予成員進行訪查，於第五次單元活動中使用。

第五單元 我的未來不是夢～職業探訪

◆ **活動時間：**約 120 分鐘

◆ **單元目標：**1. 促進成員彼此間的默契共識。

2. 檢視自我生活抉擇的方法與態度。

3. 促進成員生涯多元化發展。

4. 幫助成員有尋求外在資源的機會。

◆ **預定活動內容或進行方式：**

活動名稱	活動內容	時間	準備工具
一、暖身活動	比手畫腳：領導者先製作職業角色名稱。再由成員抽選職業籤，並加以表演（不出聲說明），藉由肢體語言，讓其他成員猜是何種職業。	20'	CD 播放器 音樂 CD
二、天涯歷險	·事先做職業訪查，訪查後開始報告： (1)為什麼會採訪此職業？ (2)此職業相關查訪內容為何？ (3)採訪的心情是什麼？	80'	工作世界查訪單（如附件四） 各行各業（如附件五）
三、總結	1. 請成員分享若重新經歷採訪，將如何應對？ 2. 鼓勵成員更進一步拓展自己的學習領域。 3. 請成員為自己打氣（深呼吸），大聲喊出送給自己的一句勉勵的話，以增加自我勇氣與自信。	20'	CD 播放器 音樂 CD 履歷表

PS. 家庭作業：填寫假設想應徵工作的「履歷表」，於下次活動中使用；並請成員下次活動時穿著準備應徵工作的正式服裝。

第六單元　築夢踏實～角色扮演

◆ **活動時間：**約 120 分鐘
◆ **單元目標：**1. 協助成員面對謀職的預設情境與角色，從面試中感受不同的
　　　　　　　　經驗，以做好就業前的準備。

　　　　　　　2. 協助成員自我探索、自我開放。

◆ **預定活動內容或進行方式：**

活動名稱	活動內容	時間	準備工具
一、暖身活動 （讚美花絮）	成員互相讚美面試的打扮，同時感受被欣賞和肯定的自信。	15'	
二、展現自我舞台 （面試篇）	1. 請成員整理好事先穿著的應徵工作的正式服裝（男成員須打領帶，女成員以套裝或裙子⋯⋯），需光鮮整潔。 2. 收齊履歷表，交給領導者。 3. 將成員分二組，一半帶入事先布置好的情境，委請當主試者，一邊說明，一邊針對另一組應徵者的衣著、言談反應、應試精神、態度⋯⋯等予以評分。 4. 待輪番上陣評比結束，再更換主試及應徵者的角色。 5. 同上述步驟(3)，詢問應徵者，再評分。 6. 領導者於成員應徵結束後馬上計分，評出各應試成員總分。 7. 宣布最高分者，榮膺公司內職位，應徵成功者，予以講評與表揚。 8. 最後，領導者再說明應徵時應有的應對進退及坐立走儀態等商業禮儀，讓成員互相學習與注意。	85'	1. 履歷表 2. 公文夾 3. 筆 4. 評分表
三、總結	1. 分享今天活動的感覺。 2. 用一句話互相傳承自己此時此刻的心情或對其他成員回饋。	20'	CD 播放器 音樂 CD

第七單元　追本溯源～生涯座談

◆ **活動時間**：約 130 分鐘

◆ **單元目標**：1. 藉由與校友座談，提供成員資訊，以面對未來生涯發展的挑戰，健全其心理準備。

2. 分享經驗，並找出生涯選擇的疑惑，增加自信心以面對未來的難關。

◆ **預定活動內容或進行方式**：

活動名稱	活動內容	時間	準備工具
一、暖身活動	對對碰： 1. 目的：使團體成員進入狀況，增進團體氣氛及成員的向心力。 2. 內容：先與每位成員手掌碰手掌，並向觸碰的對方說一句自己今天的心情。接著，再碰膝、碰臉，再擁抱對方。	15'	CD 播放器 音樂 CD
二、生涯成長你、我、他（校友座談會）	目的：在使成員了解畢業後從事各行各業的心路歷程及甘苦，作為未來的參考。 內容： 1. 領導者事前針對幾次活動後成員的心得回饋，了解成員將來的職業或升學選擇，於此次活動前聯絡相關領域的畢業校友四至五位，至團體中經驗交流。 2. 由領導者事先致詞歡迎。 3. 再由校友自我介紹，分享自己當時的生涯選擇和心路歷程。 4. 由成員相繼發問、討論。	85'	
三、總結	分享與感謝： 1. 感謝畢業校友撥空回校，為學弟妹們作經驗的分享。 2. 分享每位成員今天活動中最大收穫，或感受自己畢業後將以何種心態整裝待發？	30'	CD 播放器 音樂 CD

第八單元　我的未來不是夢

◆ **活動時間：**約 120 分鐘

◆ **單元目標：** 1. 釐清自我抉擇的盲點。

2. 重新評估未來生涯選擇方向，並確切付諸實行。

◆ **預定活動內容或進行方式：**

活動名稱	活動內容	時間	準備工具
一、暖身活動	心電感應： 1. 目的：測量團體的默契，了解團體溝通、共識的重要性。 2. 內容： (1)將成員分成兩組縱列。 (2)讓成員彼此互相按摩，消除些微的疲倦。 (3)領導者可和協同領導者分給各排尾一組號碼，成員可藉由之前各組默契，認可按摩部分（如頭是 1，肩膀是 2～到小腿是 10）互相傳碼代號，以達成共識。 (4)由排頭公布得知的號碼。 （可連續進行兩次）	15'	CD 播放器 音樂 CD
二、回顧與展望 （我的未來不是夢）	1. 分發事先剪好的圓形卡紙，成員每人三張。 2. 請成員寫出： (1)對自我與環境重新評估後的認識。 (2)寫出未來是升學或就業的目標。 (3)要如何採取有效步驟。 3. 將其寫好的紙卡貼在狀如大鳥展翅飛翔在藍天白雲中的全開海報上，祝福成員鵬程萬里、展翅高飛。	60'	飛鳥造型大海報 圓形卡紙

活動名稱	活動內容	時間	準備工具
三、結束團體祝福與道別	1. 每人手持蠟燭分享在團體之後，如何勇敢地追尋自己的夢想。 2. 請成員一一走入貼在地板上的飛鳥圖中，並接受大家的分享和祝福。 3. 在分享與祝福聲中，為團體劃下美麗的句點。	45'	蠟燭 火柴 CD 播放器 音樂帶 CD

附件一：配合第二單元活動

家族職業樹

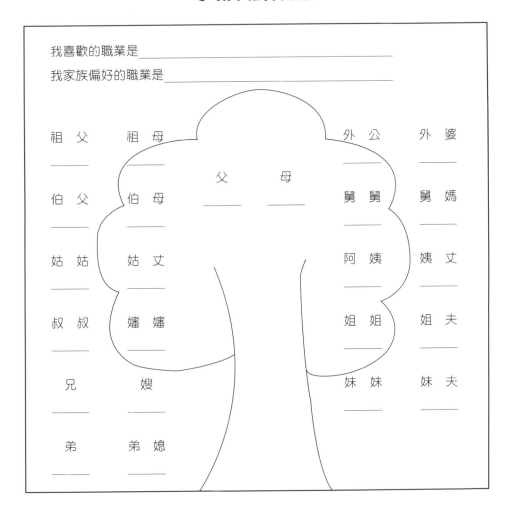

我喜歡的職業是＿＿＿＿＿＿＿＿＿＿＿＿＿＿＿＿＿＿＿＿＿

我家族偏好的職業是＿＿＿＿＿＿＿＿＿＿＿＿＿＿＿＿＿＿＿

祖　父　　　祖　母　　　　　　　　　　外　公　　　外　婆

　　　　　　　　　　　　　　父　　　　母

伯　父　　　伯　母　　　　　　　　　　舅　舅　　　舅　媽

姑　姑　　　姑　丈　　　　　　　　　　阿　姨　　　姨　丈

叔　叔　　　嬸　嬸　　　　　　　　　　姐　姐　　　姐　夫

　　兄　　　　　嫂　　　　　　　　　　妹　妹　　　妹　夫

　　弟　　　弟　媳

附件二：配合第四單元活動

生涯年曆

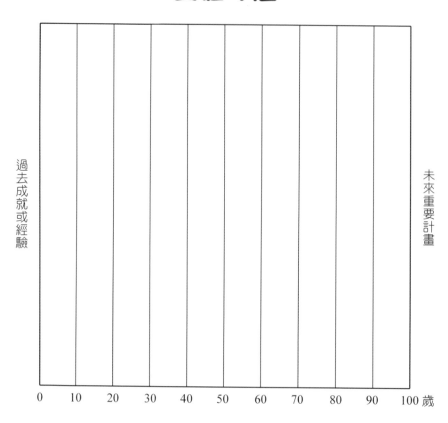

附件三：配合第四單元活動

價值大拍賣清單

項　　　　目	預算價格	購得價格	最高價格
1. 有一個幸福美滿的家庭			
2. 賺大錢			
3. 長壽而無大病痛			
4. 繼續進修			
5. 有一些知己的朋友			
6. 找到適合自己又可發揮專長的職業			
7. 有一棟舒適又漂亮的房子			
8. 考取公家機構之職位			
9. 有充裕的金錢與休閒			
10. 談一次最完美的戀愛			
11. 和喜歡的人長久相處永不分離			
12. 擔任公司的主管			
13. 到處旅遊、吸收新知			
14. 成立慈善機構、救助他人			
15. 享受結交朋友的樂趣			
16. 工作富挑戰性而不單調			
17. 成為有名的人			
18. 隨心所欲的布置自己的環境			
19. 無拘無束的生活			
20. 擔任社會聲望高的職位			

附件四：配合第五單元活動

工作世界查訪單

1. 職業名稱。

2. 它和文字、數字、人際或事物，哪一個關係較密切？

3. 主要的工作內容是……？

4. 主要工作場所是在室內，還是戶外……？

5. 計薪方式通常是固定薪資，還是按件計酬？滿意否？

6. 工作時間是固定，還是自行調配？

7. 從業者所需要的教育訓練是……？

8. 從業者所需具備的特殊能力和個人特質是……？

9. 從業者是否需要執照？

10. 從業者的升遷發展機會如何？

11. 從業者的就業市場如何？

12. 從業者可能的壓力來源是……？

☆☆☆☆☆☆☆☆☆☆☆☆☆☆☆☆☆☆☆☆☆☆☆☆☆☆☆☆☆☆☆☆☆

《附註》　1.採訪後於下次團體中限時 5 分鐘作報告
　　　　　2.可用現場訪談錄音呈現。

附件五：配合第五單元活動

各行各業

1. 機械工程師	26. 社會學家	51. 採礦工程師
2. 戲劇演員	27. 導遊	52. 中小學教師
3. 獸醫	28. 歷史學家	53. 美容師
4. 生理學家	29. 音樂家	54. 外貿辦事員
5. 新聞記者	30. 外語翻譯員	55. 人事主管
6. 服裝設計師	31. 職業輔導員	56. 鋼琴調音師
7. 地理學家	32. 冶金工程師	57. 藝術家
8. 園藝學家	33. 統計學家	58. 電腦操作員
9. 會計師	34. 財務分析員	59. 勞工代表
10. 氣象學家	35. 精神科醫師	60. 電視廣播員
11. 航空工程師	36. 哲學家	61. 保險業者
12. 牙醫師	37. 土木工程師	62. 圖書管理員
13. 進口商	38. 飛行員	63. 律師、法官
14. 專業護士	39. 心理學家	64. 生化學家
15. 編輯	40. 外交人員	65. 零售商
16. 系統分析員	41. 警官、偵探	66. 營養專家
17. 社會服務部主任	42. 廣告設計師	67. 建築師
18. 運動選手	43. 化學工程師	68. 攝影師
19. 藥劑師	44. 法院觀護人	69. 人類學家
20. 動、植物學家	45. 電機工程師	70. 天文學家
21. 汽車機械師	46. 化學家	71. 病理學家
22. 珠寶商	47. 作家	72. 物理學家
23. 航空導航員	48. 房地產銷售員	73. 節目主持人
24. 海洋學家	49. 電腦程式設計員	74. 林務人員
25. 遺傳學家	50. 農藝學家	75. 都市計畫設計師

附件五：配合第五單元活動（續）

76. 汽車商	88. 細菌學家	100. 外科醫師
77. 時裝模特兒	89. 政府官員	101. 航空服務員
78. 花卉商	90. 經濟學家	102. 農牧場主人
79. 鐵路工程師	91. 社工師	103. 計程車司機
80. 廚師	92. 大專教授	104. 政治家
81. 數學家	93. 地質學家	105. 出納員
82. 工業工程師	94. 景觀設計師	106. 戶政人員
83. 銀行家	95. 體育教練	107. 旅行社業務員
84. 家政學者	96. 生態學家	108. 股票經紀商
85. 內科醫師	97. 秘書	109. 電子工程師
86. 宗教家	98. 戲劇導演	110. 海關稽察員
87. 貿易部經理	99. 室內裝潢家	111. （其他，請註明）

二 「自我超越團體」計畫書

1. **團體名稱：** 自我超越團體
2. **領 導 者：** 黎麗貞、梁榮仁老師
3. **督 導 者：** 徐西森教授
4. **團體性質：** 封閉式、結構性團體
5. **成員對象：** 大專生
6. **人　　數：** 8～12 人
7. **篩選方式：** 採自願報名，經初步晤談決定
8. **團體時間：** ○月○日起，每週○（18：00～20：30）
9. **團體次數：** 七次，每次 2.5 小時
10. **團體地點：** 國立高雄師範大學學生輔導中心團體輔導室
11. **團體理念：**

Adler 之個人心理學認為，人的生活方式起源於家庭星座及早期生活經驗。個人生命早期由於父母的溺愛、忽視、不合理的期待、生理的孱弱以及出生序的影響，導致產生自卑感，人為了克服自卑感，乃尋求自我超越。假使此目標導向的行為能建基於與父母關係發展而成的社會關注，則往往成為個人成長的動力；若未能成功的發展出歸屬感與價值感，那麼對外界事物易產生錯誤的解釋，進而衍生種種偏差行為。

個人心理學應用在諮商治療的目的在於幫助個人覺察其行為的動機。諮商員首先要能從當事人的行為、思考、信念和其家庭關係等層面，去了解當事人的現象世界，並試著協助當事人覺察其過去的生活方式對個人未來目標的達成是否有幫助或有意義；同時也鼓勵當事人重新做決定，並採取行動。個人心理學共分四個階段：(1)建立關係；(2)心理調查；(3)解釋；(4)重新導向。

12. **團體目標：**

(1) 協助成員了解家庭星座及早期生活經驗對目前行為與自卑感的影響。

(2) 協助成員化阻力為助力，從接受自我進而能超越自我。

13. **團體成效評量：**

(1) 評量方法或工具：田納西自我概念量表

(2) 預定評量時間：團體結束後二週

附錄： 團體文宣品、給報名參加者的一封信、參與團體契約書、團體評量
工具及其他相關資料。（略）

團體單元計畫

第一單元　面具

◆ **活動時間：**約 155 分鐘

◆ **單元目標：** 1. 激發個人對他人的興趣。

　　　　　　　2. 成員相互認識，建立關係。

　　　　　　　3. 團體導向說明，建立團體規範。

◆ **預定活動內容或進行方式：**

活動名稱	活動內容	時間	準備工具
一、暖身	1. 成員在團輔室內自由走動，當音樂停止時，便與身旁的人面對面、打招呼、寒暄一番；當音樂再度響起，成員也接著移動。 2. 成員圍成圓圈坐下。	10'	CD 播放器 音樂 CD
二、團體形成	1. 請成員用圖畫紙、橡皮筋製作面具，並畫上自己想畫的圖案及顏色。 2. 請成員戴上面具作自我介紹並分享感覺：為何如此設計？ 3. 談談面具前（理想我）與面具下（真實我）兩者間有何不同？	70'	圖畫紙 橡皮筋 彩色筆 釘書機 剪刀
三、認識團體	許願：領導者將許願筒置於團體中央，零錢灑於周圍，成員說出對團體的期望，並將一枚零錢投入筒中希望其實現。領導者也藉此說明團體進行的方式及團體的內容與目標，澄清成員對團體的期望，以建立團體的規範。	40'	零錢 許願筒
四、總結	1. 從活動中，你對自己有什麼新發現？ 2. 用簡單一句話及五點量尺評量今天的活動。 3. 分給每人一本「團體心得分享」筆記本，成員可以記錄團體進行的活動內容、心得、檢討與建議。	35'	CD 播放器 音樂 CD

第二單元 家庭樹

◆ **活動時間：**約 160 分鐘

◆ **單元目標：** 1. 覺察家庭氣氛及個人對家的知覺。

2. 認識自己在家中的位置。

◆ **預定活動內容或進行方式：**

活動名稱	活動內容	時間	準備工具
一、暖身活動	請你跟我這樣做： 每一成員輪流在團體中央配合音樂做動作，其他人一起跟著做。	10'	CD 播放器 音樂 CD
二、家庭樹	1. 作畫： (1)請成員畫出一棵果樹及其所成長的土地，來表現出自己對家庭的感覺、看法。 (2)讓成員選擇一種顏色代表家庭的氣氛，然後塗在背景上。 (3)以樹上果實的分布與大小，代表家人的關係與心理地位。 (4)樹旁可以畫其他的景物代表家庭對外的關係。 2. 分享：請成員分享所作的畫。 3. 討論： (1)請成員談作畫的經驗。 (2)請成員談對自己的家有什麼想法？ (3)請成員談個人家庭與自己有什麼關係？ (4)請成員談對自己的家庭有什麼期許？	20' 60' 40'	彩色筆 圖畫紙
三、總結	1. 請用一句話表達此刻心情，及對團體或個人的回饋。 2. 填寫團體滿意度評量表。	30'	團體滿意度評量表

PS. 家庭作業：調查並記錄手足的星座及其個性，於下一單元分享。

第三單元　父母與我

◆ **活動時間：**約 150 分鐘

◆ **單元目標：**1. 協助成員了解父母的溺愛、忽視、期待等反應，對自己行為
　　　　　　　　與自卑感的影響。

　　　　　　　2. 改善家庭的親子關係。

◆ **預定活動內容或進行方式：**

活動名稱	活動內容	時間	準備工具
一、暖身活動	1. 瞎子走路 2. 官兵強盜 　分享討論（引導至親子關係）	20'	眼罩 CD 播放器 音樂 CD
二、父母與我	1. 我最喜歡父母的地方。 2. 我最不喜歡父母的地方。 3. 我與父母最像的地方。 4. 分享家庭作業（手足星座）。 5. 討論： 　(1)父母的教養方式對我產生什麼影響。 　(2)我如何面對其教養方式。	100'	「我的父母」 調查表
三、總結	1. 今天的感覺如何，並請用1～10數字評量。 2. 填寫團體滿意度評量表。	30'	團體滿意 度評量表

PS. 家庭作業：發下「早期記憶記錄卡」，事先填寫個人童年愉快或不愉快的經驗。團
　　體第五次將使用。

第四單元　兒時記憶

◆ **活動時間：**約 160 分鐘

◆ **單元目標：**1. 協助成員了解錯誤目標對自我的影響。

2. 重新建立目標。

◆ **預定活動內容或進行方式：**

活動名稱	活動內容	時間	準備工具
一、引起動機	1. 每位成員在黑板上畫一張臉，代表此時此刻自己的情緒。 2. 分享此刻的心情、感受，成員互相回饋。	30'	黑板或白板 黑板筆或 白板筆
二、故事接龍	1. 輪流說故事，輪到說故事的人要接續前一個人的故事內容，繼續說下去。 2. 故事中的人物可以增加或減少。 3. 每人所說的故事內容必須要有三句話：開始……後來……結果。	20'	
三、認識目標	1. 領導者事先準備有錯誤目標與行為結果的資料。 2. 團體進行時，分給成員一人一張，並說明之。 3. 請成員討論日常生活中，自己曾經出現的錯誤目標與行為。 4. 在表上填入家人分別是屬於何種類型：社會有益型、進取型、支配型、逃避型。 5. 談談自己在什麼情況下會表現何種類型的反應。	80'	「錯誤目標與行為結果資料表」
四、總結	1. 請成員圍成一個圓圈，依逆時針方向，逐一坐在後面成員的腿上或雙手搭在前一成員肩上（盤腿而坐），坐好之後，可以前後左右搖擺及唱歌。 2. 討論、分享對此活動的感覺及其意義、發現。 3. 用一句話總結本次活動的收穫，以及對未來活動的導向建議。	30'	CD 播放器 音樂 CD

第五單元　記憶我與創新我

◆ **活動時間：**約 150 分鐘

◆ **單元目標：**1. 了解個人對自己、對他人、對世界的看法。

　　　　　　　2. 探討自己的過去、現在與未來。

◆ **預定活動內容或進行方式：**

活動名稱	活動內容	時間	準備工具
一、暖身活動	可愛的貓咪： 由甲成員在團體中模仿貓咪，爬行至某位成員面前，學貓咪叫：「喵！喵！」這位成員必須摸甲的頭，並說：「可愛的貓咪！可愛的貓咪！」而且不能笑，只要笑出來，即換笑者當貓咪；若甲未笑出來，約 2 分鐘（視團體動力及甲成員的反應而定），領導者可再邀請下一位模仿者，並給予甲適度支持。	10'	
二、分享早期記憶內容之訊息	1. 統整摘要前次團體的過程，並導入此次團體主題。 2. 分享與回饋早期記憶內容之訊息，包括童年愉快或不愉快的記憶。	10' 100'	前二週所發之「早期記憶記錄卡」
三、新人生計畫	1. 成員分享未來的生活計畫，如何展開全新的自我。吶喊、激勵（播放交響樂）。 2. 討論今天團體的感想。	30'	CD 播放器 交響樂 CD

PS. 家庭作業：請成員準備一首屬於自己心情的歌曲（包括歌詞及 CD）

第六單元　突破自我

◆ **活動時間**：約 160 分鐘
◆ **單元目標**：1. 藉由改寫早期記憶，以改變個人錯誤目標。
　　　　　　　 2. 學習如何面對困難、改造自己。
◆ **預定活動內容或進行方式**：

活動名稱	活動內容	時間	準備工具
一、改寫早期記憶	1. 領導者發下成員的早期記憶記錄卡。 2. 請成員修改早期記憶的內容，並賦予正向解釋。 3. 領導者請成員閉上眼睛，冥想。 4. 領導者請成員重新經歷早期記憶。 5. 正向導引語，例如：「我愛我自己」、「我不再傷害自己」等。	30'	早期記憶記錄卡 CD 播放器 冥想音樂CD
二、分享與回饋	1. 請成員分享重新經歷的感受為何。 2. 請成員送自己一句話，以增加改變的信心與勇氣。 3. 成員互相回饋、激勵。 4. 播放每位成員的心情歌曲，分享聽後感覺。	110'	CD 播放器 音樂 CD
三、談心時間	領導者與成員自由分享近一週來的生活（正向經驗為主）。	20'	

第七單元　我的未來不是夢

◆ **活動時間：**約 160 分鐘

◆ **單元目標：**1. 協助成員計畫未來的生活。

2. 鞏固學習心得與經驗。

3. 鼓勵與增加信心。

4. 結束團體。

◆ **預定活動內容或進行方式：**

活動名稱	活動內容	時間	準備工具
一、我的未來不是夢	1. 引導成員閉上眼睛想像未來二十年的自己。 2. 分享討論。	10' 40'	
二、心得回饋	1. 回顧與展望：分享心得與未來計畫。 2. 領導者引導成員回顧七次團體。	30'	
三、自我評估	1. 領導者與成員分享在團體中改變與成長的經驗。 2. 進行「我在哪裡」評量活動。 3. 進行「滾動內心話」活動。	50'	抱枕 參考第十章團體實務活動彙編
四、結束團體	1. 祝福與道別。 2. 填寫團體滿意度評量表。 3. 承諾、激勵、發展自我。	30'	CD 播放器 「我的未來不是夢」歌曲 CD 評量表

三 「兩性成長團體」計畫書

1. **團體名稱**：兩性成長團體
2. **領　導　者**：魏金桃老師
3. **督　導　者**：徐西森教授
4. **團體性質**：封閉性、結構性及自願性團體
5. **成員對象**：未婚之社會人士
6. **人　　　數**：12 人（男女比例最好 1：1）
7. **篩選方式**：採自願報名，經初步晤談決定。
8. **團體時間**：○月○日起，每週○（18：00～20：30）
9. **團體次數**：七次，每次 2.5 小時
10. **團體地點**：　○　社區活動中心團體輔導室
11. **團體理念**：

　　　　「天地創造陰陽，孤陰不生，獨陽不長，

　　　　　唯有陰陽調和，天地才能大化。」

　　現代人的兩性關係是開放的、健康的、成熟的，因此任何兩性之間的互動（包括友愛、情愛與性愛等過程），應該尊重彼此的感覺、經驗和想法。尊重異性、愛惜自己，肯定別人的優點，從欣賞中去學習，從挫敗中來成長。

　　我們有追求異性的權利，也尊重對方有拒絕的權利。結果固然重要，但過程更重要。人生是一段漫長的學習過程，青年男女在專業知能的學習之外，尚須開創「事業、婚姻與家庭」三贏的生涯發展。

12. **團體目標**：

(1) 認識兩性的心理與行為。

(2) 探討對異性的角色期待。

(3) 學習兩性的溝通技巧。

(4) 發展和諧愉悅的兩性關係。

附錄：兩性生理與心理發展資料、「成長團體」資料。（略）

團體單元計畫

第一單元　有緣千里來相會

◆ **活動時間**：約 160 分鐘
◆ **單元目標**：1. 協助成員認識團體性質、目標、進行方式及內容。
　　　　　　　2. 協助成員相互認識，建立團體融洽、開放氣氛。
　　　　　　　3. 協助成員訂定團體規範，以利活動之進行。
◆ **預定活動內容或進行方式**：

活動名稱	活動內容	時間	準備工具
一、男生女生配	1. 男女成員分別抽籤配對，領導者播放音樂，讓配對成員相互寒暄認識。 2. 在音樂停止時，成員圍坐一圈（同組夥伴請相鄰而坐），每對成員相互將同組夥伴介紹給團體認識。	20'	竹籤 CD 播放器 音樂 CD
二、疊羅漢	1. 領導者先請成員依序說出自己的名字（讓成員加深印象），再開始此活動。 2. 徵求自願成員，說出「我是××」，依序第二位成員重複第一位成員的名字，並說出自己的名字，第三位則複述前二位成員的名字，而後說出自己的名字，依此類推。活動目的在協助成員記住所有成員之姓名。	15'	
三、自我拼盤	1. 領導者將事先剪好之各式彩色紙圖卡（△□○◇……）數十張放置團體中央，由成員自行挑選六張；另外發給每位成員一張白色 B4 紙張。	80'	各式彩色圖卡 彩色筆 膠水 白色B4紙張

活動名稱	活動內容	時間	準備工具
	2. 請成員挑選六題白板上所寫之問題，將個人答案填寫在彩色圖卡上（一張填寫一題）。填寫完畢，成員自行創造黏貼在 B4 紙上，由領導者引導每位成員分享作品。 問題可如下： (1) 我的休閒嗜好。 (2) 對本團體的期望。 (3) 用一種動物形容自己。 (4) 與異性相處的經驗。 (5) 最糗的一件事。 (6) 最難忘的一件事。 (7) 參加團體的動機。 (8) 此刻的心情。 (9) 如果生命只剩三天你將做什麼事？或說什麼話？ (10) 其他。 3. 全部介紹完後，領導者稍做統整並藉之澄清團體的性質、目標、功能、進行方式。		
四、訂定團體契約	1. 領導者說明團體規範的重要性。 2. 由領導者帶領成員共同訂立團體規範：成員輪流說一個自己希望（或不希望）在團體中看到的事，例如希望彼此開放、不要遲到、不要竊竊私語……等。 3. 由一人將每位成員的意見寫在海報紙上。 4. 領導者綜合成員意見，訂出應遵守的團體規範及違規時之處理方式。	20'	海報紙
五、總結	1. 用一句話表達此刻的心情，及對團體或個人的回饋。 2. 填寫團體滿意度評量表。	25'	團體滿意度評量表

第二單元　雕塑心目中的最佳男女主角

◆ **活動時間：**約 140 分鐘

◆ **單元目標：**1. 協助成員認識自己、了解異性，彼此尊重、體貼、合作。

　　　　　　2. 協助成員澄清非理性之異性交往期待，並建立性別角色認同。

◆ **預定活動內容或進行方式：**

活動名稱	活動內容	時間	準備工具
一、暖身活動（對對碰）	領導者播放輕音樂，所有成員相互擊掌並說「Hi！你好，我是××」；接下來成員相互碰膝蓋，同時說出今天的心情；最後成員相互握手並用一句話讚美對方（三個步驟所有成員須逐一向其他成員表示）。注意勿給成員壓力。	10'	CD 播放器音樂 CD
二、心目中最佳男、女主角	1. 成員分為男、女兩組，請各組討論，集思廣益，分別將自己心目中的「男、女主角」所應具備之特質及不喜歡異性的特質寫在海報紙上。例如：<table><tr><td>最佳男主角</td><td>不喜歡之男性特質</td><td>最佳女主角</td><td>不喜歡之女性特質</td></tr><tr><td>強壯、開朗、顧家、節儉……</td><td>懶惰、娘娘腔、暴力傾向、不良嗜好……</td><td>溫柔、體貼、做家事……</td><td>小心眼、愛哭、容易吃醋……</td></tr></table>2. 兩組成員就海報紙上所寫之對男生及女生的特質要求，討論是否合理；另外，針對不喜歡的異性特質提出看法或疑問。領導者協助成員認識兩性特質，並說明兩性之間的差異（包括生理上、心理上、社會行	50'	海報紙彩色筆兩性特質表

活動名稱	活動內容	時間	準備工具
	為上），讓成員學習了解異性及尊重異性。		
三、探索自我	1. 領導者說明：其實每個人都同時具有男性特質與女性特質，如此人格才完整，生活才健康。並請成員用形容詞描述自己的性格，再將這些個性區分為男性特質與女性特質（或中性特質）。 2. 領導者準備幾種不同顏色的海報紙，讓每位成員挑選一張，製作成一個自己的面具。 3. 各人將自己的男性特質書寫於代表男性特質的半邊面具上，屬於女性特質的部分則書寫於另外半邊面具上。 女性特質｜男性特質 4. 將團體分為二至三組，每位成員拿著自己的面具，相互分享下列問題。 (1) 你的男性特質有哪些？女性特質有哪些？哪一種多？符合你的性別角色嗎？ (2) 你認為自己這些特質是怎麼來的？ (3) 令你滿意的特質有哪些？帶給你什麼好處？ (4) 令你不滿意的特質有哪些？帶給你什麼困擾？你希望去除該項特質嗎？ (5) 你認為自己欠缺的特質有哪些？它屬於男性或女性？如何培養？ 5. 回到大團體中，分享小組之人所談的心得或感受。	60'	海報紙 剪刀 橡皮筋
四、總結	1. 活動分享與回饋。 2. 填寫團體滿意度評量表。	20'	團體滿意度評量表

第三單元 當哈利碰上莎莉～異性交往

◆ **活動時間：**約 150 分鐘

◆ **單元目標：**1. 協助成員以健康、理性的態度面對異性交往。

2. 協助成員探討約會的方式、功能。

3. 學習邀約的技巧與遭異性拒絕時的自我調適之道。

◆ **預定活動內容或進行方式：**

活動名稱	活動內容	時間	準備工具
一、男與女 （暖身）	1. 男女各站一排，配合領導者下指令，成員作下列反應： 　● 一見鍾情：男女面對面 　● 自作多情：男面向女，女背向男 　● 不解風情：女面向男，男背向女 　● 翻臉無情：男女背向對方 2. 一起遊戲，並討論分享四種狀況各人應對之道。	40'	CD 播放器 音樂 CD
二、來自心海的消息	1. 將成員分為兩組（男女混合）。 2. 成員就下列二個主題討論： 　(1)當異性對你有何種行為表現時，會讓你疑心他（她）可能對你有意思？ 　(2)如果你對某位異性的示愛不來電時，你會如何反應？ 3. 回到大團體中，各組分享所討論的結果，成員亦可就自身經驗提出分享或質疑。	30'	
三、兩性拼盤	1. 將成員分成四組（男女混合），請各組派一位代表抽題，題目內容包括： 　(1)遇到心儀異性，如何與之接觸、認識、展開邀約？ 　(2)如果邀約被拒，如何調整心態重新開始？	60'	籤筒 竹籤

活動名稱	活動內容	時間	準備工具
	(3)約會時應注意那些事情，以確保安全；如何更了解對方？ (4)發現對方與自己並不合適，如何妥善中止這段戀情？ 2. 請各組利用手邊道具，集思廣益，以自己或朋友經驗，發揮創造力，就所抽到題目在 20 分鐘內以短劇表演方式呈現。 3. 各組表演完畢，回到大團體，針對剛才之劇情加以討論，領導者協助引導，可配合輔助資料（有關約會所應抱持態度，約會時做什麼、談什麼、地點、時間……等注意事項），協助成員培養健全之兩性交往心態。		
四、總結	活動分享與回饋	20'	

PS：家庭作業：請成員準備一首屬於自己心情的情歌（包括歌詞及 CD）。

第四單元　我倆算不算是一對戀人

◆ 活動時間：約 150 分鐘
◆ 單元目標：1. 讓成員了解友情與愛情的分際，進而表現合宜行為。
　　　　　　2. 協助成員澄清個人對愛情的憧憬。
◆ 預定活動內容或進行方式：

活動名稱	活動內容	時間	準備工具
一、解方程式（暖身）	所有成員圍成一圈手拉手，隨著音樂自由擺動，然後徵求一名自願者帶領成員，成員手牽手不能讓彼此的手脫離，帶領者速度不可太快直至團體打結動不了。再由帶領者及所有成員共同解開這個結。（也可先由一位成員在團體外解結）	20'	CD 播放器音樂 CD
二、情感擂台	1. 將成員分為兩組，領導者延續上週活動之感受，挑出屬於在愛情與友情之間搖擺不定之成員心情故事（如沒有，領導者可播放「我倆算不算是一對戀人」這首歌）。請兩組成員就「友情」與「愛情」做一討論與區分，並寫在海報紙上，領導者補充說明愛與迷戀的不同，以釐清成員愛與喜歡的觀念。 2. 再請成員就「男女之間是否有純友誼」議題進行辯論及討論。領導者予以指導，引領探索此一主題。	80'	CD 播放器音樂 CD海報紙彩色筆「友情與愛情」相關資料
三、情感分享	1. 將成員帶來的情歌一一播出，由當事人分享歌詞及喜愛的原因。 2. 其他人可配合合唱。	30'	情歌 CD歌詞
四、總結	活動分享與回饋	20'	

第五單元 知性時間

◆ **活動時間：**約 150 分鐘

◆ **單元目標：**1. 協助成員了解人類生命的起源及男女兩性在生理、心理方面的差異，學習保護、珍惜自己的身體，並建立兩性相互尊重與平等的觀念。

　　　　　　2. 協助成員探討婚前性行為，建立負責任的性態度。

◆ **預定活動內容或進行方式：**

活動名稱	活動內容	時間	準備工具
一、塗鴉時間	將成員分成四組（男女混合），每組發二張海報紙，請各組在 20 分鐘內畫出男、女生理結構之內外生殖器官圖，再由領導者針對成員所畫的加以說明解釋（領導者須事先充實相關資訊或改由播放相關影片），並帶領成員討論有關男女性生理、心理及生殖器官常識。	50'	海報紙 彩色筆 男女生理結構解剖圖之書面資料
二、鱷魚河	1. 領導者發下「鱷魚河」故事資料，帶領成員閱讀，請成員分別假想自己就是故事中的男主角（或女主角），談談自己可能的處理方式（男生談：你希望女友犧牲貞操過河來探望你嗎？為什麼？女生談：你願意犧牲自己的貞操過河去探望重病瀕死的男友嗎？為什麼？） 2. 帶領成員討論各人對婚前性行為的尺度與看法，及可能引發的問題與解決方式。	40'	「鱷魚河」故事資料
三、親密愛人	1. 男女各一，兩兩成組演練：如果對方要求你與他親熱（發生性關係），你該怎麼辦？ 2. 回到團體中，分享剛才演練的情況與感受：（演練前後，領導者宜說明活動目	40'	保險套 避孕藥 子宮避孕器 ……等避孕措施

活動名稱	活動內容	時間	準備工具
	的，注意成員態度、反應），討論題目如下： (1) 你會答應或拒絕對方？為什麼？感受如何？ (2) 對方如邀你發生親密關係，你如何成功拒絕？感受如何？ (3) 被拒者對對方有何看法？ (4) 如果答應對方，如何保護自己？領導者引導成員討論避孕方法，並叮嚀成員要為自己的行為負責。		
四、總結	活動分享與回饋	20'	

第六單元 揭開神秘面紗

◆ **活動時間：**約 140 分鐘
◆ **單元目標：**1. 協助成員澄清自己的擇偶條件，並建立適切的擇偶標準。
　　　　　　　2. 協助成員體會未來自己組成家庭的責任。
◆ **預定活動內容或進行方式：**

活動名稱	活動內容	時間	準備工具
一、愛情價值拍賣會	1. 領導者先於海報上列出「愛情價值清單」並發給每位成員一張「預估拍賣表」，內有愛情價值項目二十項，例如： 體　貼　　幽　默　　溫　柔 健　康　　顧　家　　善　良 優異外表　良好家世　孝　順 會賺錢　　性情開朗　會做家事 　：　　　　：　　　　： 2. 領導者告訴成員，假如用錢可買到你所想要的伴侶，且每人有十萬元額度，你如何分配這筆錢去購買？將預估的金額寫在清單中。填寫時請注意： (1)不必每項都寫（只寫自己所想要的）。 (2)每一項出價時，起價不得少於 5,000 元。 (3)拍賣時，可更動原來預估價格，但如你想加價，每次至少 1,000 元。 (4)每項最高價為五萬元。 3. 拍賣結束時，請成員討論彼此的擇偶標準是否切合實際，並提醒成員：人沒有十全十美，對愛情及婚姻不可太過理想化，但也不可太過消極，機會來時應懂得把握，以免像拍賣會一樣，沒有得到自己想要的。	50'	愛情價值清單 海報 假鈔

活動名稱	活動內容	時間	準備工具
二、男主外？ 　　女主內？	1. 請每位成員將自己家中父母親的家事分工情形寫下來，例如： 　煮　　飯　　洗衣服 　賺　　錢　　房間清理 　購買器具　　維修家具 　　　：　　　　： 2. 成員彼此討論分享分工方式是否合理？再請成員列出自己以後如成立家庭，願意為家庭付出什麼樣的心力？如何維繫家庭運作（如有一人因故不能分擔家事，另一方將如何調整）？	60'	
三、總結	活動分享與回饋	30'	

第七單元　珍重再見

◆ **活動時間：**約 140 分鐘

◆ **單元目標：**1. 學習經營彈性、愉悅的兩性關係。

2. 評估團體歷程。

3. 成員相互祝福及回饋，結束團體。

◆ **預定活動內容或進行方式：**

活動名稱	活動內容	時間	準備工具
一、歡樂時光	1. 請成員閉上眼睛，領導者配合輕柔音樂，請成員回想自己的兩性經驗裡（如沒有，則搜索記憶中曾聽過、想過、遇過的景象），何種情況讓自己最感到輕鬆、愉悅、快樂，這種經驗是在兩人相互做了什麼事或說了什麼話所產生？ 2. 領導者說明兩性交往須用心經營，不是一昧地取悅對方，而是雙方共同努力，願意為未來的路相互配合、成長，一起攜手走過這條路，沒有委屈求全，沒有暴力傾向，沒有威權相對，而是在相互尊重的前提下，由相識、相知而相守。	40'	CD 播放器 音樂 CD
二、回首來時路	• 領導者帶領成員回顧七次活動，讓所有成員談談感想： (1) 對哪個活動印象最深刻？為什麼？ (2) 哪個活動對你有幫助？為什麼？ (3) 參加團體的感受與心得。 (4) 對以後兩性關係的期許。 (5) 對團體的建議。	60'	
三、祝福與道別	1. 領導者發下心形卡片，每位成員取十二張，一一寫下對每位成員（含領導者）的回饋與祝福，並貼在那人的胸前。 2. 結束本團體。	40'	心形卡片 音樂 CD CD 播放器

四 「自我探索與成長」計畫書

1. **團體名稱**：遇見心想事成的自己～自我探索成長團體
2. **領導者**：梁遠如老師
3. **督導者**：徐西森教授
4. **團體性質**：結構性、成長性團體
5. **成員對象**：對於自我探索有興趣的大一至大四學生，採自願報名，並經面談後錄取 8～12 名。
6. **團體時間**：○年○月○日起，每週○（18：00~20：00）
7. **團體次數**：共八次，每次 2 小時，合計 16 小時。
8. **活動地點**：行政大樓 6 樓諮商輔導中心團體諮商室
9. **團體理念**：

   本團體的參與對象為 18-21 歲的學生，其發展任務是 Erikson 心理社會發展中的「自我統合」。若發展良好則為「自我統合」，發展不佳則為「角色混淆」。在此階段，大學生面臨諸多問題，如課業壓力、生涯規劃、職業選擇等，往往因缺乏價值判斷的標準，產生種種困惑，進而產生「我是誰」等問題。

   團體設計者從事大學生生涯諮商與輔導的過程中，亦發現許多個案常不了解自己的個性、能力、興趣及價值所在，或無法兼顧自我需求與重要他人的需求，以致在面臨職業或未來發展的抉擇時，呈現猶豫、迷失、茫然、焦慮等不適應情形。

   此外，全球金融海嘯，經濟景氣陷入低谷，臺灣社會從無薪假到裁員潮，失業率屢創新高，從事大專院校諮商輔導工作的我們，擔心當部分家庭出現經濟困難時，繼而影響的就是學生就學及未來的發展。在此百業蕭條的環境下，更可感受莘莘學子的徬徨與不安。是故，在此變動的環境下，如何安定學子們的心，讓他們能保有對未來的希望感，是當務之急。

　　本團體採用正向心理學的觀點，協助個人尋找內在的心理能量，找到解決問題的資源。「正向心理學」（positive psychology）是 Martin Seligman 博士在擔任美國心理學會主席時積極推動的議題，希望透過正向心理學的發展，讓個人留心覺察日常生活、重塑自己的過去、從正面的角度展望未來（許鶯珠，2009）。正向心理學的目標是希望提升人們的基本能力，如樂觀、勇氣、誠實、自我了解、人際互動的技巧，以修補過去的創傷；幫助個人找到內在的心理能量，做為對抗挫折的緩衝劑，也就是協助個人在面對逆境與困難時，能發現及利用自己的內在資源，覺察與掌握環境的狀況，不會因此而輕易陷入負向的情緒狀態中（高旻邦摘譯，2007）。

　　正向心理學的觀念在諮商輔導上的應用還沒有形成一套諮商模式，但 Seligman 的基本觀念與心理治療學者 Rogers、Ellis 和 Glasser 相似，其諮商輔導原則為：(1)相信人的潛能與優勢；(2)落實尊重與希望；(3)對童年經驗的新詮釋；(4)重新自我建構。而正向心理學關心的議題包括：(1)個人主觀的經驗，例如一個人過去的良好成長經驗、滿足感、現在的喜悅、快樂與滿足，及個人對未來的選擇與希望等；(2)個人的特質和個性，包括愛與職業的能力、勇氣、人際技巧、美的感受力、堅忍不拔的特質、寬容（原諒）、獨創力、才能及智慧等；(3)團體的層面指的是個人朝向更好的公民關係的美德，包括責任、利他行為、謙恭、節制、雅量和工作倫理等（許鶯珠，2009）。

　　本團體期待能讓學生從活動中發覺自己的優勢力量，自我激勵並相互扶持，協助彼此安定身心，共度難關。

10. **團體目標：**

(1) 協助成員了解正向心理學的理念，探索個人的潛能與特質，發掘個人的優勢與資源，進而培養學生正向思考與自我激勵的能力。

(2) 協助成員學習面對挫折、調整情緒、改變思考，強化個人的正向意義與價值。

(3) 藉由團體的互動與回饋，協助成員在生活中建立相互分享、支持、

鼓勵的同儕團體,增加學生人際支持網絡。

11. **團體成效評量:** 本團體成效評量共分二部分

(1) 團體進行中的評量

①團體歷程的評量:藉由團體帶領人於每次活動後,記錄團體發展的過程及成員的表現情形來得知,並隨團體的進行,隨時調整團體方案。

②成員對活動的感受:運用團體成員回饋表,蒐集成員參與團體的整體反應。

(2) 團體結束後的評量

成員填寫「整體回饋表」,以了解其對團體的看法。

團體諮商與輔導歷程摘要表

次數	單元名稱	單元目標	活動內容摘要
一	喜相逢	1. 協助成員了解團體的性質、內容、目標、進行方式。 2. 協助成員彼此認識。 3. 協助認識團體及訂定團體規範。 4. 協助成員釐清個人的期待與希望。	1. 話說你我 2. 名字疊羅漢 3. 信物傳遞 4. 我們的約定 5. 回饋分享
二	二見鍾情	1. 協助成員增加對彼此的認識，以增進團體凝聚力。 2. 協助成員認識及了解正向心理學的概念及內涵。	1. 棒打薄情郎 2. 明星大搜查 3. 小故事大啟示 4. 回饋分享
三	命運好好玩	1. 增進團體凝聚力。 2. 協助成員探索重要生命事件。 3. 回顧生命事件對自己的影響。 4. 協助成員找出生命事件的正向意義。	1. 心情紅綠燈 2. 勇渡硫酸河 3. 起伏人生 4. 生命遙控器 5. 回饋分享
四	魅力四射	1. 協助成員探索自己的優點或正向特質。 2. 協助成員擴大對自己的認識，進而提升自我價值。	1. 隨音起舞 2. 自我拼盤 3. 回饋分享
五	情緒停看聽	1. 協助成員認識並探索自己的情緒。 2. 協助成員了解思考模式對情緒影響。	1. 情緒火鍋料 2. 情緒加油站 3. 情緒留聲機 4. 情緒的秘密 5. 回饋分享
六	彩繪故事書	1. 協助成員了解面對困境時，能夠試著找尋內在資源、調整情緒和改變想法。 2. 協助成員能夠賦予生命經驗正向的價值與意義。	1. 突圍闖關 2. 創意塗鴉 3. 手繪圖畫書 4. 童話故事屋 5. 回饋分享
七	我們這一家	1. 協助成員透過活動了解別人眼中的自己，並肯定自己的獨特。 2. 藉由團體的互動與回饋，創造支持、鼓勵、愛的正向氛圍。	1. 神奇魔法盒 2. 團體眾生相 3. 回饋分享
八	有夢有朋友	1. 協助成員回顧團體歷程，檢視自我成長。 2. 協助成員彼此回饋，支持與鼓勵。	1. 好事報報 2. 時光隧道 3. 給未來的自己一封信 4. 有你真好 5. 珍重再見

團體單元計畫

第一單元　喜相逢

◆ **活動時間**：120 分鐘
◆ **單元目標**：1. 協助成員了解團體的性質、內容、目標、進行方式。
　　　　　　　2. 協助成員彼此認識。
　　　　　　　3. 協助認識團體及訂定團體規範。
　　　　　　　4. 協助成員釐清個人的期待與希望。
◆ **預定活動內容或進行方式**：

活動名稱	活動內容	時間	準備工具
一、話說你我	1. 領導者自我介紹。 2. 引導團體成員們簡單自我介紹，並說明來到團體的原因與對團體的期待。 3. 說明保密規範並簽參與小團體同意書。	20'	參與小團體同意書（附件一）
二、名字疊羅漢	1. 二合一進行方式：領導者請每位成員介紹自己的名字，以及說出希望大家稱呼的綽號；由領導者開始，介紹自己並加上綽號，再由下一位成員先重複領導者的姓名與綽號後，再介紹自己的姓名與綽號，如此依序直到輪完。 2. 三合一進行方式：請成員再次介紹自己及綽號，再加上一個對自己正向性格的描述，然後以剛剛疊羅漢方式進行活動。	15'	

活動名稱	活動內容	時間	準備工具
三、信物傳遞	1. 領導者拿出小玩偶，為使大家更熟悉且記住彼此的名字，過程中會傳遞小玩偶。傳遞時要先叫別人的名字，確定對方聽到你叫他，再把玩偶傳給對方，每個人都要被傳到，最後再傳回到領導者。 2. 活動規則：傳玩偶的人「××，你好」→接玩偶的人「謝謝，××」，以此語句進行信物傳遞，盡量不要讓信物掉到地上五次，若掉到地上五次，就要重新開始。	15'	小玩偶數個
休息 10 分鐘			
四、我們的約定	1. 前言：領導者說明團體性質。 2. 引導討論團體目標、規範和期待：如「怎樣可以建立和諧、溫暖與尊重的團體？」 3. 請成員互相討論如何設計出想要的圖案，並輪流將前述討論結果寫在壁報紙上。 4. 在完成後的團體規範的壁報紙上，請成員蓋上自己的手印，象徵成員遵守團體約定。	40'	壁報紙（全開） 彩色筆 剪刀 水彩
五、回饋分享	1. 回顧團體歷程，請成員分享今天活動心得或感想。 2. 邀請成員分享自己的學習與收穫。 3. 請成員寫單元活動回饋單。	20'	單元活動回饋單（附件二）

第二單元　二見鍾情

◆ **活動時間**：120 分鐘
◆ **單元目標**：1. 協助成員增加對彼此的認識，以增進團體凝聚力。
　　　　　　　2. 協助成員認識及了解正向心理學的概念及內涵。

◆ **預定活動內容或進行方式**：

活動名稱	活動內容	時間	準備工具
一、棒打薄情郎	1. 玩棒打薄情郎，再次熟悉彼此的名字。 2. 接續可再加入綽號，增加彼此的熟悉度。 3. 領導者再次複習團體第一次共同訂定的團體規範。	10'	塑膠鎚子
二、明星大搜查	1. 領導者說明：「每個人將會拿到一張紙條，上面有一種動物的名稱，不要讓別人看到。當我說開始後，請在這房間隨意走動，同時用肢體或聲音動作表現出該種動物的特徵，一邊表演，一邊找到另外一位表演同一種動物的成員，然後聚在一起。」 2. 發下特派記者訪問單，兩兩相互採訪、認識。 3. 完成訪問後回到大團體，請成員向大家介紹受訪者的資料。	10' 50'	特派記者訪問單（附件三）
休息 10 分鐘			
三、小故事大啟示	1. 繪本《點》的分享。這個故事在說一個孩子不知道畫什麼圖，老師邀請他畫任何的圖都可以，孩子只點了一個點，老師便請他簽名並將他的畫掛在老師的辦公室後方。那個孩子不了解為什麼老師這麼重視他的畫，不過他很開心，並開始畫很多的	20'	繪本《點》 正向心理學介紹講義

活動名稱	活動內容	時間	準備工具
	大點點、小點點，最後還開了畫展。之後，另一個來看畫展的孩子問他為什麼這麼會畫畫，這時畫「點」的小孩就跟他說那現在就來畫吧！之後那個看畫的孩子就畫了一直線，畫「點」的小孩就跟他說請簽名。 2. 領導者邀請團體成員分享心得。 3. 領導者藉由此繪本，介紹正向心理學的概念與內涵，說明我們可透過正向心理學，幫助個人找到內在的心理能量，這股能量也就是個人在遇到困難時的挫折忍受力，不會輕易的就落入自怨自艾或憂鬱的狀態中。正向心理學的力量並不在於它可以治療過去的創傷，而是幫助我們發現或創造正向經驗，及利用自己本身具有的正向特質，獲得正向的意義，進而提升生活品質，建立正向的生活環境。		
四、回饋分享	1. 回顧團體歷程，請成員分享今天活動心得或感想。 2. 邀請成員分享自己的學習與收穫。 3. 請成員寫單元活動回饋單。	20'	單元活動回饋單（附件二）

第三單元　命運好好玩

◆ **活動時間：**120 分鐘

◆ **單元目標：** 1. 增進團體凝聚力。

2. 協助成員探索重要生命事件。

3. 回顧生命事件對自己的影響。

4. 協助成員找出生命事件的正向意義。

◆ **預定活動內容或進行方式：**

活動名稱	活動內容	時間	準備工具
一、心情紅綠燈	1. 領導者邀請成員以一個燈號（紅燈：心情狀況不佳；黃燈：普通、還好；綠燈：不錯）代表該週的心情狀態。 2. 領導者請成員繞圈發言，說明燈號的意義（發生了什麼事？）	10'	
二、勇渡硫酸河	1. 活動說明： 領導者分給成員每人一塊巧拼墊，並用抱枕放置在一處作為成員要繞過的地標，請成員利用手中的巧拼墊，運用巧思讓每個人都能渡河。 2. 活動規則： 須利用巧拼墊不讓身體碰到河面，塑膠地墊須隨時要有人壓住或踩住，否則將會被硫酸腐蝕，當所有成員都安全渡河，即算成功。 3. 活動流程： 請成員先試行渡河一次，經由試行，找出渡河方法。接著，正式開始活動。 4. 討論： 請成員分享，在一開始討論渡河方式時，方法是如何產生的？在過程中成員的感受為何？安全渡河後，有何想法呢？	20'	巧拼墊 抱枕

活動名稱	活動內容	時間	準備工具
	5. 領導者總結： 「人生就如同剛剛那條我們要渡過的硫酸河，充滿了驚險與挑戰，要能夠安然克服這些考驗，不僅需要自身力量，旁人的協助更是不可或缺。當然，過程中或許無法盡如己意，也可能會有難以計數的磨難，端視你如何看待與解決。」		
三、起伏人生	1. 領導者示範如何使用毛根進行生命線的活動。將毛根彎摺，形成高低起伏的曲線，代表至目前為止，成員的人生中所經歷過的事件與情緒。 2. 領導者協助成員將生命故事中的重要事件記錄下來，並邀請成員進行團體分享。過程中不僅對自己的經驗有所反思，亦有機會聆聽其他成員不同的故事與想法。	25'	毛根
休息 10 分鐘			
四、生命遙控器	1. 領導者提出問題，使成員能更進一步思索，這樣的生命經驗對自己有何影響。 (1)面對這些經驗你體驗到什麼？ (2)有些什麼情緒或感覺嗎？ (3)在自己的成長過程做了哪些決定？ (4)在生命事件過程中，自己如何度過那些低潮時期？有什麼正向的態度跟想法？ 2. 大團體分享。	40'	
五、回饋分享	1. 回顧團體歷程，請成員分享今天的活動心得或感想。 2. 邀請成員分享自己的學習與收穫。 3. 請成員寫單元活動回饋單。	15'	單元活動回饋單（附件二）

第四單元　魅力四射

◆ **活動時間：**120 分鐘

◆ **單元目標：**1. 協助成員探索自己的優點或正向特質。

　　　　　　2. 協助成員擴大對自己的認識，進而提升自我價值。

◆ **預定活動內容或進行方式：**

活動名稱	活動內容	時間	準備工具
一、隨音起舞	1. 請成員在團體空間裡找一個自己喜歡的地方站好。 2. 領導者說明活動進行方式：請成員聽到音樂時就開始隨著音樂的節奏到處走動，走動的同時，要注意領導者的指令並跟著做。 3. 播放音樂，請成員看著地板，身體不要碰觸到其他人，接著抬起頭，眼神看著每一個相遇的人並微笑，請成員輕輕碰觸他人肩膀，並與相遇者握手。 4. 音樂結束後，請成員做出一個最滿意或喜歡的表情或動作。回到團體位置坐下，分享活動過程中的感受或想法，領導者並帶出今天主題。	30'	音樂 CD CD 播放器
二、自我拼盤 Part I	1. 領導者發給每個人四開海報紙一張，請成員們畫出代表自己的一張圖畫，並且在圖的中間寫上自己的優點（正向特質）或別人曾經告知的優點等。 2. 再請成員們在圖的外面，寫上自己不想要（想丟棄）的缺點。 3. 請成員把圖形剪下來，並一起將不要的缺點剪碎丟掉。 4. 請成員注意自己身體反應及心中的感受。	30'	四開海報紙 數張 彩色筆 蠟筆

活動名稱	活動內容	時間	準備工具
休息 10 分鐘			
三、自我拼盤 Part II	1. 邀請成員大聲分享自己的優點，並給予熱烈的鼓勵，此時再請成員給予分享者正向回饋。 2. 之後，請成員把圖翻到背面，寫下(1)我希望增加的特質及優點；(2)理想中的我是……。 3. 最後請成員分享：(1)過去自己曾經在做什麼事時，有比較接近或稍微接近自己希望擁有的特質？(2)如果可能的話，你會先選擇增加哪個特質？你覺得要如何跨出第一步？如果擁有這個特質，你會有什麼不一樣？(3)透過別人的回饋，你發現了什麼？	30'	
四、回饋分享	1. 回顧團體歷程，請成員分享今天活動心得或感想。 2. 邀請成員分享自己的學習與收穫，填寫單元活動回饋單。	20'	單元活動回饋單（附件二）

PS. 家庭作業：請成員帶自己喜歡的音樂來（CD 或 MP3）。

第五單元　**情緒停看聽**

◆ **活動時間：**120 分鐘
◆ **單元目標：**1. 協助成員認識並探索自己的情緒。
　　　　　　　2. 協助成員了解思考模式對情緒影響。

◆ **預定活動內容或進行方式：**

活動名稱	活動內容	時間	準備工具
一、情緒火鍋料	1. 活動進行方式： (1) 請成員挑選一個情緒火鍋料（例如我是生氣的蟹棒）。 (2) 請成員坐在椅墊上圍成一個圓。 (3) 從成員中挑選一位主廚（椅墊撤掉），由他來挑選他要的火鍋料。被主廚點到的火鍋料，要站起來跟著主廚走，等到主廚說到「下鍋嚕」，這時主廚和其他成員要開始搶位置。沒有位置的人，繼續當主廚。 2. 分享與討論。	20'	
二、情緒加油站	1. 領導者拿出情緒卡片，邀請成員選出這一週來的情緒形容詞（至多三個）並分享其感受。 2. fu 象限：領導者拿出兩條童軍繩，將這兩條線分成四個區塊，並用數學的象限來解釋情緒分類：情緒有正向、負向（表 x 軸），有強弱（表 y 軸）。 3. 請成員試著將手上的情緒卡，放在可能的象限中，並邀請成員練習，將其他情緒卡放在情緒象限裡。	25'	情緒卡 童軍繩

活動名稱	活動內容	時間	準備工具
	4. 領導者說明：影響我們情緒的原因有很多，例如自己的想法、別人的反應、當時的情境、過去的經驗……等，都是影響情緒在情緒象限不同位置的原因，所以探索自己的同時，了解自己的情緒也很重要。		
三、情緒留聲機	1. 領導員播放成員帶來的音樂數首，請成員依個人所聽到音樂的旋律、節奏、音調等，將情緒感受寫下來。 2. 從＋5～－5分，＋5就是心情愈好，－5就是心情愈壞，將音樂所引發的情緒感受，試著畫出情緒曲線。	15'	CD 播放器
休息 10 分鐘			
四、情緒的秘密	1. 領導者說一個「婆婆的菜園」的故事。 2. 有一個婆婆，總是大清早奔赴菜園，忙著那一畦一畦的菜蔬，一叢一叢的瓜果，忙得滿頭大汗回來，卻見兒媳一個個仍臥床高睡，不知已日上三竿！那位婆婆總是哀怨的對人說，她真歹命，年紀這麼大了，還要天沒亮就起床，忙到腰酸背痛；那些媳婦後生只知等現成的，說他們幾句，還不喜歡聽。 另一個婆婆，總是天還沒全亮就去探視她親手栽植的一株一葉，施上滿滿的肥，澆上飽飽的水，滿心歡喜的回來，叫醒一個個夢中的兒媳：起來吃菜瓜粥囉！透早才採的菜瓜真好吃，快起來喔！那位婆婆總是笑瞇了眼對人說，她真好命，這麼多歲了，還可以自己種菜，讓後生媳吃到沒有農藥的蔬菜……婆婆滿頭銀亮的白髮，一絲絲都閃爍著幸福的光輝。	30'	文章：不完美的王子（附件四）

活動名稱	活動內容	時間	準備工具
	3. 領導者引導思考：這兩位婆婆都做同一件事，何以心情感受卻是如此的不同呢？是什麼影響著她們？請成員分享。 4. 領導者總結：情緒的引發，往往不是事情的本身，而是對事件的看法或是自己對自己說的話所導致的，例如剛剛的那則故事，因為想法不同，所引發的情緒也就不一樣了。 5. 角色扮演：不完美的王子。 6. 討論與分享。		
五、回饋分享	1. 回顧團體歷程，請成員分享今天活動心得或感想。 2. 邀請成員分享自己的學習與收穫。 3. 請成員寫單元活動回饋單。	20'	單元活動回饋單（附件二）

第六單元　彩繪故事書

◆ **活動時間：**120 分鐘

◆ **單元目標：**1. 協助成員了解面對困境時，能夠試著找尋內在資源、調整情
緒和改變想法。

　　　　　　 2. 協助成員能夠賦予生命經驗正向的價值與意義。

◆ **預定活動內容或進行方式：**

活動名稱	活動內容	時間	準備工具
一、突圍闖關	1. 突圍： (1)選出一位成員，站在團體中央。 (2)其他的成員則相互勾住手臂，形成包圍。 (3)被包圍在團體中央的成員可以採用任何方式，力求突圍掙脫；而圍成一圈的成員們要各盡氣力，不讓包圍者逃出。 (4)一段時間之後，換其他成員嘗試。 2. 闖關： (1)所有的成員圍成一圈，手臂互相勾住。 (2)領導者或找一位成員站在圈外，設法竭力打入成員裡。 (3)其他成員應盡量排斥，直到闖關者成功。 (4)一段時間之後，換其他成員嘗試。 2. 回大團體：請內、外圈成員分享活動中的體會與感受。 3. 領導者總結：生活中時常會面臨困境，當問題出現時，我們可能會有悲觀的預期，認為這樣的情況很糟糕，再也沒有挽救的機會，然後怪罪自己沒有能力、一點用都沒有，甚至認為自己的未來沒有希望。但是透過正向心理學的提醒，我們可以尋找過往的正向經驗，看見自己身上所具備的	20'	

活動名稱	活動內容	時間	準備工具
	正向特質，幫助自己解決生活中的困難，相信自己是有能力的。		
二、創意塗鴉	1. 發下圖畫紙，請成員在圖畫紙用非慣用手自由塗鴉，用線條任意作畫。 2. 請成員將塗鴉畫順時針或逆時針轉一轉，看看能不能找出一個鮮明的圖像，再用其他顏色的筆，將它圈出來。 3. 請成員將此圖命名：如果它是一個故事的主角（可以是人、動物、植物皆可），那它叫什麼名字。	10'	輕音樂 CD CD 播放器 圖畫紙 蠟筆、彩色筆
三、手繪圖畫書	1. 請成員發揮自己的想像來創作故事，手繪圖畫書。 2. 請成員將圖畫紙翻到背面（或換另一張），試著將圖畫紙分成四格。將前一個活動的圖像當做這個圖畫書的主角，試著將故事用下面的方式表達： (1) 第一格：主角原本生活的地方、情境，平常在做的事情。 (2) 第二格：有一天，突然發生一件重大的事情，讓主角很驚訝，不知道該怎麼辦。 (3) 第三格：主角想到了方法，用自己的方法解決了困難（引導：看看主角身上有沒有什麼資源或潛力，或是有沒有其他的支持系統）。 (4) 第四格：在解決困難後，主角的生活情況，或是主角有了什麼不一樣的改變。 3. 提醒成員可以將之前團體的經驗或感受，運用到故事中。	20'	背景音樂「隱形的翅膀」 CD 播放器 圖畫紙 蠟筆、彩色筆

活動名稱	活動內容	時間	準備工具
休息 10 分鐘			
四、童話故事屋	1. 請成員將圖畫放在地板上，邀請成員起立，觀看每位成員的圖畫。 2. 故事分享：邀請成員站在自己最有興趣的圖畫前面，接下來，可以邀請某一成員先分享。 3. 原則上每個人皆分享，再請成員彼此回饋。 4. 領導者總結。 5. 預告團體時間。	45'	
五、回饋分享	1. 回顧團體歷程，請成員分享今天活動心得或感想。 2. 邀請成員分享自己的學習與收穫。 3. 請成員寫單元活動回饋單。	15'	單元活動回饋單（附件二）

第七單元 我們這一家

◆ 活動時間：120 分鐘
◆ 單元目標：1. 協助成員透過活動，了解別人眼中的自己，並肯定自己的獨特。

　　　　　　2. 藉由團體的互動與回饋，創造支持、鼓勵、愛的正向氛圍。

◆ 預定活動內容或進行方式：

活動名稱	活動內容	時間	準備工具
一、神奇魔法盒	1. 領導者事先準備一個魔法盒。請成員在小卡上，寫下這週以來的美好新發現（成功的事件或做得不錯的地方）及其情緒。	10'	魔法盒 小卡
	2. 將此小卡投到魔法盒裡，之後讓每個人輪流拿著魔法盒並抽一張小卡，把裡面所描述的事件（美好的新發現或例外經驗）唸出來及將情緒表演出來。	20'	
	3. 其他成員可以猜猜看表演出來的情緒是什麼，及誰是此事件中的主角，大家給予此主角鼓勵並投以讚賞的眼神。		
	4. 領導員引導大家去感受當事情與自己的期望更近時，自己的心情感受是什麼？當時心裡有什麼正向的想法出現？周遭的人對自己說了什麼鼓勵或讚許的話？或用什麼眼神、動作來表示讚許？自己喜歡這些正向的回饋嗎？		
二、團體眾生相 Part I	1. 活動說明： (1) 領導者說明團體至今已第七次，在過程中，成員們彼此探索、分享、抒發、表達自己，這份經驗實屬難得、寶貴。 (2) 領導者發下團體眾生相圖，請成員一起將人像編號。	20'	團體眾生相圖（可自行上網尋找相關資源）

活動名稱	活動內容	時間	準備工具
	(3)請成員圈選出自己在團體眾生相圖中的位置，並試著將其他夥伴也標示出來。標示的過程可以考量在歷次團體裡，該成員給你的感覺及印象，或是其特質、姿態、樣貌、情緒、行為表現等。 2. 圈選後，在旁邊寫下選擇該圖的理由。		
休息 10 分鐘			
三、團體眾生相 Part II	1. 領導者邀請大家在其他成員分享到自己時，將其談及的編號圈選出來，看看自己在這眾生相中，得到哪幾個編號，與自己圈選的有無一致。分享的過程中，自己心裡面的感覺如何？ 2. 活動分享。 3. 領導者總結。	40'	
四、回饋分享	1. 回顧團體歷程，請成員分享今天活動心得或感想。 2. 邀請成員分享自己的學習與收穫。 3. 請成員寫單元活動回饋單。	20'	單元活動回饋單（附件二）

第八單元　有夢有朋友

◆ **活動時間：**120 分鐘

◆ **單元目標：**1. 協助成員回顧團體歷程，檢視自我成長。

　　　　　　　2. 協助成員彼此回饋，支持與鼓勵。

◆ **預定活動內容或進行方式：**

活動名稱	活動內容	時間	準備工具
一、好事報報	1. 領導者拿出一顆水晶球交給成員，接著播放音樂，在適當時間喊停，當水晶球傳到誰，誰即須分享這一週的美好新發現一則，或自己做得不錯的地方（強調分享其過去或最近的成功經驗）。然後換分享完的人開始傳水晶球，並在適當時間喊停，再換下一個人分享，依此類推。 2. 最後請大家給自己一個愛的鼓勵。	10'	水晶球 CD 播放器 音樂 CD
二、時光隧道	1. 領導者播放音樂。 2. 領導者利用幻遊，帶領成員回顧團體歷程。 3. 領導者邀請成員分享對哪些活動印象最深刻、這些活動帶給成員的改變與體驗是什麼？	20'	輕音樂 CD CD 播放器
三、給未來的自己一封信	1. 領導者發下信紙及信封。 2. 領導者引導成員寫或畫一份穿越時空的禮物，給過去的自己、現在的自己與未來的自己。 3. 領導者邀請成員分享寫信的過程裡有什麼感受、體驗。鼓勵成員彼此分享送了什麼禮物給過去、現在、未來的自己。 4. L 可以邀請成員寫下地址，再於約定好的時間過後投遞（這裡領導者可以決定要不要這麼做或者直接請成員帶回去）。	20' 10'	筆 蠟筆或彩色筆數盒 廣告顏料 信紙數張 輕音樂 CD CD 播放器

活動名稱	活動內容	時間	準備工具
休息 10 分鐘			
四、有你真好	1. 領導者及成員撰寫「我很欣賞你，因為……」的語句完成「幸福的起點」，除了給其他八人（含領導者）欣賞與回饋外，最後一格需要寫下對自己的欣賞。 2. 領導者邀請成員分享對哪些成員的話最有感受與觸動、對自己的欣賞為何？	30'	音樂 CD CD 播放器 幸福的起點 （附件五）
五、珍重再見	1. 領導者作簡單摘要與回饋。 2. 說明回饋單填寫方式，並請成員填寫回饋表。 3. 進行「保密井」儀式（手拉手圍成圈，如同一井，成員許願並承諾保密）。 4. 互道珍重再見。	20'	團體回饋表 （附件六） 團體結業證書

附件一：配合第一單元活動

參與小團體同意書

　　我同意參加由梁遠如老師所帶領的「遇見心想事成的自己～自我探索成長團體」，過程中需要錄音錄影以作為專業督導討論之用，錄音錄影資料除了作為專業督導討論之外，不做他用。每次進行錄音錄影前一定要先徵得我的同意才能進行，我有權利拒絕錄音錄影的要求。

　　我（簽名）＿＿＿＿＿＿已了解上述的內容，也同意配合。

　　　　　　　　　　團體領導者簽名＿＿＿＿＿＿＿＿＿

附件二：配合第一單元活動

單元活動回饋單

親愛的夥伴：

　　今天的團體將近尾聲，您是否覺得意猶未盡呢？您的感受與意見將作為我們下次團體進行的參考。請詳讀下列每項敘述，並依自己真實的狀況，在適當的空格上勾選出來。謝謝您！

	非常 符合	大部分 符合	符合	大部分 不符合	非常 不符合
1. 我很喜歡今天的活動氣氛。	☐	☐	☐	☐	☐
2. 今天的活動讓我覺得輕鬆自在。	☐	☐	☐	☐	☐
3. 我清楚知道團體的性質與目標。	☐	☐	☐	☐	☐
4. 我願意遵守團體共同的約定。	☐	☐	☐	☐	☐
5. 我很積極地投入今天的活動。	☐	☐	☐	☐	☐
6. 在這次團體中，我樂意分享我的經驗。	☐	☐	☐	☐	☐
7. 我對自己今天的表現感到滿意。	☐	☐	☐	☐	☐
8. 我喜歡領導者的帶領方式。	☐	☐	☐	☐	☐
9. 今天的活動對我幫助很大。	☐	☐	☐	☐	☐

10. 在今天的團體中，我喜歡的活動是＿＿＿＿＿＿＿＿＿＿＿＿＿＿＿＿＿＿
　　原因是＿＿＿＿＿＿＿＿＿＿＿＿＿＿＿＿＿＿＿＿＿＿＿＿＿＿＿＿＿＿

＿＿＿＿＿＿＿＿＿＿＿＿＿＿＿＿＿＿＿＿＿＿＿＿＿＿＿＿＿＿＿＿＿＿＿

11. 在今天的團體中，我最不喜歡的活動是＿＿＿＿＿＿＿＿＿＿＿＿＿＿＿＿
　　原因是＿＿＿＿＿＿＿＿＿＿＿＿＿＿＿＿＿＿＿＿＿＿＿＿＿＿＿＿＿＿

＿＿＿＿＿＿＿＿＿＿＿＿＿＿＿＿＿＿＿＿＿＿＿＿＿＿＿＿＿＿＿＿＿＿＿

12. 在今天的團體裡，我最大的收穫是＿＿＿＿＿＿＿＿＿＿＿＿＿＿＿＿＿＿

＿＿＿＿＿＿＿＿＿＿＿＿＿＿＿＿＿＿＿＿＿＿＿＿＿＿＿＿＿＿＿＿＿＿＿

13. 我希望下一次團體可以改進的地方是＿＿＿＿＿＿＿＿＿＿＿＿＿＿＿＿＿

＿＿＿＿＿＿＿＿＿＿＿＿＿＿＿＿＿＿＿＿＿＿＿＿＿＿＿＿＿＿＿＿＿＿＿

填寫人：＿＿＿＿＿＿＿＿＿＿＿　　　填寫日期：　　年　　月　　日

附件三：配合第二單元活動

特派記者訪問單

記者：＿＿＿＿＿＿＿

1. 你的名字是？最喜歡別人怎樣稱呼你？	2. 你最欣賞自己的一項興趣或嗜好是？	3. 你的三個正向特質是……	4. 你覺得自己最常出現的情緒是什麼？
5. 你最得意的事情是什麼？	6. 你覺得什麼地方令你最安心、最舒服？	7. 最令你煩惱的事情是什麼？	8. 目前生活中，你最感到滿意或愉快的是……
9. 當你遇到困難時，你會去找什麼人幫忙你？	10. 你認為你曾經做過最棒的事或記憶最深刻的事情是……	11. 你最想做的事是什麼？	12. 最令你感到欽佩或值得學習的人是……
13. 你難過時，最常做什麼事？	14. 當你完成一件事時，你會覺得如何？		

附件四：配合第五單元活動

不完美的王子

年輕的王子安特是健康、富有，又有智慧的，你可能會認為，安特王子應該覺得很快樂，但是，可憐的安特王子並不快樂，因為他並不完美，他只是接近完美，安特王子想：「我是王室的統治者，所以我必須要在所有王國中成為最好的領袖，而做任何事的時候，我一定要成為最好的，我必須要有最快樂的臣民，我必須贏得每一場的比賽，我必須是衣著最體面的人，我必須要有最堅強的城堡，我所做的每一個決定必須是最公平、最有智慧及最有利益的。」

同時王子也告訴自己：「如果不能讓每一件事都成為最完美且最好的，意謂著我是一個失敗者，而成為一個失敗者是最糟糕不過的了。」

因為王子相信他的價值必須視他的才能優劣而定，所以安特王子盡一切努力使自己成功，他強迫自己不停地工作，以至於他沒有機會犯一點錯誤，他從早忙到晚，他總是早上最早起來，晚上最晚睡的人，他甚至連做夢，也會夢到國家的事務。吃飯時他也工作，甚至於在皇家浴室裡沐浴時也在工作，每一分鐘都用來工作，使他的成果達到盡善盡美的地步。

安特王子沒有任何時間開一些無聊的玩笑或是享樂，他是嚴肅的，下定決心要成為全世界最好的統治者。

安特王子向快樂女王請教她如何管理國家的方法。

「我從不犯錯，」快樂女王回答，「因為我是美麗的、仁慈的、慷慨的、完美的，如果我的臣民犯了任何不服從我的錯誤，我便嚴厲的處分他們。」

安特王子漫步到叢林裡，坐在小河邊的一棵樹幹上，凝視他在水中的倒影，他非常的不快樂，忽然他從水中看到一個怪異的、不可思議的倒影靠在他的倒影旁，這個人有著很奇怪的穿著，打扮得像魔術師。

魔術師說：「如果你想尋找快樂，那就不要太在乎事情的結果、求百分之百的完美，你自己將會感覺更好些，你也將可能是一個較好的統治者，因

為人們通常希望能在樂趣中把事情做得更好，此外，盡你最大的能力，不要管結果如何，你將會很快樂。」

這些日子以來，安特王子已經過著一種「遠離完美」的生活，他知道，他將永遠不會成為完美，但是自從他學會接受他自己真正是什麼樣的人時，他和他的臣民們都過著更幸福快樂的生活。

附件五：配合第八單元活動

幸福的起點

我是＿＿＿＿＿＿＿＿

我很欣賞你，因為……	我很欣賞你，因為……	我很欣賞你，因為……
留言人：＿＿＿＿	留言人：＿＿＿＿	留言人：＿＿＿＿
我很欣賞你，因為……	我很欣賞你，因為……	我很欣賞你，因為……
留言人：＿＿＿＿	留言人：＿＿＿＿	留言人：＿＿＿＿
我很欣賞你，因為……	我很欣賞你，因為……	我很欣賞你，因為……
留言人：＿＿＿＿	留言人：＿＿＿＿	留言人：＿＿＿＿

附件六：配合第八單元活動

「遇見心想事成的自己～自我探索成長團體」回饋表

各位成員大家好！

非常感謝您參加這個成長團體，八次的團體將在待會兒畫下句點，在您離開之前，我們想蒐集您寶貴的意見以便作為下次團體帶領時的參考，麻煩您花 5～10 分鐘的時間，根據您的想法回答下列問題，謝謝您！祝您

～一切順心～

團體領導者敬上

(一) 我覺得這次團體的過程是

1. 共同參與的	1	2	3	4	5	6	7	個人孤單的
2. 漸進發展的	1	2	3	4	5	6	7	突然無序的
3. 有條有理的	1	2	3	4	5	6	7	散漫零亂的
4. 充滿變化的	1	2	3	4	5	6	7	呆板無聊的
5. 明確目標的	1	2	3	4	5	6	7	漫無目的的

(二) 我覺得這次團體的氣氛是

1. 溫暖友善的	1	2	3	4	5	6	7	冰冷敵意的
2. 支持信任的	1	2	3	4	5	6	7	反對猜忌的
3. 輕鬆愉快的	1	2	3	4	5	6	7	緊張不安的
4. 尊重接納的	1	2	3	4	5	6	7	輕視拒絕的
5. 開放安全的	1	2	3	4	5	6	7	封閉危險的

(三) 我對這次團體的活動內容感覺是

1. 具體清楚的	1	2	3	4	5	6	7	抽象不明的
2. 助益良多的	1	2	3	4	5	6	7	毫無助益的
3. 有趣快樂的	1	2	3	4	5	6	7	無聊乏味的
4. 深具價值的	1	2	3	4	5	6	7	毫無價值的
5. 適當得體的	1	2	3	4	5	6	7	不當彆扭的

(四) 我覺得次團體的領導者是

1. 彈性開放的	1	2	3	4	5	6	7	固執閉塞的
2. 細心敏感的	1	2	3	4	5	6	7	粗心大意的
3. 溫暖接納的	1	2	3	4	5	6	7	冷淡拒絕的
4. 尊重包容的	1	2	3	4	5	6	7	挑戰攻擊的
5. 引導澄清的	1	2	3	4	5	6	7	猜疑獨斷的

(五) 參加完這個團體，我對活動的建議是……

(六) 參加完這個團體，我對領導者的建議是……

～您的分享豐富團體的生命，您的回饋督促我們的成長～

CHAPTER 7

團體輔導的成效評估

> 團體經驗如何評估？它有動力引導個人正向改變嗎？它的限制為何？它的傷害性如何？它的存在效益多過於危險性嗎？
>
> ～Corey & Corey（1977）

第 一 節　團體評估的基本概念

　　評估即「評量」，評估是一種長期性、系統性、持續性的動態歷程。透過此一科學的、系統的方法，運用各種資料與技術，對各種可行的途徑、層面予以價值判斷並了解其工作結果，發掘問題所在，以提供資訊作為決策與改進的依據。評估可以針對人的行為發展，也可針對事件處理結果，或針對制度運作情形等等。教學評估通常被列為教學活動程序的一項重要工作，在教學前、教學中及教學後之階段，也可以有不同的評估措施與內容。同理，團體輔導的評估也可在團體進行前、過程中及結束後實施。團體進行前的評估注重團體目標的評估、成員特性的掌握及起點行為的評量。團體發展過程中的評估，則在於注意領導者對團體動力的察覺、團體目標與進度的掌握、成員參與行為的分析，甚至包括特殊事件的處理效果、成員觀察等等。

　　團體結束後的評估因涉及團體成效的評估、領導效能的檢討及成員行為發展的評量，因此評估程序、方法與項目更須力求嚴謹（詳閱本書附錄資料：「臺灣輔導與諮商學會諮商專業倫理守則」有關測驗與評量的規定）。同時，配合總結性的效標參照評量，以作為團體計畫與領導效能的回饋資料。基本上，評估重在「解釋」、「考核」、「檢討」，故其「標準」須有依據，無標準即難以評估。由於團體輔導的過程複雜，人類的行為多變，影響團體動力的因素甚多，因此團體輔導的成效評估必須運用不同的方法，以多元化的模式來進行，針對團體運作後的結果一一加以評量（吳武典、洪有義、張德聰，2010；Hoag & Burlingame, 1997）。本書第一章曾提及團體運作的結果（輸出變項），包括成員的改變及團體的發展，此二者亦是評估的指標，前者係指成員在參加團體後各方面的成長與發展情形，後者係指團體本身目標是否達成等。

第二節 有效與無效的團體

　　一個有效的團體必須有其目標，目標不清楚或不適合成員時，團體活動極易流於團體聚會、團體康樂等形式，進而導致團體成員分享卻缺乏共識，互動卻缺乏交流，交談卻缺乏交集。一般而言，團體目標可能涉及過程（例如領導者與成員傾聽和表達的機會）、知識（領導者對相關資訊的了解）、技巧（領導者的領導技巧、人際及溝通知能）和態度（領導者個人特質或成員參與心態），凡此也都是團體輔導評估的向度。團體成效的評估與團體療效因子（therapeutic factor）的探討具有密切相關，後者可為前者的評估向度或變項，並可作為團體輔導、團體諮商與團體心理治療之歷程發展及改變機轉的理論基礎，團體領導者必須了解並善用之，以催化團體動力，達成個人成長改變與團體目標。

　　一個有效的團體與無效的團體，分別有其特徵可以了解與評量，詳見表7-1。有效的團體，領導者行為較傾向於支持、關懷、同理、親和、自由、純化及淨化團體等；同時，成員的行為也較多開放、安全、負責、專注、接納、自發、真誠的反應。相反的，一個無效的團體，其領導者較主觀、固執、缺乏彈性、掌控操縱、評價指導等，而成員大多沉默、冷漠、疏離、表面化、埋怨、玩把戲、漫不經心、提不起精神及遲到缺席等；少數成員可能抗拒、攻擊、挑戰他人。當團體凝聚力高、團體動力強，成員的出席率愈高、自發性的行為自然較多（Fuhriman & Butler, 1983）。當成員分享程度深，衝突開放度大，時間可用度多，潛伏情緒狀態自然較少，而且領導者角色開放、領導操縱行為減少，如此也有助於提升團體輔導的成效。當團體「自癒性」效果增強時，團體的成效自然不言可喻。

➤ 表 7-1　有效團體與無效團體之比較

項目	有效團體	無效團體
團體目標	清楚，成員了解	模糊，成員缺乏了解
催化功能	領導者、成員共同承擔催化責任，自然相容	團體依賴領導者的催化，少數成員欲取而代之
團體溝通	開放、多元、網狀	封閉、單向、輻射狀
團體凝聚力	強，成員出席率高	弱，成員出席率低
團體衝突	完全的呈現，公開討論並加以解決	壓抑的凸顯，私下醞釀，一發不可收拾
團體認同感	高，成員流失率極低（低於百分之二十）	低，成員流失率高（高於百分之二十以上）
成員互動	互相信任、深層次分享、彼此回饋、建設性的面質	互不信任、表層次分享、很少回饋（多半是領導者給予）、面質不多（有時具有嘲諷性、破壞性）
成員心態	負責、有希望、有參與感、積極「療傷」	失望、逃避責任、有壓迫感、擔心「受傷」
領導架構	清楚、自主、彈性	混淆、無力、固著
領導者	自我開放、適切領導反應	心理防衛、放任或掌控

　　有關團體輔導與團體諮商成效的影響因子為何？有效催化團體動力的運作機轉為何？影響團體運作歷程及其結果的因子為何？迄今國內外的研究文獻相當多，不同學者的研究方法與向度雖不盡相同，但其研究發現與結論卻有其一致性。Corsini 和 Rosenberg（1955）是最早從事此類研究的學者，他們彙整三百篇相關文獻發現，團體療效因子為接納、普遍化、現實考驗、利他性、情感轉移、旁觀者治療、互動性、理性化與宣洩等九項。

　　Yalom（1985, 1995）主張團體療效因子計有：利他性（成員相互關懷與協助）、凝聚力（團體的吸引力與成員的積極投入）、普同感（成員擁有相似困擾或經驗，形成支持性歸屬感）、人際學習（成員相互交流，從中獲得

矯正性情緒經驗）、發展社會技巧（成員相互學習正向人際互動的技巧與方法）、資訊傳遞（成員相互教導與提供訊息）、情緒宣洩（成員從抒發情緒中獲得成長）、認同模仿（成員相互觀察、仿同，以形成新的因應行為）、原生家庭矯正性經驗的重現（從團體正向回饋中重新覺知家庭經驗）、自我了解（團體中探索並接納自我）、注入希望（成員相互激勵衍生希望）及存在感（了解生命的意義，對自我的生活負責）等十二項。換言之，團體發展的影響因素相當多，每一因素亦可用以檢視或評估團體成效。

　　至於不利團體動力與團體成效的因素，亦即阻礙團體發展的反療效因子，包括缺席、沒有交集、無價值感、低自我表露、領導者介入不當、批評攻擊、低期望及團體缺乏時間結構（Doxsee & Kivlighan, 1994）；以及缺乏信任、團體發展停滯、感受不佳、未獲助力、疏離及不夠投入（林美珠、林明文、陳淑瓊，1996）。林美珠、王麗斐（1998）從本土化的角度，有系統的運用深度訪談法及重要事件報導法（critical incident report）搜集六個團體五十九位樣本反治療性的重要事件資料，並與過去研究相互比較，結果發現療效性事件包含：從他人處學習、人際學習、凝聚力、訊息提供、共通性、希望感與自我了解；反治療性事件則有：成員缺席、成員缺乏投入參與、領導者的介入不當等。團體領導者必須掌握療效因子、降低反治療性事件，以催化正向團體動力，發揮團體功能與提升團體成效。

第 三 節　團體評估的理論模式

　　團體輔導的評估向度主要有二：團體過程的評估與團體結果的評估。前者注重團體成員互動狀況的評量，以 1969 年 Luft 運用「周哈里察覺模式」（Johari awareness model）來探討團體成員溝通模式為代表；後者注重以多元化的方式、角度來評估團體成效，此派學者甚多，其中以 Dye 在 1968 年提出的二二向度（dimensions）模式為代表。過去，許多學者皆曾以不同角度去評估團體動力與團體成效，對於團體輔導工作者而言，為有效探討團體發展的

結果，作為自我領導效能的檢討，應該全面學習各種有效的評估模式與理論。

一 Luft 評估模式

Luft 認為，觀察成員在團體互動過程中的溝通型態，有助於評估團體的發展結果與成效。一般而言，有效團體的成員應能增進對自己與其他成員的了解，願意開放自我，表達正向與負向的各種感覺，提升個人的心理健康與人際關係。相反的，若是團體互動過程中，成員有選擇性的分享個人感受與經驗，只做表層次分享，缺乏中、深層次的自我表露，同時被動或拒絕給予其他成員回饋，自我防衛心重，則可能意味著團體動力缺乏，團體凝聚力與信任感不足，團體的效果極其有限。周哈里窗是以「自我察覺程度」與「他人了解程度」二向度來說明：團體成員察覺自我行為與感覺的程度，以及探討其他成員對自己行為與感覺的了解程度。

表 7-2 進一步說明周哈里察覺模式。針對「個人是否覺察」與「他人是否覺察」二向度，交互作用產生四種團體內人際互動的狀況。

第一區是當事人了解自我並且開放自我，使團體其他成員也了解當事人的想法、感覺和行為；第二區是當事人對自我缺乏了解，由其他成員將對其所觀察到的想法、感覺和行為回饋予當事人，促發當事人的自我探索；第三區是當事人有意識的隱藏自己內在真實的想法、感覺和行為，其他成員無法了解當事人，呈現表層次的人際互動；第四區是當事人無法了解自己的想法、感覺和行為，其他成員對當事人也缺乏了解。基本上，團體內所有成員（含領導者）的人際溝通與互動關係可能出現在任何一區，團體動力與團體成效也可經由大多數成員溝通互動的屬區所在來加以評估。有效的團體，其領導者與成員互動的屬區較多呈現在開放區（Ⅰ）；或者是團體形成前，成員的開放度與互動性原本在未知區（Ⅳ，或稱潛能區）較多，經過團體運作後，成員的狀態發展至開放區（Ⅰ）。由此顯示，團體動力的發展與團體運作的結果，有助於成員的自我了解與人際互動，促進成員建設性、開放性的身心發展與行為反應。

➤ 表 7-2　周哈里察覺模式

	自我察覺	缺乏自我察覺
他人察覺	開放區 I	II 盲目區
他人無法察覺	隱藏區 III	IV 未知區（潛能區）

　　Luft 研究周哈里察覺模式，為了促進團體的運作及領導效能的發揮，使成員產生導向性的改變，並達成團體的目標與功能，Luft 特別提出十一點說明：

1. 上述四區關係密切，任何一區的改變會引起其他三區的變化。

2. 團體內的人際互動，II、III、IV三屬區的成員能量消耗較大。

3. 團體信任感增加有助於成員 I 區的發展。

4. 領導者及成員企圖以非理性的手段去強迫成員開放或察覺，成效有限。

5. 團體的人際互動與學習，有助於擴大成員 I 區的自我狀態，縮小 II、III、IV區。

6. 團體人性化活動有助於成員學習知能、獲得資訊，以達成團體目標。

7. 團體內傾向 I 屬區者的成員愈少，團體溝通愈困難。

8. 團體成員對IV區好奇雖是很普遍的現象，但它會受到成員不良的成長背景、不當的習慣反應、反社會化行為及各種負向（例如恐懼）心理因素的影響而存在、擴大。

9. II、III、IV區很敏感，領導者對成員必須適當的尊重，以確保團體成員的隱私權。

10. 團體過程的運作效果將影響成員各區的變化。有效的團體有助於成員擴大 I 區。

11. 當IV屬區成員較多且干擾到團體運作時，適度的面質有助於成員澄清個人價值觀、開放自我。

二 Dye 評估模式

團體的評量模式甚多，Gazda（1989）認為最常用的是結果評量，其次是不同變項的比較評量及過程評量。Luft 模式較注重過程評量，唯因影響團體發展的因素相當複雜，單以過程評量及成員互動觀察，將使團體評估缺乏完整性。Dye（1968）的評估模式即在於採取多元化的方式、人員、向度來評估團體成效。Dye 以「團體內與團體外」及「自我與他人」二變項二向度來評估團體，詳見表 7-3（黃月霞，1991）。Dye認為欲評估團體效果或個人成長可從四部分來進行。

(一) 團體內自我報告

由參加團體的成員藉由各項書面檢核資料及口頭報告來作個人評量或團體評估。

(二) 團體內他人回饋

由參加團體的領導者、觀察員、督導者及其他成員藉由書面檢核資料及口頭報告來作個人評量或團體評估。

(三) 團體外自我報告

成員在參加團體之前或之後，藉由書面檢核資料及口頭報告來作個人評量或團體評估。

➤ 表 7-3　Dye 評估模式

項目	團體內	團體外
自我報告	1. 行為檢核表、個人行為與反應評量、Q 排列等。 2. 團體經驗的日記。 3. 自我成長進步之報告。	1. 輔導前後有關問題檢核、人格測驗。 2. 自傳。 3. 職業及生涯決定。 4. 個別向領導者、成員之諮詢。 5. 團體後之評量，問卷調查。
他人回饋	友伴、領導者、觀察員 1. 團體成員行為、態度等之評量。 2. 團體行為之評量。 3. 社會測量法。 4. 分析錄音、錄影帶。	教師、父母等 1. 評量及檢核方法。 2. 非正式、開放性報告。 3. 親友與教師的回饋。 4. 出席率、成績、操行及勤惰情形等。

資料來源：引自黃月霞（1991）。

(四) 團體外他人回饋

　　成員在參加團體之前或之後，由成員的關係人（教師、父母、朋友等）藉由書面檢核資料及口頭報告來作個人評量與團體評估。

　　上述四種評量各有其特色、方法及優缺點。「團體內自我報告」可由不同工具、形式及方法來獲得成員直接具體的評量資料，資料雖有其價值，唯因涉及行為科學研究法中「內省法」、「自陳量表」的缺點，故所得資料宜再謹慎檢核，也要留意對成員團體內行為及其與領導者互動關係的影響（陳奕良，2002）。「團體內他人回饋」的評量資料，經常被運用在輔導研究與臨床治療效果的評估上。通常成員的自我報告可能會受到個人受評態度及內在動機的影響而降低其真實性，因此由團體內其他成員的回饋可避免此一缺失，由領導者、觀察員、其他成員等人的綜合性評量較為客觀；也可由其他成員的心得寫作、團體記錄來加以分析。「團體外自我報告」較常用於實驗

研究的效果評量，透過成員行為（依變項）與實驗處理（自變項）前後的測量資料，來探討或驗證自變項對依變項的影響效果，此一評量方式涉及統計學問題，難度較高。「團體外他人回饋」是假設團體輔導對成員行為的影響必為其關係人所察覺，故可由關係人對成員的回饋意見來評量團體效果，此模式經常運用來作為評估團體的輔助方式，唯其前提是，必須確認成員團體外行為與團體目標有直接相關。

　　Dye 評估模式或 Luft 評估模式中的各種方法可以合併使用，也可獨立應用，唯重點在於團體領導者或輔導研究者宜將評估一項事先列入團體方案、團體計畫書內，妥善規劃且充分掌握團體目標與評估項目。同時，考量評估的客觀性、驗證性、科學性及實用性，以獲得真正的評估結果與有效的評量資料。

三 評量問卷的編製

　　儘管團體評估有助團體動力的檢視、領導效能的檢討與成員權益的保障，唯任何一種模式所獲得的評估資料都應加以量化、驗證及分析。評估的內容、字詞、用語、思考角度、測試態度等不同，都可能導致評估的結果產生誤差，故任何型式的問卷與評量表的編製非常重要。一份優良的評量問卷須具有下列特徵（郭生玉，1981）：

1. 問卷中所有的題目都必須和研究的目的相符合，亦即題目都是測量研究所要測量的變項，亦即須有信度、效度。

2. 問卷要能顯示出和一個重要的主題有關，使填答者認為重要且願意花時間填答。因此，問卷的重要性應在問卷中清楚說明，或在所附的信函中表明。

3. 問卷僅在蒐集由其他方法所無法得到的資料，如從學校或普查的資料中不能獲得的。

4. 問卷要盡可能簡短，其長度只要足以獲得重要的資料即可。問卷太長易影響回收率。

5. 問卷的指導語要清楚詳盡，重要詞句要加以界定，每個問題僅處理一個概念，而所有問題的用語，力求簡明清楚。所提供的反應項目要清楚、正確而易於回答。

6. 問卷的題目要客觀，沒有導引所期望的暗示反應。

7. 問卷的題目要依心理的順序安排，由一般性而至特殊性題目。

　　這種順序有助於填答者組織其思想，故其反應將會符合邏輯而客觀。在出現私人或敏感性的問題之前，應先呈現那些可以引起好感態度的問題。如果可能，應避免引起令人苦惱或困窘的問題。

8. 問卷所蒐集的資料要易於量化、統計、列表說明和解釋。

9. 問卷的外觀要具有吸引力，不但安排適宜，且印刷精美。

10. 問卷中應包含下列幾項重要的資料：研究目的與單位、指導語、個人基本資料和問卷的題目。

第四節　團體成效評估實務

　　團體輔導工作的成效評估，在評估人員方面可包括成員、領導者、協同領導者、觀察員、重要關係人（significant others）等。在評量方式上可以透過口語回饋、檢核量表、錄影錄音、團體記錄、實際生活表現等來進行。在評量效標方面，可以分為內在效標（internal criterion）與外在效標（external criterion）。前者是評量與團體輔導內容直接有關的事項，近似團體內評量；後者則指測量與團體輔導內容無直接相關的變項，但與成員的心理反應與行為變化有關。一般而言，國內實際運用在團體輔導的成效評估可從「領導效能評估」、「團體過程評估」與「團體結果評估」三方面來進行。茲將三者實際運用情形與評量工具說明於後：

一 領導效能評估

領導者是團體運作成敗的關鍵人物，故可從領導者的特質、風格與能力等方面來評估，有效的團體其領導者較傾向平衡式的領導（即五五式領導）或統合式的領導（即九九式領導）。根據 Blake 和 Mouton 的管理方格論（management grid），有效的領導是以能兼顧「達成組織任務」和「滿足成員需求」二項為目的，以便獲得良好的工作效率與團體氣氛，換句話說，有效的領導者要能夠統合團體運作，創造高效率與高人際的領導效能，詳見圖 7-1。

一位有效的領導者除了要具備專業知能及良好的領導特質之外（參閱本書第四章），在團體的帶領過程中也應時時自我檢視：(1)能否評估團體形成前成員的起點行為；(2)能否掌握團體成員的參與動機；(3)能否設計有效的團體方案；(4)能否在團體發展過程中適時運用專業知識與技巧；(5)能否適當的處理團體事件及成員的流失問題；(6)能否催化團體，形成團體凝聚力；(7)能否建立與成員的良好互動關係；(8)能否有效運用團體結構動力，例如團體規

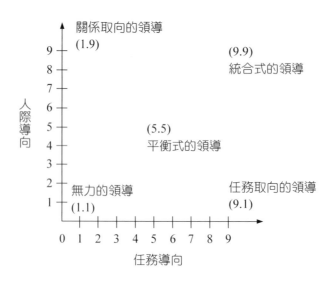

⊃ 圖 7-1　領導型式之效能分析

範、倫理守則；(9)能否達成團體目標；(10)能否自我反省、自我察覺；(11)能否追蹤輔導，持續成效；(12)能否有效運用社會資源等。此外，領導者也可在團體結束後，透過自我評估、觀察員評量（參考表 7-4）或成員回饋（參考表 7-5）（黃惠惠，1993），來評估團體的領導效能。

➤ 表 7-4　領導效能之觀察員評量表

說　明：觀察團體領導者，注意其所做的每一反應，並找出其反應所屬類型，在下表分類中（I）（影響方法或範圍）的位置做一「○」的記號。另在（E）上打分數，如下計分：

合　適：有利個人或團體的反應＝3（分）

普　通：沒有任何顯著的正面或負面影響＝2（分）

不合適：不利或有害於團體的過程＝1（分）

總計（I）上的「○」次數，便是諮商員或領導者諮商技巧的次數。

總計（E）上的得分，便是諮商員或領導者在諮商技巧上的分數，依此可求得各技巧的分數（平均數）。

I ＝影響範圍　　E ＝評價

3 ＝合適　　　　2 ＝普通　　1 ＝不合適　　　聚會次數：

技巧	I	E	I	E	I	E	I	E	I	E	I	E	I	E	I	E	總計次數	總計平均
反應技巧																		
1. 同理																		
2. 反映																		
3. 澄清																		
4. 總結																		

► 表 7-4　領導效能之觀察員評量表（續）

技巧	I	E	I	E	I	E	I	E	I	E	I	E	I	E	I	E	I	E	總計次數	平均
交互作用技巧																				
5. 調節																				
6. 解說																				
7. 聯結																				
8. 阻止																				
9. 支持																				
10. 限制																				
11. 保護																				
12. 獲得一致之意見																				
行動的技巧																				
13. 發問																				
14. 探測																				
15. 調律																				
16. 面質																				
17. 私人性的分享																				
18. 示範																				

領導者有效性之平均數：_____

◎其他觀察意見：

觀察員簽名：_____

資料來源：引自黃惠惠（1993）。

➤ 表 7-5　領導效能之成員回饋表

以下的量表是幫助你對於團體領導者行為的有效性做一深入的了解。在下面的量表當中，我們用五個等級來代表五種不同的同意程度，你可以從當中圈一個你所滿意的程度。

團體領導者：（姓名）

	非常不同意	不同意	沒有意見	同意	非常同意
1. 領導者能夠設定團體目標，確立討論主題、方向及討論態度等。					
2. 領導者表現適當的行為，如：澄清、簡述語意、反映情感、統整等。					
3. 領導者用肢體或在態度上表現對成員的關心。					
4. 領導者仔細的傾聽且能真誠感受團體的成員。					
5. 領導者能夠鼓勵成員彼此感性分享。					
6. 領導者會鼓勵成員說出心中特別的問題和心裡的感受。					
7. 領導者對於團體成員和他們的問題表示了解。					
8. 在成員未表達的情況下，領導者能夠洞察其感受。					
9. 領導者能與成員共同分享自己的經驗。					
10. 領導者能夠真誠及開放的表露自我的感情。					
11. 領導者能夠注意到那些不發言的人，並且引導其表達。					
12. 領導者對於那些不發言的人，表現出尊重的態度。					
13. 領導者協助成員覺得自己是一個有潛能的人。					

➤ 表 7-5　領導效能之成員回饋表（續）

	非常不同意	不同意	沒有意見	同意	非常同意
14. 領導者鼓勵成員表達自己的目標及計畫。					
15. 領導者要求成員共同分享自我的感覺。					
16. 領導者能夠說出他對成員的看法，拓展成員的視野。					
17. 領導者不用刻意表現，亦能表現他對成員的關心。					
18. 當牽涉到成員所關心的問題時，領導者能提出自己的價值觀及概念與大家共同討論。					
19. 當成員中有人遲到時，領導者表現出生氣的態度。					
20. 當團體中出現有人操縱場面時，領導者能夠予以阻止。					
21. 對於發生在成員言行上不一致的事情，領導者能夠立刻指出。					

22. 整體而言，我對於領導者帶領團體：	非常滿意	滿意	沒有意見	不滿意	非常不滿意

23. 若有機會，我對於親友同學參加領導者的團體：	極為推薦	推薦	沒有意見	不推薦	絕不推薦

24. 對於團體領導者的其他意見：

資料來源：黃惠惠（1993）。

二 團體過程評估

團體過程的評估，含觀察者評估變項（如團體過程）及成員評估變項（如自我焦慮）等，旨在協助領導者更有效的帶領團體（Kacen & Rozovski, 1998）。團體過程評估可以在團體進行中或結束後實施，其實施方式可以用觀察回饋或書面資料來進行；評估人員包括領導者、觀察員、協同領導者、成員、專家及督導者。上述評估團體過程的人員中，若論其專業性及客觀性，以觀察員最適合，其次為督導者與所有成員，唯督導者除非有錄影等視聽器材輔助，否則仍以觀察員、成員等實際參與團體運作的人員為宜。通常可透過團體記錄表（詳見表 7-6）、觀察員回饋表（參考表 7-7）及成員團體心得寫作來評估團體過程及其成效。

三 團體結果評估

團體結果的評估與團體發展過程的評估迄今皆受限於評估工具（李玉嬋，1992；潘正德、游淑華，2000；DeLucia-Waack, 1997），未來亟待發展評估團體歷程、領導效能與團體成效的評估量表。不同性質的團體亦需不同的評估工具，因團體形成有其目標、性質、功能與特殊考量。團體結束前，成員的出席率及流失率亦是檢視團體成效的評量標準之一。Yalom（1995）指出，團體成員失去親密感、偏離方向、結構不清楚、次團體干擾及情緒引發太早等情況皆可能導致成員流失、團體效能減低。此外，團體結束後，團體目標是否達成？功能是否發揮？成員需求是否滿足？行為是否改變等，凡此問題的答案也說明了團體發展的成敗。

➤ 表 7-6 「自我超越團體」團體記錄表【範例】

第一單元 聚會時間： 年 月 日 18 時 00 分至 20 時 30 分 單元名稱：面具	
活動進行概況：（參閱第六章「自我超越團體」計畫書內第一次 活動設計之內容） 1. 暖身：成員隨著音樂的進行與停止，在團輔室內自由走動與打 　招呼。 2. 團體形成： 　(1)成員用圖畫紙、橡皮筋製作面具，並繪上圖案及顏色。 　(2)請成員帶上面具作自我介紹：家中排行、最喜歡與最不喜歡 　　自己五官的哪一部分、日常生活中最關心的三件事，並以動 　　物比喻自己與父親、自己與母親的關係。 　(3)分享為何會把面具設計成如此。 3. 團體規範： 　(1)請成員（M：男性成員；F：女性成員）將心中對團體的期 　　望透過許願的過程說出來。 　(2)領導者（L）藉此澄清與說明本次團體的性質與運作情形。 ※總結：談談自己今天的收穫、對團體的評價。	成員座位圖： ※因自我介紹 　時進行「大 　風吹」，故 　座位變動而 　不固定。
成員參與情形： 1. 整體而言，此次團體氣氛熱烈、輕鬆，成員會主動參與活動，而且也做了一些 　自我表露。 2. M1 有個優秀的妹妹，且常與之比較；M2 認為母親為家庭辛苦付出一切，故有 　些不諒解父親對母親不關心；M3 曾休學一年，今年重考成績不滿意，顯得有些 　無奈、挫折；M4 常會以自己的例子鼓勵別人、回饋；M5 談及人際互動與嘗試 　改變的方式；F1 把面具畫得很可愛，個性活潑；F2 與父親很親近且依賴，與母 　親反而關係不佳；F3、F4、F5 較為沉默、被動。 3. 在建立團體契約徵求錄音錄影時，F2 與 M1 最後表達出他們的顧慮，並不會因 　為其他成員同意而不敢提出自己的意見，顯然團體氣氛夠安全，成員可以在無 　壓力的情況下表達自己的想法。	

➤ 表 7-6 「自我超越團體」團體記錄表【範例】（續）

重要事件處理：

1. F3 因場地空間密閉、冷氣過強，感到身體不適。L 將冷氣關小，並徵求成員同意，將部分窗戶打開些許。

2. 當時間剩下 10 分鐘時，預告並徵求成員同意延長 10 分鐘，但最後仍延誤了 30 分鐘才結束。

3. 徵求錄音錄影時，成員表達出他們的顧慮，L 尊重成員的意見，不堅持錄音錄影。

4. 團體預定的時間原本為每週四晚上，但由於連續三週遇到國慶、期中考前、期中考，團體無法如期進行，唯恐團體動力散失，故調整團體時間。因時間倉促，目前僅決定先於　月　日進行第二次團體，待第二次再詳細討論。

協同領導者：

1. 團體開始的時候以和諧的音樂開場，讓成員相互寒暄，使得團體的氣氛熱絡。

2. 製作面具的自我介紹使得成員可以展開另一面的自我，L 的創造力不錯。

3. L 的態度親切，同理及尊重成員的反應。

4. 在這次團體中，M5 的分享很深，M4 是一個很活潑的成員，也可以給別人回饋，但建議的成分居多，L 可以引導其做回饋即可，不需要立即給建議。

5. F2 非常有自主性，在面對 L 錄影的要求時坦然拒絕，是很有主見的成員，M1 這時也加入反對的陣容中，L 立即接納此反應，團體的動力在此獲得一個正向的回饋，使成員對團體更有信心及凝聚力。

6. F3 的身體不舒服，因此無法全心投入於團體中，但在團體結束前仍表示願意參與團體。

7. 團體自我介紹的內容項目稍多，可以再減少一些項目，做重點的分享及介紹。

8. 領導者可以再努力掌握團體進行的時間。

協同領導者簽名：梁榮仁　　　年　月　日

領導者自我評論：

1. 首先非常感謝協同領導者的幫忙，不管是事前活動的設計、討論、意見的提供、器材的準備及活動進行時的適時介入，都讓領導者的負荷與壓力減輕不少。

2. 自我介紹預擬的問題，已帶出團體接下來所要進行的內容，成員願意探討且領導者也可以對成員的問題有初步性了解，這些都有助於未來活動的進行。

➤ 表 7-6 「自我超越團體」團體記錄表【範例】（續）

---

3. 原先設計讓成員製作面具有其活動的意義，但由於成員未戴上面具，因此關注的焦點僅落在自我介紹的部分，忽略了面具本身，故面具失去了它的功用，有些可惜。

4. 在活動進行後，領導者未做此時此地的分享，是一大疏忽。

5. 領導者時間的掌握不佳，未如預定時間結束團體，雖經成員同意延長，但仍使得成員感覺疲憊，故領導者未來宜對時間做適度的分配、控制。

6. 領導者在成員分享後可多給予回饋，也可邀請成員給予別人回饋。

7. 中場休息時間怕上下半場因團體降溫無法連貫；但若不休息，成員陸續離開上廁所，又會因部分內容未聽到而影響活動進行，該如何是好呢？

　　　　　　　　　　　　　　領導者簽名：黎麗貞　　　年　月　日

督導意見：

1. 活動設計適切，充分掌握成員及團體動力的開展。

2. 團體記錄內容詳實、條理分明，能協助督導者「進入」團體中。

3. 團體中只要有人反對，仍以不錄影、錄音為原則。團體進行仍應適當掌握時間，特別是第一次，以免「嚇到」成員，造成成員參加團體的壓力或生活時間安排的困擾。

4. 宜適時令成員體會團體的導向及目標，確切掌握團體活動流程。

5. 中場休息仍有必要，可視成員身心狀態及團體活動的區隔等考量為之。若有活動連貫性及團體氣氛降溫的考量，可在休息之前之後，設計暖身活動或以領導技巧加以聯結。

6. 辛苦兩位了！

　　　　　　　　　　　　　　督導者簽名：徐西森　　　年　月　日

➤ 表 7-7　觀察員回饋表

觀察員簽名：＿＿＿＿＿＿＿＿

親愛的觀察員：

　　你好！請你沉默的仔細觀察眼前的團體，千萬不要出聲也不要有任何動作出現（包括嘻笑或加入意見），以免干擾到成員。你只要按照本表所陳述的各項問題一一填答即可。你可在觀察十分鐘後再開始填表（觀察時間二十分鐘）。

1. 本組□有□無　團體領導者。（答無者，請跳至第 3. 題作答）

2. 本組團體領導者是□自然產生（非正式）□推選產生（正式）。

3. 本組團體工作內容是：□在限定時間內完成貼紙工作。

　　　　　　　　　　　　□在非限定時間內完成貼紙工作。

　　　　　　　　　　　　□在限定時間內討論某項主題。

　　　　　　　　　　　　□在非限定時間內漫無主題的閒聊。

4. 本組團體活動過程顯得……（在下列表格適當位置註明意見或打「✓」）

團體階段　　　　　狀況	混亂不堪	熱鬧嬉戲	表現普通	沉悶不耐	討論有序	發言熱烈
團體初期 （約開始進行至五分鐘內）						
團體中期 （約進行五至十五分鐘）						
團體末期 （團體結束前五分鐘）						

5. 本組團體每位成員表現情形：（請先寫下成員姓名，再予以客觀評語，包括他們發言情形、臉部表情專心與否、身體與姿勢、對團體的投入與否……及其他）。

　　ㄅ：＿＿＿＿＿＿＿＿＿＿＿＿＿＿＿＿＿＿＿＿＿＿＿＿

　　ㄆ：＿＿＿＿＿＿＿＿＿＿＿＿＿＿＿＿＿＿＿＿＿＿＿＿

　　ㄇ：＿＿＿＿＿＿＿＿＿＿＿＿＿＿＿＿＿＿＿＿＿＿＿＿

　　ㄈ：＿＿＿＿＿＿＿＿＿＿＿＿＿＿＿＿＿＿＿＿＿＿＿＿

　　ㄉ：＿＿＿＿＿＿＿＿＿＿＿＿＿＿＿＿＿＿＿＿＿＿＿＿

➤ 表 7-7　觀察員回饋表（續）

---

6. 本組團體運作結果：□如期完成工作
　　　　　　　　　　　□未完成工作
　　　　　　　　　　　□討論主題有結果
　　　　　　　　　　　□討論無結果（漫無目的）

7. 總結本組團體此次運作的情形（此問題也可待團體結束後，先徵詢某些成員意見再填答。請打✔，可複選）：
　□不順利　　□茫然　　□緊張　　□刺激　　□熱烈　　□無聊　　□好玩
　□消極　　　□沉悶　　□單調　　□混亂　　□快樂　　□興奮　　□平順
　□無奈　　　□輕鬆　　□有工作目標　　□順利　　□積極
　□互動良好　　　　□氣氛融洽　　　　□有成就感

8. 總結本組團體領導者（包括非正式領導者）：
　(1)領導方式：□民主式　　□權威式　　□放任式　　□其他（請註明）
　(2)領導績效：□良好　　　□普通　　　□欠佳　　　□極差
　(3)成員參與情形：□全體熱列參與　　□普通　　□大多數參與
　　　　　　　　　　□少數參與（只有一、二人發言）

9. 團體中其他觀察意見：

＊附註：本表係運用在團體內進行分組活動，每組分配一主題任務，再由觀察員從旁觀察記錄，分析團體動力之用。

　　團體結果的評估，首先可以針對團體目標的完成與否進行評估，包括個人目標與共同目標（組織目標）；其次是契約的執行與否，若是領導者與成員皆能在團體過程中及結束後完全遵守契約，也可視為是團體成效的指標之一。此外，團體結束後，成員也可針對個人心理成長與行為發展作一自我評量，參考表 7-8（吳武典主編，1994）及表 7-9（林幸台、宋湘玲，1989）；其他關係人對成員的觀察評量（如表 7-10）也可列入參考，例如：成員的父母、家人、師長、親友、同儕………等。評估者也可以透過訪視、晤談等方式與成員本人及關係人進行意見交流。無論是正式或非正式的評估資料，口語或非口語的觀察回饋，都是團體成效的重要依據，以求獲得統整、平衡、客觀而公正的成效評估。

　　人類各方面的身心發展與行為改變的結果評量，都是一件相當困難的工作，因為個體行為受到成熟、遺傳、環境與學習等因素的影響。相同的，集合多數人的團體，欲評估其發展結果自然也不是一件容易的事，無論是使用任何一種評估模式：包括前述的 Dye 模式及 Luft 模式，或 Bales（1950）的過程分析模式（interaction process analysis model），或 Hill（1965b）的互動矩式（hill interaction matrix，簡稱 HIM）等等，都必須廣泛的蒐集資料，客觀的加以分析、驗證。完整的團體輔導評估，應涵蓋領導效能評估、過程評估與結果評估。

　　團體評估並非去評斷團體成敗或領導能力的良窳，而應將焦點置於了解影響團體發展及個人成長的因素，以「學習遷移」經驗移植，發揮團體輔導的積極功能。評估者宜隨時反省自我：評估是否能真實的反映團體運作結果與成員感受？評估是否有助於團體輔導專業問題的解決？評估是否符合專業倫理及社會責任？評估是否能尊重成員的隱私權及人性需求？評估結果是否能適當的呈現與運用？評估結果是否能完整的反映團體效能及其持續性功能……？前述問題值得深思。

　　總之，團體輔導運作之前後及過程中，都必須詳實的評估。團體評估是團體計畫、方案設計的一部分。評估時不宜側重個人或團體之一方，而是透過評估的內涵及精神來引導團體過程，增進團體動力，以建立團體輔導的專業性功能、科學性方法與人性化目標。

➤ 表 7-8　團體滿意度自我評量表

說明：此表用於每次團體結束後，成員針對團體感受與意見之評量用。

極不符合　　　　　　　　　　　　　　　　極符合

1　2　3　4　5　6　7　8　9　10

---

1. 我能在這次團體中向別人表達我的看法。

1　2　3　4　5　6　7　8　9　10

2. 我喜歡這次的團體活動。

1　2　3　4　5　6　7　8　9　10

3. 我覺得在這次團體活動中學會了如何關懷別人。

1　2　3　4　5　6　7　8　9　10

4. 我對自己越來越了解。

1　2　3　4　5　6　7　8　9　10

5. 參加團體使我對自己越來越有信心。

1　2　3　4　5　6　7　8　9　10

6. 在這次團體中我樂於和其他人分享我的經驗。

1　2　3　4　5　6　7　8　9　10

7. 我覺得這次的團體經驗很有意義。

1　2　3　4　5　6　7　8　9　10

8. 我覺得這次聚會大家互相信任而且坦誠。

1　2　3　4　5　6　7　8　9　10

9. 我喜歡領導者的帶領方式。

1　2　3　4　5　6　7　8　9　10

10. 我認為下一次可以改進的是：

參考資料：引自吳武典主編（1994）

➤ 表 7-9　團體氣氛自我評量表

說明：回想團體內其他成員互動的情形，在每一項目前的括弧內寫下適當的字母。	

　　　　A、他們總是這樣　　　B、他們時常這樣　　　C、他們偶爾這樣

　　　　D、他們很少這樣　　　E、他們不會這樣

我覺得和我同組的人：

　1.（　　　）誠實對待我。

　2.（　　　）掌握到我說話的重點。

　3.（　　　）打斷或不理會我提出的意見。

　4.（　　　）接受我。

　5.（　　　）當我干擾他們的時候，他們很自然地讓我知道。

　6.（　　　）誤解我所說的和所做的。

　7.（　　　）對我感到興趣。

　8.（　　　）提供一種氣氛使我能表現真實的我。

　9.（　　　）有事藏在心裡不讓我知道。

　10.（　　　）能洞悉我是怎麼樣的一個人。

　11.（　　　）無論什麼事都會考慮我一份。

　12.（　　　）對我採取判斷式的反應。

　13.（　　　）對我完全坦白。

　14.（　　　）能覺察我的困擾。

　15.（　　　）不論我的技術能力或地位如何，都能充分尊重我。

　16.（　　　）如果我表現特異的話，即嘲笑我或不表贊同。

其他意見：（請註明）

《附註》

團體氣氛問卷計分法：（分數愈高，團體氣氛愈佳）

第 3、6、9、12 與 16 項是負向行為，先予評分，A=0，B=1，C=2，D=3，E=4；其他的題目計分方式相反，A=4，B=3，C=2，D=1，E=0。然後按下述原則將各題分數相加，得出下面四種團體氣氛的分數：

真誠（包括 1、5、9、13 四題）　　了解（包括 2、6、10、14 四題）

尊重（包括 3、7、11、15 四題）　　接納（包括 4、8、12、16 四題）

資料來源：引自林幸台、宋湘玲（1989）

► 表 7-10　團體成員之關係人評量表

　　　　　先生（女士）：您好！
　　　為了協助　　　　同學自我成長與適應發展，熱誠盼望能經由您的協助，獲得其生活表現資料，懇請惠賜意見，供本中心作為青少年輔導工作之參考。你所填寫的資料絕對保密，亦不做其他考核評量。敬請依據作答說明，逐項詳實填寫。謝謝合作！
　　　敬祝
　　　身體健康

　　　　　　　　　　　　　　　　　　國立高雄應用科技大學
　　　　　　　　　　　　　　　　　　諮商輔導中心敬啟
　　　　　　　　　　　　　　　　　　　年　　月　　日

一、評量說明：
　1. 為使評量客觀，當事人表現行為係指在各種時機之下（如校內外、家庭內等）的觀察。
　2. 評定點數時，請勿過於寬大或過於嚴苛，依照當事人實際行為表現即可。
二、評量方式：這是一個評量當事人行為的量表，使用時應先知道每一句中數字評量所代表的意義：以 4、3、2、1 表示當事人達到所描述的行為程度：
　　　「4」表示特殊優越的程度　　　「3」表示平均以上的程度
　　　「2」表示平均程度　　　　　　「1」表示平均以下程度
※請在適合當事人行為程度的點數上打✓

1. 他是否誠實、真誠、可被信任 …………………………………………
4　3　2　1

2. 他是否對自己的行為負責 …………………………………………………
4　3　2　1

3. 他是否完成師長、家人指定的工作 …………………………………
4　3　2　1

4. 在緊張情況下，他是否保持情緒平衡與身體上的自在不拘………
4　3　2　1

5. 他是否保持適當的禮節 …………………………………………………
4　3　2　1

6. 他是否努力求知 ………………………………………………………………
4　3　2　1

➤ 表 7-10 團體成員之關係人評量表（續）

7. 他平時是否心平氣和的學習每項事務 ⋯⋯⋯⋯⋯⋯ |_4_|_3_|_2_|_1_|

8. 他是否對自己充滿信心 ⋯⋯⋯⋯⋯⋯⋯⋯⋯⋯⋯⋯⋯ |_4_|_3_|_2_|_1_|

9. 他是否主動幫助別人 ⋯⋯⋯⋯⋯⋯⋯⋯⋯⋯⋯⋯⋯⋯ |_4_|_3_|_2_|_1_|

10. 他是否行事嚴謹、考慮周詳 ⋯⋯⋯⋯⋯⋯⋯⋯⋯⋯ |_4_|_3_|_2_|_1_|

11. 他是否尊重別人的權利 ⋯⋯⋯⋯⋯⋯⋯⋯⋯⋯⋯⋯ |_4_|_3_|_2_|_1_|

12. 他是否與其他人相處融洽 ⋯⋯⋯⋯⋯⋯⋯⋯⋯⋯⋯ |_4_|_3_|_2_|_1_|

13. 他對現實的生活是否滿意 ⋯⋯⋯⋯⋯⋯⋯⋯⋯⋯⋯ |_4_|_3_|_2_|_1_|

14. 他是否準時上下課（上下班） ⋯⋯⋯⋯⋯⋯⋯⋯ |_4_|_3_|_2_|_1_|

15. 他是否遵守與別人的約定 ⋯⋯⋯⋯⋯⋯⋯⋯⋯⋯⋯ |_4_|_3_|_2_|_1_|

三、請就您對當事人的了解，描述他這三個月來的狀況（包括他的學習表現、生活情況、交友情形等）加以敘述⋯⋯

四、就您了解，當事人對參加此一團體的感受或看法是⋯⋯

CHAPTER 8

團體輔導的專業倫理

輔 導是一種專業的助人工作。專業工作的基本特質之一就是具有專業的倫理規範，以保障當事人的權益，保障社會的權益，並規範輔導人員的行為，以獲得社會大眾的信任。

~牛格正（1991）

第一節　團體領導者的倫理責任

近年來，團體輔導工作發展迅速，廣泛的運用在各級學校、社會單位、企業機構與醫療體系等領域，以解決人類在現代社會變遷下所衍生的身心發展與社會適應的問題。正由於團體輔導的「市場需求」日益殷切，也因此吸引了許多非專業人士及短期養成訓練的團體領導者加入此一工作行列。由於非專業人力的引進與部分專業領導者的疏忽或經驗不足，以致產生不少專業爭議、人際困擾與倫理問題。

在國外，為了因應輔導與諮商專業的發展趨勢，同時維護當事人、輔導員、團體領導者等權益，進而建立輔導諮商的專業形象與專業地位，許多國家的輔導機構及其相關組織、協會都訂頒有倫理守則條文，以規範其成員（會員）的行為，例如：美國心理學會（APA）、美國團體工作專家學會（ASGW）、美國國家教育學會（NEA）、美國人事及輔導學會（APGA）、人文心理學會（HPA）……等。

反觀我國，多年來在宗亮東、李東白、牛格正、劉焜輝、呂勝瑛……等先進學者及中國輔導學會（今「臺灣輔導與諮商學會」）的努力下，在 1988 年完成訂定「輔導專業人員倫理守則」。2000 年成立「諮商專業倫理委員會」，負責推動專業倫理守則之修訂與解釋、專業倫理教育之推動，以及違反專業倫理事件之申訴、調查、仲裁與懲戒等事宜。臺灣諮商心理學會於 2009 年成立，旋即於 2010 年設置「倫理法規委員會」；中華民國諮商心理師公會全國聯合會於 2010 年亦設立「專業倫理委員會」，並訂定「會員倫理守則」與「自律公約」。稍早之前，臺灣地區於 2001 年「心理師法」頒布施行時，諮商輔導人員之教考訓用及繼續教育時數認證，已明訂專業倫理的規範與訓練。

中華民國諮商心理師公會全國聯合會於 2011 年訂頒「會員自律公約」（詳見附錄一）。今舉臺灣輔導與諮商學會（原「中國輔導學會」，2008 年

內政部核備更名）之「輔導專業人員倫理守則」為例說明。該守則內容計十一篇九十九條文，含總則十三條文、輔導人員的專業責任十條文、當事人的基本權益七條文、諮商關係六條文、諮商機密六條文、團體輔導十一條文、測驗與評量十條文、研究與出版十一條文、諮詢服務六條文、青少年輔導九條文、輔導員教育與督導十條文。其中有關團體輔導倫理守則的條文如下（「輔導專業人員倫理守則」，舊版年代 1988）：

1. 組成團體以前，領導者應實施團員甄選，以維護全體團員之利益。

2. 領導團體時，應明確告知團員有關團體的性質、目的、過程、使用的技術、及預期效果和團體守則等，以協助當事人自由決定其參與意願。

3. 尊重團體成員的人格完整是團體領導者的主要責任，領導團體時，應採取一切必要及適當的安全措施。

4. 領導者不要為自我表現，選用具危險性或超越自己知能或經驗的技術或活動，以免造成團員身心的傷害。倘若為團員之利益，需要採用某種具挑戰性技術或活動時，應先熟悉該項技術或活動之操作技巧，並事先做好適當的安全措施。

5. 領導團體時，應會同團員訂定團體行為原則，規範團員之行為，以免造成對團體生活之不利影響或身心傷害。

6. 領導者應具有適當的領導團體之專業知能和經驗。

7. 領導開放性或非結構性團體，或以促進自我成長及自我了解為目的之團體時，宜採用協同領導，以策安全，並應特別注意團員素質及性格，慎重選擇，以避免因某些團員消極或破壞性行為影響團體效果。

8. 領導者應尊重團員參與或退出團體活動之權利，不得強制參與或繼續參與他不願參與的活動，以免造成團員身心的傷害。

9. 領導者應特別注意保密原則，經常提示團員保密的倫理責任，並預告團員重視自己的隱私權及表露個人內心隱密之限度。

10. 若需要將團體活動過程錄音或錄影時，領導者應先告知團員錄製的目的及用途，徵求團員之同意，並嚴守保密原則。

11. 為實驗研究目的而實施團體輔導時，研究者應預先聲明研究的性質、

　　目的、過程、技術與活動、研究結果資料之運用及安全措施等，以讓
　　受試者自由決定是否參與。

　　由此觀之，團體領導者在實施團體輔導、團體諮商之前，必須具備專業
知能、敬業精神與人文涵養，同時要能夠明瞭個人的專業角色與倫理責任。
對於團體成員的權益保障，要能夠做到：協助成員發展其完整人格，成員有
接受或拒絕參加團體的權利，成員有「知後同意權」（即當事人有權利獲得
足夠資訊後才決定是否接受輔導），成員有要求領導者與其他成員保密的權
利及免受傷害的權利。對於團體領導者的責任，領導者要能夠盡到：維護團
體及其成員的權益，必要時有轉介責任，尊重家長合法監護權的責任，以及
保密的責任、導護的責任、預警的責任及社會的責任。對於領導者與團體成
員之間的關係，領導者要能夠力行：不得利用成員，避免私人情感的介入，
避免與成員發生不正常關係，避免成員利用團體發展不良企圖，避免外力介
入團體的運作，尊重及保密團體的互動關係。對於團體輔導涉及兩難問題時，
領導者有責任妥善處理：協調與服務機構的衝突，舉發團體其他領導人員「倫
理非行」（違反專業倫理）之行為，接受其他諮商員轉介之個案，詳實記錄
並妥善保管團體輔導資料，防止團體內價值觀念強迫介入的現象發生。團體
記錄資料（包括錄音、錄影、心得報告等）若須運用於專業研討時，也要注
意不違反專業倫理，謹慎處理涉及法律的問題，包括團體成員未成年的主權
問題等。

　　上述針對「輔導專業人員倫理守則」中，有關團體輔導部分涉及領導者
在帶領團體時倫理責任的問題，在在值得省思。倫理守則只是實施輔導諮商
工作時的行為指導原則，認識這些原則固然重要，更重要的是必須輔導人員
能夠「知行合一」、「言行一致」。倫理學不應只是道德判斷的指標，而是
一門身體力行的實踐哲學。是故，團體領導者在實際帶領團體之前後及過程
中，更需要隨時謹慎思量，確實遵守倫理規範。

第 二 節　　團體形成前的倫理問題

　　團體形成前，領導者要完成方案設計、計畫撰寫、成員選擇、場地布置、團體性質確認等前置作業的準備，一如前述。相同的，領導者在帶領團體前若能事先認識專業規範，培養正確的倫理判斷，重視個人的人格涵養，澄清團體性質、目標與功能，相信「凡事豫則立，不豫則廢」，必能有效運作團體，避免日後衍生出人際困擾、專業爭議、倫理衝擊及法律責任等問題，以保障團體成員的權益，善盡社會責任，同時也可以提升輔導品質，建立專業形象。

■一 領導者應具有領導團體的專業知能和經驗

　　建立團體活動的哲學基礎及專業理念的清晰化，是團體具有促進成長或改變功能的重要步驟，包括認知和實務兩方面，是故領導者在帶領團體或組成團體之前，必須先衡量自己的專業知能是否能夠勝任，造福團體成員。美國心理學會（APA）規定：「心理學家應認識他的能力範圍與技術限制，並且唯有在切合被認同的標準下，方能提供服務、使用技術或提出意見」。因此，領導者在團體形成前須接受團體輔導的專業訓練，在擔任領導者之前至少也要有多次參加團體及擔任催化員、觀察員、協同領導者等團體經驗，萬萬不可將成員當成「臨床實驗品」，否則會對成員造成傷害，而須負起倫理甚至法律責任。換言之，領導者要隨時自我反省、能力評鑑，以發現自己的知能限制，也要隨時接受領導專業訓練與倫理思考訓練，充實新知。

二 領導者應在團體組成之前，慎選團體成員，以維護全體成員的利益

團體輔導強調成員須為自己的行為負責，是故，團體成員是否有參加團體的意願將影響團體動力的開展。基本上，團體領導者應尊重成員參與或退出團體的權益。因此藉由團體組成前的約談篩選，一則有利於甄選有意願的成員加入團體，再則也可藉此機會激發非自願者參加團體的意願。領導者在選擇成員時，基於團體倫理的考量，不妨多加思考：此人參加團體的動機為何？此人是否有不當的企圖？此人的身心發展適合加入團體嗎？此人與領導者是否有多重關係的倫理爭議，導致團體發展風險與成員受到傷害（蔡碧藍，2007）等。

領導者在團體進行前，可透過與成員的篩選面談（參閱本書第三章），預先減低成員的焦慮與抗拒、干擾（吳昭儀，2009）。當成員對團體的參與抱持積極看法時，通常較容易投入團體，也易於從團體中受益，故領導者有責任去選擇適合的成員加入團體，包括考量其性別、年齡、家庭狀況、社會背景及過去團體經驗等。若是讓身心異常的成員加入團體而傷害其他成員，便是違反專業倫理。若是強迫成員參加團體，其抗拒、冷漠、防衛、焦慮等反應也易對自願性成員或其他成員造成傷害。

三 領導者有責任提供相關資訊，以協助成員完成加入團體前的準備

許多成員在接獲通知被邀請參加團體前，對團體輔導的概念完全不清楚，等到團體一開始才發現與想像中的不同，不知如何自處應對，甚至造成極大的身心壓力與傷害。因此領導者在團體開始前有必要提供相關資訊，例如前置家庭作業、參考書目、團體計畫書、電話語音服務等等。必要時，可針對團體性質、功能寫給準備參加團體的成員一封信，內容參考如下：

親愛的朋友：

　　首先恭喜你獲邀參加「××××團體」，我們即將與你共渡美好的　　週（日）時光。

　　相信你在「成員面談」時，已對本團體的性質、功能與目標有所了解；若仍有疑惑，隨函附上有關資料供你參考。

　　任何成功的團體體驗，可以讓人感受到人際的溫馨與成長的喜悅，前提是需要你的支持與參與。

　　此刻的你不妨先問自己：

　　「我為何參加此一團體？」

　　「我想要的是什麼？」

　　「對此團體我有何期望？」

　　「我將以何種態度參與？」

　　…………………………

　　一個有效、專業的成長團體，需要大家與領導人員共同努力，才能達成目標。換句話說，你必須擺脫主觀的成見，以坦誠開放的精神積極投入，投入愈多，收穫也愈多；就像撞鐘一樣，撞擊愈大，迴響也愈大。在這個溫馨的團體中，願意開放自我、分享經驗的人，也愈容易從別人的回饋中得到成長。

　　未來團體過程如同你我的成長歷程一樣，或許會有些挑戰，或許會有些不如意，何妨給自己一點堅持，一點勇氣，你將會享受那「突破與超越自我」的喜悅。所有的朋友將和你、我一起在團體內互動、交流與學習，我們將真誠的、尊重的、互助的、信任的相處。別輕忽了你在團體的影響力哦！期待你的參與，讓我們踏上團體的旅程～～一個知性與感性的旅程。

領導者＿＿＿＿＿＿敬邀

＿＿＿年＿＿＿月＿＿＿日

四 領導者對欲領導之團體性質、理論與技術須有清楚的認識，同時詳細設計團體活動內容

　　有效的領導者應在團體形成前，多方參考有關文獻資料，配合團體性質、功能與目標，考量成員背景、特性與需求，擬訂團體方案，選擇能力範圍所及的活動，撰寫團體計畫書，並且透過適當的管道令成員了解。若是二人以上共同或協同帶領團體，亦需要緊密研討，「地毯式」的規劃團體各階段的轉折點及其領導知能（Corey & Corey, 2006）。縱然是經驗豐富的領導者，也不應毫無依據的「即興演出」領導團體。

　　領導者不要為求自我表現，選用危險性或超越自己知能、經驗的技術活動，以免導致成員身心傷害。有的領導者帶領「悲傷治療團體」，導致成員悲傷的一發不可收拾；有的領導者帶領「壓力調適團體」，結果成員在團體內負荷不了壓力；有的領導者帶領「自我肯定訓練團體」，成員被訓練得愈缺乏自信……，值得深思。倘若基於團體需要，領導者必須採用某種具挑戰性技術或活動時，應先熟悉該項技術或活動的操作技巧，並事先做好安全的防範措施，千萬不要產生諸如成員參加「信任跌倒」，跌出不信任的後遺症等等，必要時事先向有關人員諮詢接受指導。

五 領導團體時，應明確告知成員有關團體的性質、目的、過程、使用的技術及預期的效果

　　團體形成前，領導者宜先考慮清楚團體次數、團體時間、團體場地、團體人數，以及是否搭配協同領導者（或催化員、觀察員等）帶領團體，團體性質是結構或非結構、同質或異質等問題。確認上述問題的同時，也要釐清團體目標，哪些團體目標無法達成，哪些團體目標是短程或長程才能實現，並且將之忠實的反映予成員，千萬不可隱瞞或渲染團體功效以遂行不當企圖，例如誇大效果來宣傳招生。若為實驗研究目的而實施團體輔導時，研究者應

事先聲明研究的性質、目的、過程、技術、活動、安全措施及研究結果資料之運用等，以讓受試者自由決定是否參與。

總之，領導者有責任在團體進行前告之成員團體的目標、技術、規定、限制和專業關係的規則。

六 團體領導者宜兼顧成員在團體外成長的權益，適時的予以輔助

團體形成前經面談後不適合參加團體的成員，若其有需要輔助，領導者仍應提供其他方面的輔導資訊，必要時給予其個別諮商或轉介輔導。一般而言，國內從事團體輔導工作者多半具有輔導諮商的專業知能，輔導的對象是當事人，他的基本權益與福利就是輔導人員專業倫理與專業責任的基礎。是故，當團體進行前或過程中，發現成員的成長、適應與發展亟待協助時，即使是需要團體外的個別諮商，領導者仍有助人的義務與責任。

七 團體領導者有責任熟知其隸屬機構的期待及規定，並適當地應用到團體中

無可否認的，有些團體領導者隸屬於某一機構組織，團體成立有時涉及機構本身發展的考量，身為組織的一份子，有必要遵循其倫理規範與行政規定，甚至履行工作契約。在不影響輔導專業的前提下，領導者可適當的結合機構期待，否則必須溝通協調之。

第三節　團體過程中的倫理問題

當團體開始運作後，領導者的特質能力、團體的動力發展及成員的個別差異等因素皆會影響團體過程。團體是多數人組成的集合體，人的行為複雜

多變，因此領導者欲組織運作團體，激發成員的動力，以達成團體目標及滿足個人需求，自然是一件高難度的工作。有些輔導工作者存有「個別諮商易，團體輔導難」的主觀想法，認為團體輔導除了有時間上的經濟效益外，帶領團體其實是相當耗神、費力、花心思的。正因如此，團體實際運作的過程中，領導者的角色、能力、精神與敬業態度，成員在團體內外的行為反應，團體情境內外變項的介入等無一不涉及專業倫理的問題，值得重視，以免因違反專業守則，而侵犯了成員的權利，或對成員的身心發展造成傷害。

一、領導團體時，應會同成員訂定團體行為規則，規範成員行為，以免造成對成員生活之不利影響及身心傷害

　　團體成員的個別差異性甚大，且「人多嘴雜」、「人多意見多」，成員在團體中因個人的需求、感受、經驗、價值觀及行為反應不同，難免在互動上有相當多的隔閡、衝突與不協調，特別是在團體動力與團體文化（即團體成員共同信守的價值、信念、習慣及傳統）未形成前，故領導者有責任與成員共同討論團體規範，建立團體共識（林俊德，2002）。基本上，規範是指團體成員「應該」的行為，所以具有價值判斷、行為準則的功能。規範的建立有助成員反應團體內行為，降低領導者的權力及控制，以有效及民主的運作團體。若有成員在不了解團體規範，或領導者未在團體一開始即建立團體規範的狀況下，表現不適當的行為，屆時領導者應該要負責，否則成員要自我負責。

二、領導者須謹慎的運用領導技巧與諮商技術，以免對團體成員造成不利的影響及傷害

　　有效的領導知能包括：有選擇及評估欲參加團體成員的能力，對團體輔導的概念有清楚的了解，有診斷成員自我狀態的能力，能描述及運用本身所選擇的團體理論模式，能正確解釋成員的非語言行為，能適當的把握團體進

行的速度，有解決團體問題的能力，具有催化團體動力的能力，有能力適時
處理團體的特殊事件，有能力結束團體活動等等。有些領導者在領導過程中
錯誤的設計、帶領團體活動，例如不當的分組配對、濫用面質技術、誤用肢
體活動、妄用鬆弛技術……，以致造成團體動力的凝滯、瓦解，違反了諮商
倫理，實有必要加以改進。

三 領導者須有純正的動機、健康的身心、敬業的態度及專業的精神

領導者是團體過程（特別是初始期）的樞紐，故其身心健康、專業知能、
人際行為、精神態度，在在成為成員的「標竿」。少數領導者在團體內出現
「神經質反應」（neurotic response）或「情緒化行為」（emotional behav-
ior），主觀的扭曲成員看法，錯誤的解釋團體行為，甚至在團體內出現失控
的言行。也有的領導者因個人的方便而造成成員的不便，隨意更改團體時間、
場地及活動設計，或者缺乏敬業態度，遲到早退，活動委由他人（協同領導
者、助理）帶領，精神不濟，爭名逐利等，值得檢討改進。領導者應隨時檢
視自我對團體的影響，也期盼督導者及同儕人員發揮督促功能，以達成團體
輔導的目標。

四 團體進行期間，領導者應配合團體的發展，適時讓成員了解團體進展、活動目的

個人加入團體必須是出於該成員自由意志的選擇，而且是在充分了解加
不加入團體所須負的義務，與了解其所有的權利情況下所做的決定。同時，
成員參加團體的意願不一，動機有別，學習能力也不盡相同，領導者有責任
敏銳觀察成員的疑惑與需要，適時的向成員說明團體的期望、活動方式、技
巧，以及為何要使用此一團體活動，使成員了解團體的教育性、治療性或發
展性功能，並鼓勵成員討論他們的團體經驗，以及他們在團體內的角色功能。

五 基於團體發展的需要及特殊性考量，領導者有責任安排協同領導者或專業人員協助帶領團體

中國輔導學會「輔導專業人員倫理守則」有關團體輔導條文的第七條明訂：「領導開放性或非結構性團體，或以促進自我成長及自我了解為目的之團體時，宜採用協同領導，以策安全，並應特別注意成員素質及性格，慎重選擇，以避免因某些成員消極或破壞性行為影響團體效果」（「輔導專業人員倫理守則」，舊版年代 1988），協同領導者可以協助領導者觀察團體、照顧成員、催化動力。不同的協同領導者有其不同的特質與能力，基於倫理責任，領導者有必要慎選協同領導人員（參閱本書第四章團體領導者），避免造成團體運作的困難，損及成員權益。

六 領導者應具有敏感度，適時覺察並妥善處理團體內特殊成員，以保障其他成員的權益

成員在團體內的行為反應不一，無論團體動力如何，領導者的領導知能如何，團體情境安排如何，團體內因個人的人格特質、價值觀念、開放性、自主性及成長經驗等差異，難免會產生一些特殊成員：焦慮者、大頭腦（理智者，intellectulizing）、壟斷者、沉默者、依賴者、攻擊者、替罪羔羊、建議者、嬉戲者、救援者、哭泣者等。針對不同的特殊成員，可運用不同的方法與技巧來處理（參閱本書第三章、第五章），唯須掌握基本的原則：(1)團體內發生的人與事，在團體內處理；(2)掌握此時此刻（here and now）；(3)領導者與成員有共同責任；(4)仔細觀察分析，彈性處理；(5)人性的尊重與包容；(6)團體輔導與個別諮商相輔相成。領導者對於團體特殊事件及成員，若未能敏感覺察在前，又無法妥善處理於後，不但損及當事人及其他成員權益，也傷害了團體動力的發展，有違專業倫理。必要時，領導者宜在團體內專業性、技巧性的限制成員語言與非語言的攻擊行為。

七 領導者可以表露自己的價值觀，但應避免強迫成員接受，或強烈暗示成員順從

從團體動力學的觀點而言，團體（過程）非靜止不動的，而是一動態、有生命的集合體。因此團體過程會影響成員與整個團體的交流互動。換句話說，成員與成員、成員與領導者、成員與團體會自然產生影響作用，包括人際影響、行為影響、情感影響及認知影響。基本上，價值觀是人類認知結構中的一部分，因此，團體輔導過程中，領導者的價值觀會影響成員的價值觀是自然的互動結果。所謂的「自然」是指領導者非為一己之私、非為防衛自我，而是成員確認該價值觀對其成長發展有益，或符合個人理念而自主性地接受影響的狀態。若違反「自然」原則，領導者過度的價值觀介入，即是違反專業倫理的行為，也會破壞團體輔導關係，值得警惕。

八 領導者有責任告知成員有關團體的錄音或錄影用途，不宜影響成員在團體內的反應與權益

根據中國輔導學會「輔導專業人員倫理守則」團體輔導條文第十條的規定：「若需要將團體活動過程錄音或錄影時，領導者應先告知成員錄製的目的及用途，徵求團員之同意，並嚴守保密原則」（「輔導專業人員倫理守則」，舊版年代 1988）。因此，任何團體進行中的錄影、錄音及外人介入觀察、訪視，皆須徵求成員的同意後才能進行，並且須向成員說明用途，清楚說明錄音（影）帶等記錄的後續處理方式，例如：何時銷毀？如何運用……等，以減輕成員參與團體的心理壓力，增加成員行為反應的真實性。若設有觀察員，也要避免其介入影響團體的運作（參閱本書第四章）。

九 領導者應平等的重視每位成員，並尊重成員在團體內的反應

一般而言，沉默的成員易受到壟斷性成員的壓力，大頭腦的成員易受到攻擊者的挑戰，依賴者習慣於求助救援者，嬉戲者經常將責任歸於替罪羔羊……，團體內成員的互動有時會失去平衡，領導者有責任察覺並處理。同時，領導者對每位成員應一視同仁，避免因成員的反應表現不同而有差別待遇。此外，成員在團體內的行為表現或反應決定應給予適度尊重，尊重並不代表容忍接受，而是保障其表達及參與團體的權利，亦即要考量成員應有的權益，例如：成員有拒絕分享（隱私）的權利，以及領導者應尊重成員參與或退出團體的權利，不得強制成員參與或繼續參與他不願參與的活動，以免造成成員身心的傷害。若成員欲退出團體，領導者除予以尊重外，也應妥善處理，以免對團體動力及其他成員形成傷害。不妨事先觀察，加強個別諮商，溝通雙方意見，然後在團體中技巧地讓欲退出的成員適度表達對團體及其他成員的肯定，使欲退出團體的成員能在「帶著（眾人）祝福也留下（個人）祝福」的和諧情況下離開團體。

十 領導者應特別注意保密原則，經常提示成員保密的倫理責任，並預告成員重視自己的隱私權及表露個人內心隱密的限度

團體內成員容易受到情境壓力、團體氣氛的影響，而自發的或非自主的分享個人深層次的感受或隱私性的經驗。領導者必須有能力協助成員拒絕團體壓力以維護每一位成員的權益，保護成員免受傷害。領導者須適時的強調團體規範、保密原則，以免洩漏成員的隱私，必要時也可參考美國心理學會（APA）的方式，與成員訂定書面契約，確遵保密承諾。Corey 和 Corey（2006）認為，領導者也不宜承諾絕對保密，尤其是對社會安全有影響而可

能被有關單位徵詢的人事資訊。基本上,領導者、諮商員亦有社會責任,故宜適時向成員說明領導者「保密的前提」與「保密的例外」,例如成員有傷害自己或別人的意圖時,成員為嚴重的無行為能力時,成員有保密條款的切結書時(鄭雅薇,2002);同時避免成員挑戰領導者的守密行為與專業精神。

第四節　團體結束後的倫理問題

　　團體領導者在團體形成前及運作過程中固然有其角色倫理與行為規範,包括有責任維持安全的團體情境、建立良好的資源系統、提供成員足夠的團體資訊、避免發展輔導專業以外的私人關係等等;然而,即使到了團體結束之前或結束以後,仍有許多涉及倫理責任的問題,必須加以重視。一般人總以為團體結束,領導者已完成工作任務,不必隨時「備戰」,在不自覺或鬆懈疏忽的情況下,導致違反專業倫理的情事發生。縱使在團體輔導過程中表現出色的領導者與滿意收穫的成員,也有可能在團體結束前後,發生「功敗垂成」的倫理憾事,例如:團體結束後,成員與成員、成員與領導者發展不當的人際關係、餽贈問題、團體資料的洩密等。

一 領導者有義務協助成員統整學習心得,結束團體

　　首先是領導者有義務在團體結束前,引導成員統整團體內學習心得,提醒成員團體即將結束,鼓勵成員表達感受與期待,疏導成員壓抑的負向情緒,協助成員擬訂未來計畫(楊宇彥,2001),並與現實環境的經驗做一聯結,以確認學習結果,激發成員實踐的行動力。其次,對於未能滿足個人內在需求與參加動機的成員,領導者有責任加以了解,適時的個別諮商與提供轉介服務。若成員尚未成年,或由家人師長推薦參加團體者,必要時團體領導者也應與相關人員接觸、溝通意見,但仍須在獲得當事人同意的情況下進行與其關係人的接觸連絡,較為理想。

二 領導者引導成員建立團體結束後互動模式的共識

　　團體領導者有責任告知成員，團體內或團體外成員彼此的互動關係，必須於團體內討論，且於團體結束前事先討論、規範（Yalom, 1985, 1995）。因此團體結束後，若成員情感融洽，團體動力催化結果使團體欲持續進行，無論型式為何，定期或不定期，結構或非結構，領導者有責任加以協調，充分了解每位成員意願，以採取開放式自願性參加為原則，避免少數成員受到團體壓力而被迫參與，造成人際困擾與身心傷害。領導者與成員在團體結束後，輔導關係雖亦隨之結束，有權利不參加後續發展的聚會團體，唯領導者仍宜適當說明，以免成員對領導者產生誤解，質疑團體成效與領導行為。若成員有情感依賴或情感轉移現象時，領導者更須謹慎處理團體結束後的互動情形，避免發展複雜的私人關係。

三 領導者應避免接受團體成員的餽贈酬償

　　有些團體在結束時，成員為表示對領導者的肯定或慰勉其辛勞，常有餽贈送禮等情事發生。基本上，除了應有的團體領導權益與鐘點費等福利之外，領導者應避免接受成員貴重的回饋物品或金錢，成員不妨以卡片、鮮花表達敬意與謝忱即可。否則領導者宜事前婉謝說明，事後退回成員的餽贈，或以等值的方式回謝。當然，任何的處理方式以不傷及人際情感與專業倫理為原則。臺灣輔導與諮商學會訂頒的「諮商專業倫理守則」第 2.4.4.條「收受餽贈」中也明訂：「諮商師應避免收受當事人餽贈的貴重禮物，以免混淆諮商關係或引發誤會及嫌疑。」

四 領導者有責任妥善管理及運用團體記錄資料

　　值得注意的是，團體記錄資料的運用也須謹慎。大多數的團體通常會規

定成員在每次團體結束後繳交心得報告。一般而言，成員通常會利用此一管道分享個人參加團體的心得感想，領導者也可據此修改團體方案與活動設計，或作為評量團體成效與團體動力的參考。但是，有些成員也會利用心得寫作分享個人隱私或困擾，尋求領導者的諮商輔導，甚至反映一些不敢在團體公開的意見。因此，領導者在審閱時有責任仔細回應，用心「函件輔導」，切勿批「閱」了事或敷衍數語。同時，心得報告發回給當事人時應注意保密原則，不宜請其他成員代發或置放某處由成員自行取回。必要時領導者不妨在閱完加註意見後用信封袋密封發回，以確保成員的隱私，遵守保密原則。

當考量到社會責任或研究發展等因素，而需加以運用成員個人的心得報告或領導者的團體記錄等輔導資料，但又要兼顧輔導員、領導者的保密責任等倫理問題時，究竟應該如何處理？臺灣輔導與諮商學會訂頒之「諮商專業倫理守則」有關諮商機密已有清楚規定（詳見本書附錄資料）。此外，Shlensky（1977）也提出十四點參考意見：

1. 擬訂保護機密性輔導資料的政策聲明，提供當事人參考。

2. 輔導資料記錄格式宜簡明扼要，並書寫正確。

3. 若為研究、教學、督導目的必須運用輔導資料時，宜先徵得當事人之同意。

4. 當事人有權查閱其接受輔導之資料。

5. 當事人可以查閱輔導過程中有爭論性的資料。

6. 輔導資料轉移前，須先徵求當事人之同意。

7. 當事人之個人基本資料與諮商資料宜分別保管。

8. 提供當事人可能查閱或運用其輔導資料之人員名單，以便於當事人作同意與否之決定。

9. 用電腦處理當事人輔導資料時，應將其基本資料及諮商資料分別處理，並將諮商資料以代碼編號，以免洩露當事人之身分。

10. 由他處轉入之當事人的輔導資料，應以密碼編號，以維護機密。

11. 輔導機構宜聘有法律顧問，協助處理輔導資料轉移、開放及可能涉及的法律問題。

12. 應制訂懲處不當洩露資料之法則。

13. 當事人之基本資料應在規定時間內予以銷毀。

14. 提供當事人必須開放輔導資料之情況,包括:(1)法院傳令查閱時;(2)當事人對輔導員提出控告時;(3)輔導員認定當事人須住院治療以免發生人身傷害時;(4)有監護之必要時;(5)依情況考慮當事人是否能出庭作證時;(6)輔導員受命出庭說明當事人之心理狀況時。

五 領導者應接受督導者之專業諮詢與指導

最後,基於專業成長、成員權益與團體輔導工作的發展,領導者在帶領團體的前後及過程中,應配合證照制度、督導制度的建立,接受諮商督導。隨著輔導與諮商績效責任(accountability)的觀念逐漸被人重視,有關輔導人員需要接受諮商督導的責任和倫理問題便成為一個新的焦點(徐西森、黃素雲,2008)。團體輔導若無督導者協助指導或督導不夠深入,任憑領導者「嘗試錯誤」、「實驗摸索」,則團體成效必然極其有限,同時會損及成員權益與領導者的專業成長。是故,團體結束後領導者必須徹底檢討、評估,以履行倫理責任,提升專業品質,發揮輔導功能。

CHAPTER 9

團體動力與班級經營

班級經營乃是以了解學生各方面資料為基礎，建立良好的師生與同儕關係，運用適當的團體管理、教學方法與諮商技巧，協助學生改善不當行為，激發學習行為，以滿足學生基本心理需求及健全其身心發展。

～Jones 和 Jones（1986）

第一節　班級經營的基本概念

　　若將小團體輔導人數（約 15 人）增加三倍，成為一個班級團體人數（約 45 人），則班級經營等同於大團體輔導。在國內，許多輔導工作者努力將團體動力的精神與內涵、團體輔導的理論與方法融入班級情境中，「班級團體輔導」、「班級經營」的理念於焉形成。團體輔導的理念、理論、方案設計及領導內涵皆可運用於班級經營與教室管理中，能有效達成班級情境的團體輔導目標。

一 班級經營的意義

　　何謂「班級經營」（classroom management），一稱「教室管理」，或稱「教室經營」。有人以為凡是班級導師所進行的一切活動就是班級經營，然而學生的身心發展並非只受到導師之輔導及教育行為的影響，因此，廣義的解釋是：凡為達成教育目標，運用各種教育活動與措施，影響班級的人、事、物產生正向改變的過程，謂之為「班級經營」。換言之，班級經營是為了達成學校所揭示的教育目標及使各項教育活動能夠順利推展。

　　班級（教室）是學校教育傳習活動的基本場所，師生在此一團體內教與學、成長與發展。目前世界各國的學校教育大多採取班級教學的模式，尤其是中小學教育。由於求學者眾，空間資源有限，為了考量實際需要及充分運用人力資源，以班級為單元的教學與輔導，已成為教育的主要措施。是故，「班級經營」的課題一直深受教育界人士的重視。班級經營就是一種由教師或教學者於班級情境中，利用各種相關資源，以有效的策略，對學生實施適宜的處置，藉以激發學生有效學習，達成教育目標的措施。Jones 和 Jones（1986）認為班級經營有五項特點：

　　1. 班級經營是以對學生心理需求與學業需求的了解為基礎。

2. 班級經營必須建立良好的師生關係與同儕關係，方能滿足學生的基本心理需求。

3. 班級經營是運用組織管理與團體輔導的方法，協助學生達成成長與發展任務。

4. 班級經營應針對個別差異，使用個別化教學與團體式輔導，以激發學生正向的學習效果。

5. 班級經營者應適當的使用諮商輔導技巧與行為改變技術，以檢視並改正學生偏差行為。

二 班級經營的內容

班級經營的範圍雖不大，但工作內容甚多，舉凡班級教學、生活指導、環境布置、團體活動、課業輔導、健康諮詢、班級事務處理、家庭訪視連繫及學生偏差行為的輔導等，都是班級經營的具體工作，詳見圖 9-1（李園會，1989）。一位班級經營者首先必須建立班級教育的目標與功能，規劃班級經營的各種方案，確認課程經營的模式與評量的標準。其次要了解學生各方面的身心發展：需求、興趣、智能、體力、性格與人際關係等等。班級經營者如同團體領導者一般，必須了解成員基本資料、成長背景等各項資訊，才能掌握班上各個學生的實況，進而掌握班級團體的實況，包括班級團體的智能水準、學習能力、學習態度、人際互動、班級動力與教室氣氛等。班級經營者欲掌握班級實況，除了多參考學生資料、進行家庭訪視外，也可運用團體記錄（教室日誌、學生週誌等）並配合班會活動、導師時間、聯課活動等管道進行團體輔導與團體活動，以有效掌握班級氣氛、人際互動與團體動力。

團體輔導計畫有助於團體領導者實際運作團體，協助成員認識團體的目標、性質與進行的程序、內容。同理，班級經營方案正可以具體而有效的表現出班級教育的目標，也可用以指導學生在班級內的各種學習計畫及活動。是故，班級經營者可根據教育目標及學生實況來設計班級經營方案，內容包括：基本方針、指導重點、需要配合條件及各項計畫（學業指導計畫、品德

指導計畫、課外活動計畫、人際關係計畫、身心健康計畫、班級氣氛計畫、家庭教育計畫等），其撰寫格式與設計架構近似於團體輔導方案設計（詳見本書第六章），重點在於內容要具體有特色，實作步驟要清楚（例如年進度、月進度及週進度等），且要能針對班級問題提出解決方案。

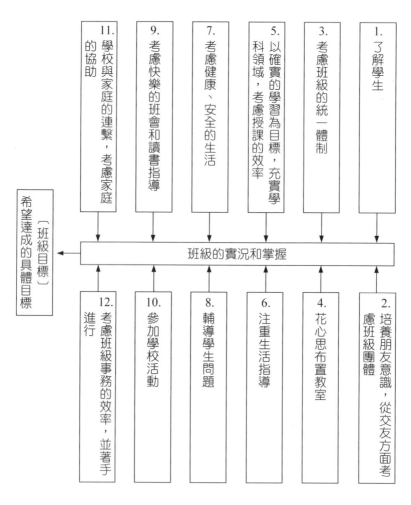

⊃ 圖 9-1　班級經營的內容項目

資料來源：引自李園會（1989，頁57）

三 班級經營的影響因素

為了達成班級經營的目標，有效運作班級團體，如同團體輔導需要團體規範，班級也需要有「班規」來規範成員在班級內的行為與互動關係。班規是依據班級中每一位學生的期待與願望所制定和決定的法規，班規有助於促進學生學習及社會化，培養民主精神，增加學習效率。班規內含個人言行、人際互動、分工合作、學習表現等有關規定。此外，班級經營者的身心健康、經營理念、專業素養、領導知能與管理技巧等因素，亦會影響班級經營的成效，包括如何布置教室以強化班級動力，如何與學生建立良好的關係，班級意外（特殊）事件的處理，增強學生正向行為的技巧與消弱（改變）學生負向行為的技術等等。

總之，有效的班級經營影響因素甚多，Anderson、Ryan 和 Shapiro（1989）引述「國際教育成就評鑑組織」（The International Association for the Evaluation of Educational Achievement，簡稱 IEA）所做的研究結論，發現有十五項因素會影響班級教育環境，詳見圖 9-2。

班級經營者宜了解並掌握各項影響班級教育成效的因素，創造有效的經營條件。同時，班級經營者應有人性化、系統化的理念，認識學生的內在世界，提供其外在世界的資料，發展出以學生為中心的經營導向，使學生「知→能→願→行」（知而後能，能而後願，願而後行），協助其發展身心與改變行為，進而發揮輔導的功能，達成教育的目標。

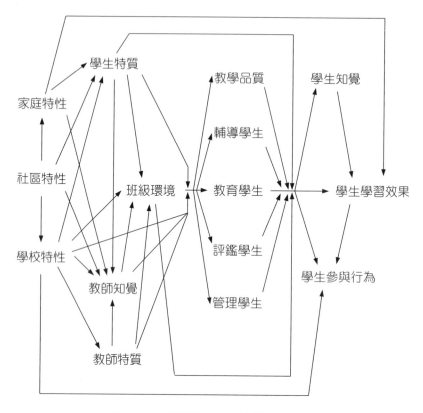

● 圖 9-2　班級教育環境的影響因素

資料來源：引自 Anderson, Ryan, & Shapiro（1989, p. 143）

第二節　動力式的教室管理

　　班級經營亦即教室管理，已如前述。所謂「動力式教室管理」（dynamical classroom management）即是教師運用各種有效的策略與方法，催化教室動力，創造正向的教育環境，以利於師生之教與學行為，達成教育的功能與目標。學生本是教育的主體、班級的主力，故一切教育的研究與作為都是考量到學生的需要與發展，教師有義務塑造、提供一切有利的學習環境，也有責任去改善、排除一切不良的教育條件。誠如我國教育與心理學家黃堅厚先生

為《教室裡的春天》（金樹人編譯，1994）一書作序所言：

> 春天是萬物生長的季節，在春天裡，一切有生命的東西都會生長得
> 快些，整個宇宙裡都充滿著生氣。這也是我們要使學校和學校裡每
> 一間教室成為春天的重要理由。我們常說學校是培育民族幼苗的園
> 地，卻並不常記住幼苗是得在春風裡滋長的。教育工作的任務，就
> 是要安排適當的環境和輔導，使每一個兒童和青年，得以順利地成
> 長；使他們身心潛能，獲得最充分的發展。所謂適當環境的條件之
> 一，就是要讓每間教室裡充滿春風。

「動力式的教室管理」就是要使每一間教室都能擁有春風般的溫馨動力。教師動力式的教室管理：包括一切有效的行政管理、教學管理、環境管理、人際（含師生、同儕）管理、壓力管理、時間管理、情緒管理與學生行為管理。有效的行政管理來自於教師的組織運作與協調能力；有效的教學管理來自於教師的專業知能與教材教法的設計；有效的環境管理來自於教師的督導與善用人力資源的能力；有效的人際管理來自於教師的人文素養與溝通能力；有效的壓力管理來自於教師的生涯理念與規劃能力；有效的情緒管理來自於教師的心理健康與心理衛生工作；有效的學生行為管理來自於教師的輔導知能與敬業態度。

一 教師的管理作為

在學校、班級裡，教師的一切言行深深影響學生的行為發展，無論教師是眼觀四面型、行為塑造型、和諧溝通型、交付責任型、目標導向型或果斷紀律型（金樹人編譯，1994），無一不對學生心性發展產生具體且深遠的影響。學生在學校班級的行為表現渴望獲得教師與同儕的注意，一切的努力與成就盼望得到他人肯定，因此適時的給予學生讚美與鼓勵是最基本的管理動力。行為學家 Skinner、Pavlov、Watson、Kohler 及 Tolman 等人的心理學實驗

也已證實「增強」（reinforcement）對個體行為的建立與改變有絕對性的影響。此外，動力式教室管理的教師作為包括以下幾項：

(一) 教師應該樹立自己的教育哲學

教師從事教育活動的第一項工作即是教育哲學的建立。所謂「教育哲學」（educational philosophy）就是研究教育的基本人文內涵問題，也是教師在日常工作中面臨隨時發生的問題所做的答案。一位有效催化教室氣氛的教育工作者，其基本的教育哲學則是「人性化哲學」、「藝術化哲學」。

(二) 尊重學生個別差異，體認「天生我才必有用」的真義

教育功能的落實就在於「因材施教」，無論學生的資質為何，都能透過教育的方法達成「人盡其才、貨暢其流」的目標。學生的學習速率與結果不同，教師都必須一視同仁的接納，縱然教學教材教法有別，但關懷用心不應有所差別，「智者非必然為賢者」，功課好的學生未必一定守規矩、有成就。

(三) 了解學生基本資料，充分掌握學生的需求、能力和興趣

教師宜善用學生綜合資料卡、心理測驗資料、自傳等，從中了解學生，發現學生的困難，協助其問題解決。平時與學生多接觸，多個別輔導，有助於了解學生的想法、感覺和經驗。

(四) 運用學生的同儕動力去經營班級自治

教師雖是傳道者、授業者與解惑者，然而，教師的心力、能力、體力、腦力及時間畢竟有限，有效能的教師便能充分運用團體動力及班級同儕的影響力，適當地授權予班級自治幹部分層負責、分工合作，教師只要從旁予以督促即可。當然，前提是教師要能「知人善用」、督導學生「選賢與能」（班級幹部選舉詳述於後）。

(五) 善用教師本身的各種權力

教師（特別是導師）是班級團體的領導者，本身具有法定的權柄、專業的權柄、考核的權柄，若是能再建立人際的權柄，則可發揮班級團體輔導的效能。易言之，教師具有法律地位、專業權威、獎懲權力，加上良好的師生關係，亦師亦友，廣結善緣，爭取支持，必能有助教室管理。

(六) 滿足師生相互服務與實現自我成就的動機

教師的成就在於學生的成就，學生的成就在於能實現自我。是故，以Maslow有關人類需求的理論而言，教師管理要能滿足學生的生理需求、安全感需求、社會性需求（愛、服務與歸屬感等等）、自尊及自我實現的需求。

(七) 強調外在美與內在美並重的班級氣氛

班級如同個體一般需要塑造形象，故「班級形象」宜兼重內在美與外在美。前者包括團體動力、班級向心力、讀書風氣、人際溝通及班級文化等；後者包括教室整潔、環境布置、班級形象等層面。上述班級形象若能師生共同合作經營之，必能促進教育工作的健康發展。

(八) 充實教學內容、改進教學方法，並且運用輔導技巧來幫助學生解決問題

領導者要能協助團體成員解決生活困擾。同理，教師宜經常了解學生的生活狀況，改進教材教法，設計教學催化活動，以激發學生的參與興趣，例如教室點名，學生不再答「有」，而是以當日心情指標分數（0 代表心情極為惡劣，依此類推，10 代表心情甚佳）回報，教師一則可以了解學生情緒狀態，適時情緒教育，以提高學生情緒智商（EQ）；再則也可催化班級氣氛，引發學生的注意力。

(九) 提供動靜有度、行動與思考並重的班級活動，發揮正向動力，改善學生負向行為，進而培養學生的自治、自制能力

教師教導學生生活言行，並非一定要用傳統說教方法或諄諄教誨，有時可以改善訓輔方式。例如班上學生在校內或校外發生打架等攻擊性行為，導師不妨在教導之前，適時帶領一些活動：讓學生二人一組，比賽腕力，勝者晉級再繼續比賽。直至最後冠軍產生時，續由第一次競賽被淘汰者挑戰之，相信連勝五次者（若班級人數五十人，一回合後勝者二十五人，依此類推，約五次），即使再力強勢盛的學生終將被擊敗，此時教師再導以「世上無絕對強者，暴力無法解決問題」觀念，相信必能深植於學生腦海中。活動過程中，既可催化班級氣氛，也可在減少學生心理防衛的情況下成功的、重點的「說教」。

(十) 其他

教育學生、輔導學生的方法甚多，除了上述管理原則之外，其他諸如：揚善於公堂，規過於私室；整體關懷，個別督促；賞罰分明，恩威並濟；擒賊擒王，勿施連坐；相互支持，彼此督導；團體訓練導向，個別輔導關懷等等方法，皆有助於教師教室管理，促進班級動力。

當然，教師教學、輔導之餘，亦應以身作則適時提供學生良好的身心健康示範；介紹有效讀書方法、成長經驗與優良讀物；重視教導性教育與兩性關係；提供升學與就業資訊，協助學生生涯規劃；分享人生理念，建立學生正確生活態度；安排或參與學生活動，建立和諧的師生關係及同儕關係等。

二 班級動力的運作

從團體輔導與領導效能的觀點而言，班級動力的運作方法甚多，舉凡班級結構（classroom structure）、座位安排、班會活動、班級密度、教室布置、教學情境催化及班級幹部選舉等事項，教師都必須謹慎規劃、思考設計，以

催化班級的團體動力。

(一) 班級結構

　　班級結構的因素，包括溝通結構、互助結構、獎賞結構、行政結構及情境結構等，每一項結構都有其內容與重要性。以「互助結構」為例，教師可在開學初或學期中，依班上學生個人意願及人際互動經驗，每五至十人分編一組，賦予其工作任務或談心解難等互助工作，一則使學生有歸屬感，再則也可減少學生問題的發生。唯教師宜避免班上形成小集團、分派系，阻礙團體動力發展，故須多加注意防範並輔以班級性聯誼活動。

　　此外，再以「獎賞結構」而言，班級經營可區分為「競爭性獎賞」、「獨立性獎賞」及「合作性獎賞」。競爭性獎賞雖有助於激發學生的榮譽心，唯當某學生獲得獎賞的機會增加時，相對的也會減少其他學生獲得獎賞的機會，因此對能力不佳者或自信心缺乏者，其增強激勵的效果不大。教師有時不妨採取「獨立性獎賞」或「合作性獎賞」。前者是個人活動，學習的獎賞不與他人發生關聯，不具衝突競爭性，亦即個人學業成績或行為表現進步至一定標準，即獲得獎賞，不需要與班上其他同學比較，此一獎賞方式，對課業不佳或操行不良的學生有一定的增強作用；至於「合作性獎賞」，可配合前述之班級互助結構來運用，因個人成敗與他人有關，故容易使學生彼此激勵合作，此一獎賞結構有助於學生的社會發展，增進人際情感。前述三種獎賞結構可相互運用。

(二) 座位安排

　　一個班級的座位安排是否適當，將會影響班級內學生的人際互動、學習效率及班級氣氛等團體動力。傳統上，班級座位的安排係以「排排座」（row-column-seat）為主，依身高或學號排序入座，有時易造成學生的心理壓力或忽視其個別需求，常見身高太高或太矮的學生在選擇座位時面有難色，為人師者不可不加留意。此外，排排向前坐，雖有利於學生面向黑板的學習，也有助於師生教學互動與教室管理，但卻無助於同儕人際的互動與班級氣氛的

經營,長久下來,也會導致某些「地理位置不佳」的學生心理不平衡。因此,班級經營者可依據公平、彈性、學習效果、人際互動及班級動力等因素來加以考量,座位的安排也可配合班級活動而有所變化,詳見圖 9-3(邱天助,1990)。教室內學生彼此物理空間若是相鄰或接近,較易產生人際互動的能量,故宜盡量減少講台課室桌椅等障礙物的阻隔。此外,受限於教室的空間大小,亦可二排合併,減少走道數量,使教室桌椅不致於阻隔學生人際互動或給予學生壓迫、擁擠的感覺。

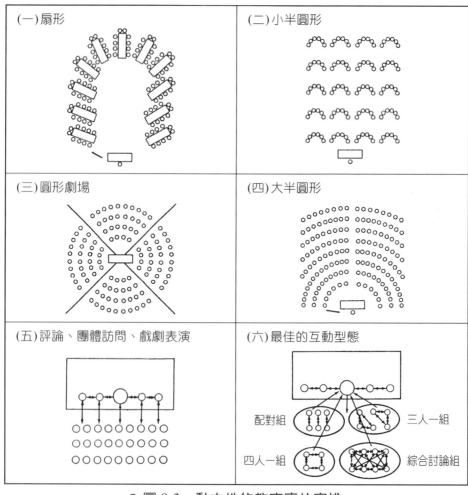

(一)扇形　(二)小半圓形　(三)圓形劇場　(四)大半圓形　(五)評論、團體訪問、戲劇表演　(六)最佳的互動型態　配對組　三人一組　四人一組　綜合討論組

⊃ 圖 9-3　動力性的教室座位安排

資料來源:引自邱天助(1990,頁 141、144、145)

(三) 班會活動

　　班會是推展倫理教育、民主教育與法治教育的最佳途徑，同時班會活動也是提供師生凝聚情感與推展班務的重要管道。大專學校班會時間每週約二節，中小學學校班會或導師時間每週約一節。傳統的班會活動程序如同一般會議的議程：主席致詞、幹部工作報告、提案討論、生活檢討、臨時動議、上級（導師）指導及主席結論等。現階段各級學校舉行的班會活動、例行程序，或甚少召開，或應付了事，或功能不彰，或學生自行召集導師未予指導。其實導師除了可透過班會推展班務、凝聚共識之外，也可用心設計班會活動，以催化班級氣氛與動力。班會活動包含服務性活動、知識性活動、聯誼性活動、成長性活動及兼具上述功能的綜合性活動，簡列於後：（有「＊」號之活動設計，請參閱第十章團體實務活動彙編）

＊　1. 我們這一班（凝聚向心力）

＊　2. 尋找燈塔（檢視班級動力）

　　3. 音樂欣賞與討論（陶冶性情）

　　4. 電影欣賞與討論（釐清價值觀）

＊　5. 分享生命中的小東西（情感交流）

＊　6. 請你聽我說（表達能力訓練）

　　7. 智慧大考驗（激發團隊士氣）

　　8. 辯論（訓練思考、反應力）

　　9. 即席演講（口才訓練）

　10. 社會大學錄音帶聆聽（吸取新知）

＊11. 社會劇、通俗劇（自我探索）

　12. 秘密大會串（問題解決）

　13. 趣味社交（自我成長）

＊14. 水晶球（生涯規劃、學業成長）

　15. 讚美花絮（人際互動）

　16. 圖畫聯想（思考力訓練）

17. 樂趣分享（生活經驗交流）

18. 以物擬己（聯想、表達能力）

19. 自我肯定訓練（自信心培養）

20. 突圍闖關（士氣激勵）

＊21. 相見歡（融洽氣氛）

＊22. 內圈與外圈（人際溝通）

(四) 班級密度

　　所謂「班級密度」是指教室內每位學生的平均活動空間，過度擁擠或過度疏離均有礙於師生或同儕之間的互動關係與心理發展。根據黃德祥（1993）的研究，兒童平均擁有的空間如低於 20 平方呎（約為 1.86 平方公尺），將會減少社會互動的機會，甚至會產生不安、不舒適的感覺與攻擊行為。一般而言，每位學生如果能擁有 25 平方呎（約為 2.32 平方公尺）以上的空間，學生相互間的互動狀況將大為改進。目前國內一般學校的教室面積和學生人數的班級密度比率多數達到上述標準，但仍有一些公私立明星學校，未達標準。以國中目前每班編制人數約四十人為例，在一般 9×8 平方公尺的教室中，每位學生平均只擁有 1.80 平方公尺的空間，加上課室桌椅等物阻隔，師生之間、同儕之間的互動品質仍受影響，可能因而導致兒童與青少年學生心浮氣躁、喧譁爭吵、意外事件頻頻。是故，班級密度對團體動力的影響，必須加以重視，積極尋求改善之道。目前國內中小學實施「小班制」實有其必要。

(五) 教室布置

　　教室布置與座位安排都是影響班級氣氛與人際互動的重要物理因素。受限於教育經費預算，各級學校無法一一改善硬體設備，但是有效的設計布置，亦可發揮「化腐朽為神奇」的效果。基於人類行為深受外界環境影響的特性，特別是個體的感官刺激方面，若是師生能共同構思，動手布置教室環境，必能有助於營造溫馨怡人的班級氣氛。一般而言，小學生的教室布置宜呈現多

采多姿的生活面貌。中學生血氣方剛，為穩定其心性發展，教室布置宜清新淡雅，呈現令人心曠神怡的大自然風貌。大專生獨立自主性高且上課教室不固定，故可配合各校各班性質處理。此外，也可運用前述的班級互助結構，由學生分組負責不同位置、不同週別、不同性質的教室布置，例如：綠化的盆景、美化的布告欄、淨化的心靈小語等。

(六) 教學設計

專業知能的學習固然注重學生的記憶、理解、分析、綜合、判斷、比較等思考發展，唯學習情緒的激發與學習態度的培養仍有待教師的用心投入，包括教材的編寫、教法的設計、教學目標的訂定、學習行為的測量與教學情境的催化等。認知教學重啟發，情意教學重交流，技能教學重實用。教師在課堂上教學時，不妨多「課間行走」，勿似「坐監式」的侷限於講桌後方、講台區內。「課間行走」有助於激發學生接受教師動態的變化，一則避免學生產生不當行為，例如閱讀不良書刊、打瞌睡等，再則可增加教師與學生的互動接觸，適時給予學生打氣激勵。教師授課時，能在不影響教學的情況下，在教室內課桌椅間通道行走，也可適時掌握學生，防止學生在教室內「死角」表現不適宜行為。

此外，為了催化教學氣氛，教師在不影響教學進度的情況下，亦可設計一些教學活動。例如每堂課一開始上課，教師可先帶個小活動、小遊戲，凡競賽遭淘汰或動作做錯的學生，必須回答教師發問的課業問題，或二人一組針對上次教學內容一問一答，答對者加分，答錯者不扣分，如此可催化學習情境，也可避免給予學生壓力。課室內催化活動甚多，一般的團體輔導活動也可運用。試舉「碰碰活動」為例：當教師說一聲「碰！」，學生要回以二聲「碰！」；當教師說二聲「碰！」，學生須回以一聲「碰」；當教師說三聲「碰！」，學生須拍手一下回應；當教師說四聲「碰！」，學生須回一聲「啊嗚！」做錯的學生要站起來，如前述回答教師問題或二人一組問答，但必須是與課程有關的內容。這一類教學催化性的活動，教師可參考資料、自行設計或根據童年遊戲、團康活動來改編設計。

教學動力如同團體動力一樣，不妨在上課後（團體開始時）及下課前（團體結束前）適當給予催化，帶領一些暖身（warm-up）活動，使學生（成員）樂於參與學習，激發其內在動機，同時也可活化教室氣氛，發揮動力式教室管理的效能。

(七) 班級幹部選舉

教師在心力、體力及時間有限的情況下欲有效率的教室管理，實在不是一件容易的事，故應善用人力資源。除了同僚諮詢，接受督導、訓練之外，班級幹部亦是教室管理的資源之一。然而，有效的班級自治取決於優秀的幹部，如何透過幹部選舉，找出適當的學生來推展班務是重要的課題。基本上，班級幹部選舉時，教師（導師）應到場指導，全程參與，同時強調「選賢與能」的重要性。不論「毛遂自薦」也好，「眾望所歸」也好，千萬不可讓班上學生在嬉鬧中胡亂「黃袍加身」，導致不當人選雀屏中選。

幹部選舉時，不妨採取「二輪競選制」，以培養學生民主素養，鼓勵全班參與，進而建立幹部雄厚的民意基礎。例如：選舉班長，第一輪競選先提名五人，全班學生每人三票，選舉出得票數較高的前三人；後再進行第二輪投票，全班學生每人一票，最高票者榮任班長。過程中，為避免同學相互謙讓或缺乏參考資訊，第一輪可由提名者說明推薦被提名人（候選人）的理由，以免被提名人謙辭或不便自我推銷；第二輪再由三位當事人自行發表政見。如此班會幹部選舉較為周延且易達成「選賢與能」的目標。當然，若時間不允許，也可以重要幹部一、二位採取此一選舉方式，其餘幹部則採一次選舉制（即只採取上述第二輪程序來進行選舉）。當然，班級幹部一經選舉產生，亦要注意新舊幹部的經驗傳承，給予其適當的調適期與職前訓練。

其他動力式的教室管理尚包括：配合學校的教務、學生事務、輔導與總務工作，來提供學生良好的生活環境；適時的結合社會輔導網路與資源，強化全面性輔導工作；加強親師關係，充分與家長溝通管教理念等，亦即結合家庭、社會與學校的協同輔導。此一「系統性協同輔導模式」有助於學生行為問題的掌握與處理，更重要的是有助於落實輔導工作，達成教育的目標。

第三節 系統性協同輔導模式——學生偏差行為的管理

「系統性協同輔導模式」（systematic collective guidance treatment model），簡稱 SCGTM（詳如圖 9-4），不但能有效的教育一般學生，發揮全面性輔導效果，同時，更有助於青少年偏差行為的處理與預防。蓋少數適應不良或行為偏差的學生極易影響班級氣氛，形成教師班級經營的負擔。基於青少年偏差行為之產生絕非單一因素，故輔導治療上亦須結合有關人力資源（Giacomazzi, Thurman, Reisig, & Mueller, 1996），倘若只重視當事人輔導諮商，卻忽略家庭輔導、同儕團體之輔導，甚至忽視其成長環境的影響，則將「一曝十寒」，輔導效果極其有限。唯有輔導期間協同學生之關係人：家長、學校教師、觀護人、同儕等人士，協同教務、學務、輔導等學校系統及家庭系統，運用學校行政及社會系統的影響力，再參酌設計青少年自我重塑之控制系統，構成嚴密的輔導網，進而共同輔導學生，交換管教理念，強化正向之個體內在與外在因素，才能有助於減少學生偏差行為之誘因，進而改善學生不良的適應行為，增進有效的班級團體輔導。系統性協同輔導重點如下：

一 加強個別諮商與團體輔導

實施個別諮商與團體輔導，有助於改善青少年偏差的行為反應、不適應的人格特質和不良的人際關係。針對青少年偏差行為的問題成因，擬訂長期的輔導計畫，並且有系統的實施輔導、檢討，以降低青少年偏差行為的再犯率。

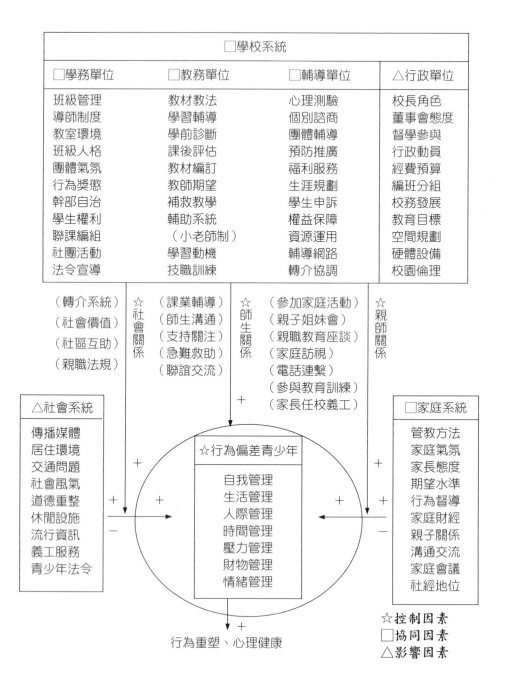

□學校系統

□學務單位	□教務單位	□輔導單位	△行政單位
班級管理	教材教法	心理測驗	校長角色
導師制度	學習輔導	個別諮商	董事會態度
教室環境	學前診斷	團體輔導	督學參與
班級人格	課後評估	預防推廣	行政動員
團體氣氛	教材編訂	福利服務	經費預算
行為獎懲	教師期望	生涯規劃	編班分組
幹部自治	補救教學	學生申訴	校務發展
學生權利	輔助系統	權益保障	教育目標
聯課編組	（小老師制）	資源運用	空間規劃
社團活動	學習動機	輔導網路	硬體設備
法令宣導	技職訓練	轉介協調	校園倫理

（轉介系統）　☆社會關係　（課業輔導）　☆師生關係　（參加家庭活動）　☆親師關係
（社會價值）　　　　　　　（師生溝通）　　　　　　　（親子姐妹會）
（社區互助）　　　　　　　（支持關注）　　　　　　　（親職教育座談）
（親職法規）　　　　　　　（急難救助）　　　　　　　（家庭訪視）
　　　　　　　　　　　　　（聯誼交流）　　　　　　　（電話連繫）
　　　　　　　　　　　　　　　　　　　　　　　　　　（參與教育訓練）
　　　　　　　　　　　　　　　　　　＋　　　　　　　（家長任校義工）

△社會系統

傳播媒體
居住環境
交通問題
社會風氣
道德重整
休閒設施
流行資訊
義工服務
青少年法令

☆行為偏差青少年

自我管理
生活管理
人際管理
時間管理
壓力管理
財物管理
情緒管理

□家庭系統

管教方法
家庭氣氛
家長態度
期望水準
行為督導
家庭財經
親子關係
溝通交流
家庭會議
社經地位

＋　＋　＋　＋　－
－

☆控制因素
□協同因素
△影響因素

行為重塑、心理健康　＋

○ 圖 9-4　系統性協同輔導模式（SCGTM）

二 運用適當的訓輔制度

在生活教育上，適當的處罰固可收警惕約束之效，唯過度的採取懲罰，將導致青少年失敗的認同，造成負向的標籤記號與自我形象，故宜適當的運用獎懲制度，諸如對非重大違規的偏差行為學生實施「生活研習營」，或採用「銷過辦法」等方式。一般學校採用「後功銷前過」即是符合此一原理。

三 強化心理衛生工作

加強心理衛生服務，強化通識教育課程，重視人文涵養，並灌輸有關法令知識，以為適時之預防措施。學校訓輔單位宜協助青少年規劃休閒生活，避免其滋染惡習。「導重於禁」，當可預防違規犯罪、偏差行為的發生。

四 提供正向成長環境

防制青少年偏差行為的發生，可參酌設立「新環境計畫」（New-Environ-ment Plan），針對行為偏差之青少年、學生，若其家庭環境或學習場所具有不良影響者，不適合青少年成長者，則宜立法結合社會資源，提供新的環境減少其在外遊蕩機會，協助其成長適應（Giacomazzi et al., 1996）。例如：目前有些學校採行的「寄讀」措施或類似社會上的「中途之家」、救國團的「少年之家」等均屬之。當然，也可鼓勵熱心人士或校內教職員採行「寄宿家庭」、「接待家庭」等措施，提供青少年正向的成長環境，再配合心理輔導，將有助於導正其偏差行為與不良習性。對於上述善心熱心人士亦宜公開表揚。

五 增強青少年自信心與成功認同

及早發現生活不適應的學生或青少年，輔導其建立學習上與生活上的信

心。行為偏差的個體有時來自於其失敗的自我認同、認知扭曲與缺乏自信心，而培養自信心最好的方法，莫過於提供其成功的機會，調整對青少年的期望水準，發展其特殊的技能或興趣，進而改變其心理困擾與行為偏差。訓輔人員宜有愛心、耐心。輔導初期，宜建立良好諮商關係與人際互動，獲得青少年的信任、自在與安全感（Laursen & Mooney, 2007; Shechtman, Freidman, Kashti, & Sharabany, 2002），而後循序漸進督導，不灰心、不厭其煩。

六 全面性推展輔導工作

結合全校教師共同推展輔導工作，例如落實導師制度，辦理「認輔制度」。受限於現有輔導人力不足，輔導人員長期處理少數行為偏差的學生有實際困難，不妨鼓勵有愛心、有意願的教育工作者，提供其輔導知能研習進修機會，而後考量其性別、年資、專長、居住地區……等條件，輔導認領二、三位行為偏差的青少年學生，並透過專業督導制度的運作，必能形成健全的輔導網絡，有效解決青少年違規偏差的問題行為。

「系統性協同輔導」旨在運用各種管道與各項方法，健全輔導網絡，協助教師發揮班級團體輔導的功能，以建立社會關係，增進師生關係，強化親師關係，除能減少青少年問題之外，也可有效的經營班級，達成教育輔導的目標，促進社會和諧與國家進步。

團體實務活動彙編

團體活動過度使用，容易降低領導者的敏感度和對團體的責任，領導者不宜太過依賴團體活動而忽略了以領導技巧去引導團體。同時，注意成員會隱藏在團體活動及其規則之後不願為自己的行為負責，活動變成代罪羔羊。因此團體活動的使用須要特別小心謹慎。

～黃月霞（1991）

第 一 節　團體輔導與團體活動

　　團體動力與團體輔導不僅是諮商輔導系所學生與專業人員養成教育中必修的核心課程，也是企業諮商、學校教育與社會工作等相關人員輔導知能訓練的重要一環。臺灣地區於 1999 年推動九年一貫課程，將輔導活動納入綜合活動課程，有關輔導活動的設計與實務益形重要。因團體動力來自於領導者的團體運作，除了受到領導者特質、技巧與成員特性等影響之外，還涉及團體活動的選擇與運用。團體活動的使用對團體運作過程的影響是有利也有弊。

　　團體輔導有別於團康活動（張景然，2001），團康活動亦非團體輔導活動，唯有適度的使用專業性團體活動才有助於團體動力的催化，團體凝聚力的形成，促進成員的參與及自我開放。然而，領導者若只是為活動而活動，將活動本身視為團體目的，則活動可能模糊了團體目標。成員在團體中只享受活動的刺激，學習如何帶領活動，卻忽略了活動的促發回饋，屆時活動反而成為領導者的負擔，每次帶領團體前都要花費太多的心力、體力與時間在活動的選擇與設計上，實在是本末倒置。

　　有時，團體內有些成員在參與活動時，熱烈投入，心情隨之起伏，然而當活動結束後，所有成員圍坐於團體輔導室內，領導者邀請成員分享感受、想法時，剎那間團體氣氛隨之一變，沉悶、肅靜的令人屏息，成員或相望、或茫然、或低頭、或沉思，上述現象值得深思、警惕。團體輔導重點不在於活動為何，而在於活動結束後，領導者引導成員思考與討論的方向。

　　吳武典認為，團體活動的設計宜淺顯易懂，活潑有趣，以吸引成員的參與，引發成員的互動與成長（吳武典主編，1994）。此外，由於團體過程中常有偶發狀況，阻礙原設計活動之進行，加上成員在團體內的接觸互動經常有變化，領導者為了掌握團體必須要調整原來的活動設計。是故，領導者在設計活動時，宜多不宜少，宜廣不宜狹，宜質重於量，宜成員需求重於領導需求，以求適切的發揮團體活動的促發功能。此外，活動的帶領應該同時考

慮到時間、體力、場地、設備、成員接受度等條件，切勿冒然使用高難度、過度激烈及危險性的活動，例如：催眠、「滾動肢體」（身體碰觸）之類的活動。

當然，團體活動應配合團體的目標、性質和功能。選擇的活動雖是基於成員的需求，但也要兼顧領導者的能力與經驗。理想上是領導者能運用自如而且熟悉的活動。肢體接觸的活動要配合團體動力的發展（團體初始期宜避免使用或謹慎使用），且活動後必須引導成員分享討論，使成員了解活動的意義。在活動帶領時，不一定要告知團體成員活動的名稱，活動的目的也可選在活動之前或之後加以說明。更重要的，選擇的活動要考慮到成員的特性，包括年齡、身分、性別、職業、角色及表達能力等因素，切忌濫用、誤用，造成對成員的傷害，例如「信任跌倒」不適宜老年人及兒童，「突圍闖關」不適用於行為偏差的青少年團體等。

最後，團體活動的安排應該要配合團體進行的時間，每次活動盡量能夠在當次團體完成討論，以免因受到成員記憶力延宕及非此時此刻的感受影響，延至下一次團體無法深入分享，甚至於讓成員帶著未表達的感覺和未解決的誤解離開團體。至於團體活動後的結果，必須是領導者能加以預期及處理的。有時領導者帶領高危險性、高治療性的活動，卻因缺乏能力與經驗，導致場面失控，傷害到團體動力及成員，值得警惕，例如催眠、悲傷治療、冥想與心理劇等性質活動。當然，對於團體輔導運作而言，團體活動有其必要性，領導者毋需「因噎廢食」，只要事先計畫周詳，臨場隨機應變，隨時秉持助人工作者的專業知能與諮商倫理，必能有效發揮團體活動的正向功能。誠如Trotzer（1977）所言：假如選對一種活動，並適當的加以運用，則活動對團體的過程與發展是一大助力。

第二節　催化性活動彙編

　　催化性活動旨在協助領導者及團體成員，轉化團體外所引發足以影響其個人參與團體運作之不合適的心理與行為，凝聚成員的專注力，發展團體動力，塑造有利團體運作的情境。通常領導者會選擇安排一些暖身活動作為團體的開始。俟成員的身心狀態都能融入團體之後，方才進行團體成長性、訓練性與治療性的主要活動或工作。催化性活動有時也置於團體過程中，以持續活化團體動力；有時也安排在團體結束前，使成員在「回味無窮」、「意猶未盡」的心態下，期待下一次團體的來臨，延續團體的動力，以使領導者有效的運作團體。催化性的活動甚多，舉凡團體初始期的活動、增進團體凝聚力與信任感的活動皆屬之。較為人所熟悉者包括：「捧打無情郎」、「圖畫完成」、「突圍闖關」、「故事接力」、「圈圈圈－坐腿」、「請你跟我這樣做」、「可愛的貓咪」等。催化性活動不僅適用於各類型的小團體輔導、小團體諮商，也可運用於班級經營、班會活動。值得一提的是，催化性活動不等於團體康樂（團康活動），前者注重催化成員的心理動能，後者較注重聯誼娛樂的效果。

　　以下茲列舉二十五項催化性（facilitation，簡稱 F）活動於後，包括活動名稱、活動目標、活動方式、參加人數、活動內容與過程、使用時間預估、活動器材等。此外，本書第六章團體方案設計範例之活動亦可參考。

活動編號：F-01

活動名稱	相見歡	活動方式	遊戲、分享
		參加人數	不限
		使用時間	視參加人數而定

活動目標	1. 融洽團體氣氛 2. 促進成員互動關係

活動內容與過程	1. 領導者說明活動規則。 2. 成員二人一組，配合領導者如下口令「1」、「2」、「3」、「4」分別做動作： 「預備」→ 成員面對面稍息。 「1」→ 成員以右手握住對方右手，並說：「你好！」互相注視，面帶微笑。 「2」→ 成員兩手與對方兩手互握，並說：「你的氣色很好！」互相注視，面帶微笑。 「3」→ 成員互相以右手輕拍對方左肩膀，並說：「孩子，加油了！」 「4」→ 成員互相擁抱，輕拍對方背，並說：「讓我們共創美好的明天！」 3. 領導者可視時間進行數遍，也可不按 1→2→3→4 順序，成員的動作與說詞也可以有變化，以催化團體氣氛。 4. 本活動也可變更設計，由成員自行出指頭，即上述「1」、「2」、「3」、「4」，依此類推。成員只能出 1 或 2 或 3 或 4 根指頭。每次若二人出的數目不同，則互瞪一眼，跺一下腳，並說：「亂沒有默契！」當二人出數相同時，則做上述指數的動作。 ＊本活動適用於開學時的班會活動或剛形成的團體，特別是人數多的團體。

備註	

活動編號：F-02

活動名稱	誰是超人	活動方式	自我介紹、比嗓門
		參加人數	不限
		使用時間	10 分鐘

活動目標	1. 融洽團體氣氛 2. 訓練成員自我肯定 3. 協助成員互相認識	
活動內容與過程	1. 領導者說明遊戲規則。	2'
	2. 成員二至五人一組。	
	3. 播放熱門音樂，同組人圍圈相向同時大聲自我介紹二分鐘。不可中斷，不受他人影響，不與他人對話。	2'
	4. 介紹後，同組人閉眼，以手指指出一位個人心中最具「超人」（嗓門大、自我介紹流利者）能量者，同組內得票數最高者，即為「超人」。	
	5. 每組的「超人」代表出列，再依上述方式比賽。優勝者接受團體成員的歡呼。	6'
備註	活動器材：熱門音樂 CD、CD 播放器	

活動編號：F-03

活動名稱	我喜歡的人	活動方式	訪問、分享
		參加人數	不限
		使用時間	50 分鐘

活動目標	1. 形成團體動力 2. 開放人際互動 3. 檢視自我人際特質	

活動內容與過程	1. 領導者說明活動規則。 2. 開始活動： 　(1)由成員在下頁附表中寫下喜歡與哪些特質的人交往？可外在具體（例如：外表、職業、身高……）；也可內在抽象（例如：樂觀、幽默、勇敢、溫和……）。 　(2)訪問五位成員，了解該成員是否具有該項特質，有者打「○」，無者打「×」，不一定（看情形）打「？」。 　(3)盡量鼓勵成員多認識、多訪問不熟悉的夥伴，其中須有二位異性。 　(4)回到團體中，由領導者帶領討論，若被打「○」者多，代表其人際期待實際，若被打「×」者多，也可了解是否人際期望過高，若被打「？」多者，可能反映自己是否人際期望模擬兩可。領導者再與大家討論訪問感受，同時檢討個人是否也具備自己寫下的特質。 ＊本活動最適用於班級團體輔導中。	5' 10' 35'

備註	活動器材：如表 10-1（自我特質與人際探索訪問表）

▶ 表 10-1　自我特質與人際探索訪問表

你喜歡與什樣的人交往？（對方具備何種特質） 受訪者是否具備此一特質（○, ×, ？） 受訪者姓名	（例如：溫暖）	（例如：樂觀）	（例如：高大）	（例如：幽默）	（例如：情緒穩定）

註：「○」代表受訪者具有該項特質　「×」代表受訪者不具有該項特質

　　「？」代表你目前並不清楚受訪者是否具有該項特質

訪問者姓名：

活動編號：F-04

活動名稱	1. 小記者 2. 採訪星星 3. 讓大家知道你是誰	活動方式	演練、分享
		參加人數	10～50 人
		使用時間	視參加人數而定

活動目標	1. 澄清成員參加團體的動機 2. 增進成員相互認識的機會 3. 整合團體目標，形成共識

活動內容與過程	1. 領導者說明活動規則。 2. 開始活動： 　(1)二人一組，彼此採訪記錄於右下之星星中，互相認識。（採訪時，可播放輕音樂，催化氣氛） 　　①姓名、就讀學校 　　②我的休閒活動 　　③我最喜歡我身體的哪一部分 　　④我最近覺得最快樂的事 　　⑤我認為我自己的特色 　　　是（或綽號） 　　⑥我參加此次活動的目的 　(2)採訪結束，互相報導，介紹 　　夥伴給團體內其他成員認識。 3. 分享討論。

備註	活動器材：音樂 CD、CD 播放器、星星卡、紙筆

活動編號：F-05

活動名稱	愛的禮物	活動方式	記錄、分享
		參加人數	10～25 人
		使用時間	50 分鐘

活動目標	1. 催化團體氣氛 2. 增進成員相互認識

活動內容與過程	1. 發給每位成員海報紙一張，請成員相互訪問以下問題： 　(1) 你最喜歡的休閒娛樂。 　(2) 人生的座右銘。 　(3) 如果可以重新選擇性別，你希望為男為女？為什麼？ 　(4) 你心目中的理想對象，請以一位名人做代表。 　(5) 你最痛苦的一門課是？為什麼？ 　(6) 你最喜歡哪一種花？為什麼？ 　(7) 如果請你做美的廣告代言人，你想用哪一句廣告詞？ 　(8) 請用十個字（以內）發表你競選總統的宣言。 　(9) 請印下你的唇印。 　(10) 你最喜歡什麼動物。 2. 每位成員必須找不同的人回答問題，並在記下答案後向受訪者要一樣東西以為憑證。每個人盡量答覆不同問題，然後再彼此分享。 3. 分享討論。	20' 30'

備註	活動器材：音樂 CD、CD 播放器、海報、紙筆

活動編號：F-06

活動名稱	疊羅漢	活動方式	遊戲、分享
		參加人數	8～15 人
		使用時間	20 分鐘

活動目標	1. 協助成員相互認識，建立互動關係 2. 訓練成員的專注	

活動內容與過程	1. 成員圍個圓圈坐下。	
	2. 先由某位成員介紹自己的姓名，依順時針方向輪流。	5'
	3. 每位成員要介紹自己姓名之前，須重述前面已介紹過的成員名字。 　（愈是後者所須複誦的人名愈多，壓力愈大，團體氣氛愈益專注凝聚）。	5'
	4. 姓名介紹後，再選某一位成員先說出自己喜歡的一項「運動」。方式同前。	5'
	5. 活動介紹後，再由另一位成員先說出自己喜歡吃的一樣「水果」。方式同前。也可疊「其他式樣」的羅漢，視時間而定。 ＊領導者須適時協助，避免給予記憶力不佳的成員壓力。	5'

備註	

活動編號：F-07

活動名稱	三人行	活動方式	遊戲
		參加人數	15～30 人
		使用時間	10 分鐘

活動目標	1. 催化團體氣氛 2. 增進成員相互認識的機會	

| 活動內容與過程 | 1. 先由領導者點成員甲，在其右邊之成員代其答「有」，在其左邊之成員代其舉手。
2. 然後再由甲點成員乙，乙右邊之成員代其答「有」，左邊之成員代其舉手。
3. 依此類推，點名答有的速度加快，增加團體互動氣氛。

＊領導者須適時協助，避免給予記憶力不佳的成員壓力。 | 10' |
| 備註 | | |

活動編號：F-08

活動名稱	人與球	活動方式	遊戲、分享
		參加人數	10～25 人
		使用時間	50 分鐘

活動目標	1. 透過遊戲協助成員覺察人、我、群的關係 2. 增進團體的互動關係，催化團體氣氛

活動內容與過程	1. 領導者說明活動規則。 2. 開始活動： 　(1)一人一張白報紙，揉成球狀，可做下列任一型式的互動： 　　①單人組：成員任意玩球一分鐘，輪流呈現不同玩法，並激盪 　　　其他玩法。 　　②二人一組：自然成組，各組發展一種玩法並輪流呈現。 　　③三人或四人一組：自然成組，各組發展一種玩法並輪流呈現。 　　④團體分為二組：自然成組，各組發展一種玩法並輪流呈現。 　　⑤團體組：共同發展不同玩法。 　(2)活動分享：領導者可引導成員討論個人與物獨處的狀態，以及 　　兩人合作或團體合作完成任務的經驗與感受。	15' 35'

備註	活動器材：白報紙、音樂 CD、CD 播放器

活動編號：F-09

活動名稱	棒打薄情郎	活動方式	遊戲、分享
		參加人數	10～20 人
		使用時間	20 分鐘

活動目標	1. 促進成員相互認識 2. 增進團體的熱絡氣氛	

活動內容與過程	1. 領導者說明活動規則。	2'
	2. 開始活動：	5'
	(1) 自願者手執紙棒站於圈內。	
	(2) 由自願者所面對的成員開始叫出一個人名（例如甲）。	
	(3) 執棒者跑至甲前欲打甲，甲須在被打前叫出另一名字，否則就要挨打並擔任執棒者。	
	(4) 若甲即時叫出另一人名字（例如乙），則執棒者轉向打乙，依此類推。	
	(5) 分享討論。	13'
	＊1. 避免成員的攻擊性。 2. 協助反應較慢的成員。	

備註	活動器材：紙棒

活動編號：F-10

活動名稱	我們這一班（團）	活動方式	畫圖、分享
		參加人數	不限
		使用時間	視參加人數而定

活動目標	1. 凝聚團體向心力 2. 探討團體內人際互動情形 3. 引導成員建設性行為

活動內容與過程	1. 領導者將團體內成員分成若干組。 2. 每組發給全開海報紙一張，彩色筆一盒或其他畫圖、勞作等工具。 3. 要成員針對「我們的班級（團體）」所見所聞繪出一幅畫，或創作一項工藝品。 4. 領導者帶領成員討論分享。 ＊本活動適用於團體中後期及班級團體輔導。

備註	活動器材：海報紙、彩色筆、其他美勞工具

活動編號：F-11

活動名稱	跟隨我的腳印	活動方式	演練、討論
		參加人數	10〜30 人
		使用時間	50 分鐘

活動目標	1. 探索人際互動所產生的學習經驗 2. 同理心的訓練	

活動內容與過程	1. 領導者說明活動規則。	5'
	2. 開始活動：	
	(1)成員討論「跟隨我的腳印」的意義，領導者簡要說明。	5'
	(2)發下腳印資料，每位成員在下列兩主題中選擇一項： ①期待他人跟隨自己的腳印。 ②觀察某人如何跟隨他人的腳印。	
	(3)在圖畫紙的每個腳印上，分別畫出或寫出被學習的特質、行為、特徵和態度。	10'
	(4)選擇①項的成員說明希望他人向自己學習什麼，以及為什麼希望別人跟隨自己的腳印。其他成員共同發表意見，指出成員中最需要跟隨該腳印的人。	15'
	選擇②項的成員說明，當發現成員中「某人」跟隨另一人的腳印時的感受。其他成員分享對「某人」的觀點，讓某人了解，其改變對團體關係的增進有正面的功能。	15'
	＊本活動適用於團體中後期及班級團體輔導。過程中，領導者宜從旁協助，避免成員受傷害。	

備註	活動器材：腳印形狀的紙卡 N 張（每位成員至少六張）

活動編號：F-12

活動名稱	蓋章訂契約	活動方式	分享、記錄
		參加人數	10～25 人
		使用時間	30 分鐘

活動目標	1. 形成團體規範，讓所有成員自願地投入團體的歷程 2. 澄清成員對團體的期待	

活動內容與過程	1. 領導者先說明活動規則。	5'
	2. 領導者首先示範，提出對團體期待的一句話，例如：「希望大家不要冷藏心中想說的話」。	
	3. 言畢，以手掌碰地（團輔室的地面若非地毯，可碰自己大腿或膝蓋），狀似蓋章動作，代表自己願意遵守此一期待。	
	4. 其他成員認為自己可以遵守者，亦以手掌碰地（或大腿、膝蓋），表示同意遵守此一期待。	
	5. 自領導者順時針方向，每一位成員輪流表達個人對團體的期待，方式同前述 2、3、4。（期待內容的例子包括：「不希望有人早退或中途離席」、「希望老師準時結束團體」、「希望大家尊重（傾聽）別人的發言」、「不願意看到有人在團體內惡意攻擊」、「共同守密，不把團體中發生的事告訴他人」……）	20'
	6. 最後，由領導者統整歸納成員的期待，形成團體公約（規範）。可於當次團體結束後，寫在海報紙上。以後每次團體進行前，張貼於團輔室內。	5'
	＊注意：若遇到成員無法遵守以致難以「蓋章」者，領導者宜鼓勵其他成員以尊重、關懷的態度，共同協助該成員探討其困境。	

備註	活動器材：海報紙、彩色筆

活動編號：F-13

活動名稱	規範樹	活動方式	討論
		參加人數	10～25 人
		使用時間	20 分鐘

活動目標	1. 訂定團體公約 2. 凝聚成員向心力	

活動內容與過程	1. 讓成員說出自己對團體的期待及自己的優缺點。領導者也簡要說明參與團體的方法及態度，為使團體順利進行，並保障成員權益，規則的訂定有其必要。	3'
	2. 領導者事先在海報上畫一棵樹（未畫樹葉），然後成員可以將想到的規範寫在樹葉狀的紙片上，貼在樹上。	12'
	3. 領導者統整歸納，成員討論，形成共識。	5'

備註	活動器材：海報紙、樹葉狀色紙片 N 張

活動編號：F-14

活動名稱	做夥來打拼	活動方式	遊戲、吶喊
		參加人數	10～25 人
		使用時間	50 分鐘

活動目標	1. 相互支持 2. 展開行動力	

活動內容與過程	1. 成員圍成一圓，播放熱門音樂。	15'
	2. 由其中一位成員至圓心中央動作，其他人跟隨而動（可跳舞、可吶喊、可運動……）。	
	3. 再由其他成員依序進行。領導者鼓勵成員出來自我表現，其他成員給予支持。	
	4. 激昂中，熱情舞動激勵。結束後停止動作，再播放冥想音樂，感性中激勵成員思考生命的歷程，重新出發。	5'
	5. 領導者帶領成員分享討論。	30'
	＊本活動適用於團體中、後期。	

備註	活動器材：熱門音樂 CD、冥想音樂 CD、CD 播放器

活動編號：F-15

活動名稱	按摩陣線聯盟	活動方式	遊戲
		參加人數	16～40 人
		使用時間	25 分鐘

活動目標	1. 人際互動 2. 凝聚團體向心力 3. 活潑團體氣氛（催化團體）	
活動內容與過程	1. 四人一組。 2. 先由甲在中間，坐臥躺站皆可，其他成員圍在其周圍。 3. 配合音樂，由乙、丙、丁先為其按摩（領導者注意性別之考慮）。 4. 輪流為人服務及享受別人的服務。 5. 分享與討論。	每人接受按摩服務約 3 分鐘，討論 13 分鐘。
備註	活動器材：輕快的音樂 CD、計時表、CD 播放器	

活動編號：F-16

活動名稱	信任跌倒	活動方式	演練、分享
		參加人數	10～25 人
		使用時間	80 分鐘

活動目標	1. 增進團體的氣氛 2. 建立信任感	

活動內容與過程	領導者說明活動方式，方式有二，可選其一進行：	5'
	1. 一對一方式：	
	(1)兩人一組，領導者先示範。請一位成員到團體中央，站在領導者前面，背對領導者，當領導者喊「倒」時，該成員身體垂直倒下。領導者在該成員傾斜 30 度時，很平穩地接住該成員，再讓成員倒至 45 度。	15'
	(2)一對一個別練習。	
	(3)活動方享。	20'
	2. 團體方式：	
	(1)領導者邀請一位成員甲到團體中央，其他成員圍著成員甲，調整外圍圓圈使力量均衡。	5'
	(2)甲閉上眼睛，圍圓圈的成員站好位置，準備接住倒下的甲。領導者說明甲可在自覺舒適下倒向任何一方，圍圓圈的成員很平穩地接住甲，再緩慢地把甲推回中間位置。如此很柔和、平穩地將成員甲接住和推回中央，使甲由緊張到放鬆。	15'
	(3)圓圈上的成員，一起抬起甲成員，繞場一周，再慢慢將之放回地上，待其自動起身。成員輪替。	
	(4)活動分享。	20'
	＊注意安全，避免嬉笑，領導者或一、二位成員從旁協助留意。	

備註	活動器材：抱枕、地毯

活動編號：F-17

活動名稱	大風吹、黏一堆	活動方式	演練、分享
		參加人數	10～25 人
		使用時間	20 分鐘

活動目標	1. 催化團體氣氛 2. 凝聚成員向心力	

活動內容與過程	1. 領導者說明活動規則。	2'
	2. 開始活動：	10'
	(1)先安排 N－1 個位置或抱枕。（N 代表團體成員數）	
	(2)由成員甲在中央做主角說：「大風吹。」眾人各占一位置並回答：「吹什麼？」成員甲再說：「吹戴眼鏡的人。」凡是有此特徵的成員必須交換位置，成員甲也可以搶位置。屆時未搶到位置者換至中間為主角。依此類推，吹什麼特徵可變換。	
	(3)活動進行至一段落，凡擔任主角者至內圍團體中，二人一組。由領導者（或外圍之某成員）說：「橡皮糖。」外圍者同聲問：「黏什麼？」領導者（或某成員）答：「黏膝蓋。」則內圍之同組二人須膝蓋貼在一起。依此類推，可黏多次。失誤者淘汰。	
	3. 分享討論。	8'

備註	活動器材：抱枕、椅子

活動編號：F-18

活動名稱	瞎子走路	活動方式	演練、討論
		參加人數	10～25 人
		使用時間	50 分鐘

活動目標	刺激成員體驗人際關係之相互信任、領導及被領導的感覺

活動內容與過程	1. 領導者說明活動規則。	5'
	2. 開始活動：	
	(1)一半自願成員當盲者，先蒙上眼睛。	15'
	(2)領導者對未蒙眼的成員說明帶領時的要領：（不可讓蒙眼者聽到）	
	①你現在是領導者，看你如何用自己的方式，帶領同伴去經驗他周遭的世界？	
	②你如何藉自己的領導，來擴充同伴的世界？	
	③注意自己的態度，是保護或是不太能照顧的？	
	④對你來說，帶領一個人是否是很重的負擔？需要很大的努力嗎？	
	(3)由未蒙眼成員任選一盲者，站到他旁邊去領導他，但不可說話，不可讓他知道是誰，試著用各種方式帶領同伴。	
	(4)帶領 5～10 分鐘。	
	(5)回到團體，蒙眼者摘下眼罩。	
	(6)兩人分享彼此的感覺。	
	(7)回到團體共同分享。	30'
	＊若時間足夠，可兩人互換角色，重複先前的活動。注意安全，提醒成員避免交談，用心體會。	

備註	活動器材：眼罩

活動編號：F-19

活動名稱	尋找燈塔	活動方式	遊戲、分享
		參加人數	不限
		使用時間	視參加人數而定
活動目標	1. 催化團體氣氛 2. 促進人際互動 3. 檢視團體動力及其人際關係		
活動內容與過程	1. 領導者說明活動規則。 2. 領導者問成員：「當你遇到生活困擾時，在團體內最想找誰求助，請將你的手放在他的肩膀上，並且只能找一個人。」 3. 成員根據 2.開始動作。領導者可以邀請成員分享（此時所有成員的手仍放在當事人肩上）。 4. 領導者也可詢問其他問題如下：（方式同上） 　「你最想向哪一位朋友說哪一句話？」 　「你在團體內最欣賞的一個人是？」 　「你很想給哪一位朋友建議？建議什麼？」 ＊本活動適用於班級團體輔導，唯需注意少數較疏離的或沒有人搭肩的成員，應適當關懷、鼓勵之。領導者可藉此檢視團體內人際互動狀況，或了解團體內非正式領袖為何人。		
備註			

活動編號：F-20

活動名稱	團體溫度計	活動方式	分享、討論
		參加人數	10～25 人
		使用時間	50 分鐘

活動目標	1. 檢視團體的動力 2. 凝聚團體的信任感	

活動內容與過程	1. 領導者說明活動規則。	5'
	2. 開始活動：（當團體似乎卡住了，或者成員呈現表面互動時為之）	45'
	(1) 由領導者在一白紙（白板）上畫一溫度計（如圖）。	
	(2) 由成員輪替或相互邀請分享下列三項感受：	
	① 在團體中最快樂的事。	
	② 在團體中最難忘的事。	
	③ 對團體的期望。	
	(3) 領導者帶領討論分享、回饋。	
	快樂 難忘 期望 （溫度計）	
	＊適用於團體中、後期。	

另一種溫度計（如下）進行內容：

「我要感謝……」	感激或興奮	「我對於……感到興奮」
「我不喜歡…… 同時我提議…… 改變」	擔憂或關心 抱怨和提議	「對於……我感到擔憂」
	新資訊	「我有新的……」
「我希望……」	希望或期待	

備註	活動器材：白板（或白紙）、筆

活動編號：F-21

活動名稱	猜猜看哪裡變了	活動方式	遊戲、討論
		參加人數	20～50 人
		使用時間	視參加人數而定

活動目標	1. 溫暖團體氣氛 2. 訓練成員觀察力

| 活動內容與過程 | 1. 領導者說明活動規則。
2. 開始活動：
　(1)將團體分為兩組，並各自推派一位隊長。
　(2)由乙隊先觀察甲隊每位成員（隊長除外）的外表。
　(3)觀察完後，甲隊到教室外面運用創造力，每人（隊長除外）在外表做三項變動，例如：捲袖子、交換襪子……。
　(4)由乙隊逐一猜甲隊成員哪裡變了，每猜對一種，甲隊長即脫掉一件行頭，猜錯則由乙隊長脫掉一件行頭（增加趣味性，或以其他方式的競賽獎懲）。
　(5)兩組交換進行。
　(6)活動分享。

＊本活動適用於班級團體輔導。人數多時，可分為四組來比賽。 | |
| 備註 | | |

活動編號：F-22

活動名稱	分享生命中的小東西	活動方式	分享
		參加人數	10～25 人
		使用時間	60 分鐘

活動目標	1. 促進成員深層次的自我表露 2. 增進成員情感交流	

活動內容與過程	（領導者事先請成員在下一次團體進行時帶來個人生命歷程中一件珍貴的小東西，也許是卡片、項鍊、照片……） 1. 領導者說明活動規則。 2. 每位成員分享此一小東西及其意義，也可以分組分享。 3. 領導者邀請成員分享，若此物可贈，團體內欲贈何人？為什麼？ 4. 成員討論、分享。 ＊本活動適用於團體中、後期及班級團體輔導。	3' 20' 5' 32'

備註		

活動編號：F-23

活動名稱	滾動內心話	活動方式	演練、分享
		參加人數	10～25 人
		使用時間	30 分鐘

| 活動目標 | 1. 了解成員參與團體的態度、感受
2. 評價團體功能，圓滿地結束團體 | |

活動內容與過程	1. 領導者取一圓形椅墊（或圓球、或團輔室內可以滾動的抱枕），滾向某位成員（例如甲）。	15'
	2. 邀請甲表達參加這次團體的感受或心得。	
	3. 甲言畢，再將圓形椅墊滾向另一成員乙，由乙表達其感受或心得。依此類推。	
	4. 所有成員皆自我表露後，領導者帶領成員回顧本次團體過程，統整團體感受。	5'
	5. 播放輕音樂，相互祝福道別，結束團體。	10'
	＊本活動適用於團體中、後期及班級團體輔導。	

備註	活動器材：圓球或圓形物體（例如抱枕、椅墊）、CD 播放器、音樂 CD

活動編號：F-24

活動名稱	何日君再來	活動方式	分享
		參加人數	10～25 人
		使用時間	50 分鐘

活動目標	1. 藉此活動回饋團體的成員，凝聚更深的信任與友誼 2. 分享參加此一團體的心得與收穫	

活動內容與過程	1. 在此次活動開始之前，先發下小卡片給每一位成員，讓成員對其他每個夥伴說一些貼心話或鼓舞的話，於團體開始前彙整，帶至團體。	
	2. 讓成員一一分享參加這幾天（次）活動的心得，可以說說印象最深刻的一句話，或是最喜歡的活動等等。	20'
	3. 領導者在成員分享完之後，發下預先準備的禮物單，告知每一位成員自己可以從中擇一給予我們團體禮物，你想給的是什麼。	15'
	4. 最後發出原先已寫好的小卡片，讓每一位成員有 5 分鐘的時間讀過，然後挑選出一、二段你最喜歡的話和成員分享。	10'
	5. 填寫團體回饋表。	5'

備註	活動器材：1. 溫馨的小卡片 N×N 張（N＝團體成員人數） 　　　　　2. 小小禮物單　3. 團體回饋表

團體動力與團體輔導

活動編號：F-25

活動名稱	我在哪裡	活動方式	演練、分享
		參加人數	10～25 人
		使用時間	50 分鐘

活動目標	1. 統整學習心得 2. 檢視團體動力	

活動內容與過程	1. 將六個抱枕（或椅子）一字排開代表 0-5 點。	5'
	2. 以 0-5 為評量，要求成員自我省思參加團體的收穫。	
	3. 領導者先問：「本次研習你覺得自我的開放度如何？」成員聽了之後，衡量自己情況，很開放的站在代表〔5〕的抱枕（或椅子）成一行，完全不開放的站在〔0〕，依此類推。	
	4. 邀請幾位成員分享、討論（視時間而定），盡量相互支持鼓勵。	45'
	5. 領導者可再問：	
	(1)「你覺得自己的人際關係，在參加本次團體後有何正向改變？」	
	(2)「你在團體中的學習收穫？」	
	(3)「你對自己的信心？」	
	(4) 或其他評量問題。	
	（方式同步驟 3、4）	
	6. 團體回饋與分享討論。領導者盡量引發成員正向的回饋。	

備註	活動器材：抱枕或椅子六把（張）

第三節　成長性、訓練性活動彙編

　　成長性活動適用於成長團體；同理，訓練性活動適用於訓練團體、學習團體等。一般而言，成長性或訓練性活動的設計多半配合所帶領團體的目標、性質與功能。若是「人際關係成長」團體，則其成長性活動較傾向於人際互動的演練，例如：「雕塑」、「施與受」、「頭盔」、「謠言花絮」等。若是「親職效能訓練」團體，則其訓練性活動較偏向親子溝通與親職教育的探討，例如：「家庭樹」、「家庭圖」、「家庭重塑」、「當我小的時候」、「我的家」、「PAC 溝通」等。

　　成長性與訓練性活動二者有時並不容易區分，前者範圍較廣，舉凡任何團體輔導、團體諮商對成員均具有成長性的功能，偏向心理層次的改變；後者較屬於行為層次的改變，注重特定概念、技能的訓練。本節僅舉二十一項訓練性（training，簡稱 T）活動如後，包括活動名稱、活動方式、參加人數、使用時間預估、活動目標、活動內容與過程、活動器材等，供讀者參考。

　　成長性與訓練性活動在設計時，應多參考有關資料，需有心理學等理論依據，並且接受督導者等人員指導。這類有結構性設計的成長、訓練活動，較易形成團體凝聚力，減少團體人際互動的衝突（吳秀碧，2005；Trotzer, 1999）。當然，任何團體活動實際運用於團體中，尚須考量成員的特性背景與接受程度，是故，領導者有必要謹慎為之。

活動編號：T-01

活動名稱	內圈與外圈	活動方式	角色扮演
		參加人數	12～20 人
		使用時間	50 分鐘

活動目標	1. 學習人際溝通 2. 訓練表達能力	

活動內容與過程	1. 領導者說明活動規則。	5'
	2. 將成員分成內外二圈，內圈向外，外圈向內，一對一面面相向。	
	3. 由內圈扮演考試作弊學生，外圈扮演教師，開始角色扮演，對話一分鐘。過程中領導者可觀察記錄。	5'
	4. 接下來，內圈不動，外圈的人向右跨一格，找到另一位新夥伴，再做第二個角色扮演，依此類推（直至題目扮演完畢，或內外圈的每一人都相互面對演練過為止，也可視團體時間而定）。過程中可播放輕快音樂來催化。	20'
	5. 角色扮演題目如下：警察―違規者；夜歸丈夫―妻子；遲到學生―老師；霸道主管―部屬……等等。	
	6. 領導者帶領成員分享討論。	20'

備註	活動器材：輕快音樂 CD、CD 播放器

活動編號：T-02

活動名稱	你那好冷的小手	活動方式	演練、分享
		參加人數	10～16 人
		使用時間	60 分鐘

活動目標	1. 探討自我情緒狀態與情緒管理方法 2. 比較成員不同的生活經驗 3. 自我探索人際互動經驗	

活動內容與過程	1. 領導者說明活動規則。	5'
	2. 開始活動：	15'
	(1)二人一組（摘下手上的配件）。	
	(2)彼此摸熟對方的右手（可在音樂聲中，互相握手交談，以免尷尬）。	
	(3)全體蒙上眼睛，播放音樂，開始尋找夥伴的手（規定只能觸摸他人手的部位），過程中保持安靜。	
	(4)找到後先坐下，直至每組均找到為止，再揭開眼罩。過程中不發聲，保持安靜。（領導者可做人際旁白）	
	(5)活動分享。	40'
	＊活動開始前領導者宜說明活動意義，注意成員反應及安全性。為了減少活動阻力，活動進行(2)時，可以設定主題，二人一組握手交談。	
	＊本活動適用於團體中、後期。	

備註	活動器材：眼罩或布條、音樂 CD、CD 播放器

活動編號：T-03

活動名稱	破碎的心	活動方式	分享、討論
		參加人數	不限
		使用時間	視參加人數而定

活動目標	1. 探討自我情緒狀態與情緒管理方法 2. 比較成員不同的生活經驗 3. 自我探索人際互動經驗

活動內容與過程	1. 領導者說明活動規則。 2. 開始活動： 　(1) 發下材料，讓成員對心的意義發表意見。 　(2) 成員討論「破碎的」所帶給人的情緒感受。 　(3) 在圖畫紙中央畫或寫出令其心碎的經驗或事件。 　(4) 在畫紙背面，畫或寫出自己如何處理此心碎的經驗。 　(5) 成員說明自己所畫（寫）的內容，處理該經驗的方法，並評價所用的方法是否具建設性。 　(6) 其他成員給予當事人支持，並提出問題。領導者引導成員討論「無論結果如何，是否願意再重新經驗一次該事件？為什麼？」 3. 領導者協助成員統整學習經驗。	

備註	活動器材：碎心形色紙 N 張（N ＝團體人數）、圖畫紙、彩色筆

活動編號：T-04

活動名稱	盲聾傳訊	活動方式	演練、分享
		參加人數	20～40 人
		使用時間	50 分鐘

活動目標	1. 體驗特殊人際溝通方式 2. 激發成員創造力 3. 凝聚團體向心力	

活動內容與過程	1. 將成員分成甲、乙兩組，輪流進行並相互觀察。	5'
	2. 將甲組成員一列排開，全部蒙上眼罩並規定不能出聲。	10'
	3. 由領導者小聲告之每一位成員之編號（其他成員不知他人編號），並在場中將每位成員轉圈後帶離原位至其他定點。可播放輕音樂。	
	4. 限定時間內，成員須發揮創造力接觸他人（口不能言），就編號順序排列站定。	
	5. 時間到，去除眼罩，成員報出編號。	
	6. 輪換乙組進行，甲組觀察。	10'
	7. 就個人體驗及觀察所得做活動分享。	25'
	＊本活動適用於班級團體輔導，人數多可分編多組，編號也可用十二生肖或其他有序列性之代表事物代替。前提是成員皆須了解該編（代）號的順序。	

備註	活動器材：眼罩或布條、音樂 CD、CD 播放器

活動編號：T-05

活動名稱	鏡中的你我	活動方式	訪視、討論
		參加人數	不限
		使用時間	視參加人數而定

活動目標	1. 自我探索與自我肯定 2. 人際互動的回饋

活動內容與過程	1. 由成員寫下 A、B 格中的自我特質。A、B 格封折不予他人看到。 2. 訪問其他所有成員對自己的看法，填滿 C、D 格。 3. 兩相對照：在團體中分享自己的看法與疑惑。 4. 鼓勵成員互動回饋。寫下（訪問）特質時，盡量採條列式。

備註	活動器材：如表 10-2 周哈里窗表

➤ 表 10-2　周哈里窗表

	優點	缺點
自己認為		
	A	B
別人認為	C	D

活動編號：T-06

活動名稱	魔術商店	活動方式	演練、討論
		參加人數	10～25 人
		使用時間	90 分鐘

活動目標	1. 澄清價值觀 2. 規劃個人生活型態 3. 培養生活管理能力	

活動內容與過程	1. 指導語：假設給每位成員二萬元，作為參加拍賣之用，首先請用 5 分鐘時間，參照拍賣單先編出個人的預算購買單，每物基本底價一千元。	10'
	2. 所有成員一起參加拍賣，由領導者或一位成員擔任拍賣員，主持拍賣會。再依下列程序進行拍賣： (1) 先發下拍賣單，由成員圈選最想買的東西，並列出優先順序。 (2) 拍賣員開始一一提出，請成員叫價。 (3) 每件東西叫價經三次確認後，由最高喊價者獲得。	30'
	3. 拍賣完後，進行小組討論。 (1) 你最想買的「價值觀」有沒有買到？沒有買到話，為什麼？與你的個性是否有關？ (2) 哪一項是你最想買的？為什麼？ (3) 有沒有買到你不想要的？為什麼？ (4) 為什麼你一樣都沒買到？ (5) 為什麼你要花那麼多錢買那一樣？ (6) 有些東西是否真的能用錢買到？如果不行，如何獲得？ 4. 領導者可記錄拍賣結果，作為活動進行討論之參考。 5. 分享、討論。	50'

備註	活動器材：如表 10-3 價值拍賣單、假鈔票、拍賣道具

➤ 表 10-3　價值拍賣單

1. 健康	2. 責任	3. 積極	4. 愛情	5. 幸福家庭	6. 知心朋友	7. 財富	8. 信心	9. 機智	10. 氣質
11. 表達能力	12. 活潑開朗	13. 文憑	14. 幽默	15. 勇氣	16. 信仰	17. 善解人意	18. 獨立自主	19. 平安	20. 快樂
21. 緣份	22. 理智	23. 創造力	24. 親和力	25. 權力	26. 美貌	27. 智慧	28. 才幹	29. 學問	30. 學業成就
31. 才藝	32. 轉機	33. 毅力	34. 恆心	35. 完美	36. 領導能力	37. 坦率	38. 善終	39. 尊重	40. 美夢
41. 希望	42. 真誠	43. 體諒	44. 奇蹟	45. 純真	46. 自在	47. 婚姻	48. 國家安全	49. 聰明	50. 運氣
51. 多采多姿的生活	52. 公平	53. 人道關懷	54. 知識	55. 判斷力	56. 生活品味	57. 敏銳	58. （自填 ）	59. （自填 ）	60. （自填 ）

活動編號：T-07

活動名稱	請你聽我說	活動方式	即席演講
		參加人數	不限
		使用時間	視參加人數而定

活動目標	1. 訓練成員表達能力 2. 促進成員自我開放 3. 增進成員豐富的聯想力

活動內容與過程	1. 領導者說明活動規則。 2. 將成員平均分組，每組至少五人，分別報數。 3. 領導者抽籤（每組 N 人，即有 N 支籤），被抽中的人，在小組內即席演講 1 分鐘。講畢，由同組其他成員舉手表決是否同意其過關（可邀請當事人先閉眼）。未過關者可給予記紅點，或其他小處罰。 4. 依此類推。講題可隨機取材，例如：「日光燈」、「講桌」、「校長」、「冷氣機」……等。 5. 領導者帶領討論。 ＊本活動適用於班級團體輔導。

備註	活動器材：竹籤（每組 N 人，即有 N 支籤及其籤號）、音樂 CD、CD 播放器

活動編號：T-08

活動名稱	我的生活型態	活動方式	記錄、分享
		參加人數	不限
		使用時間	視參加人數而定

活動目標	1. 覺察自己目前生活型態 2. 探討自己理想的生活型態 3. 比較上述兩者之差異及努力的方法

活動內容與過程	1. 利用興趣指標單寫出自己最近三年內最常做的十件事。 2. 寫完後，兩兩分享或與團體分享，領導者詢問成員對自己或別人的興趣指標單有何看法。 3. 以「生活角色資料」來檢核自己目前的生活型態。自己有何看法，覺得生活型態較偏向何種類型。 4. 在興趣指標內填入五年後、十年後、退休後、終生想從事的（喜愛）活動（此即理想中或規劃生涯時考慮的生活型態）。 5. 比較兩者的差異及分享如何達成。 ＊人數較多時，可六人一組分享，再回到大團體由領導者指導。本活動適用於班級團體輔導。

備註	活動器材：1. 如表 10-4 興趣指標單 　　　　　 2. 如表 10-5 生活角色資料

▶ 表 10-4　興趣指標單

請在下面左列橫欄中，寫出最近三年期間，您經常從事的十件活動（或喜愛做的事），
包括學校活動、工作、課間活動、休閒活動、社團生活……，又如看書、看電影、聊
天、工作……等（不包括每天必須例行的食衣住行眠等等）。

人生時程　　　　最喜愛的活動（或經常做的活動）	三年內	未來五年	未來十年	未來二十年	退休後	你的一生
1.						
2.						
3.						
4.						
5.						
6.						
7.						
8.						
9.						
10.						

➤ 表 10-5　生活角色資料

生活角色

在生活中，我們常常扮演不同的角色，各個角色皆會從事不同的活動。活動包括學習、工作、社會服務、家庭事務、休閒活動及情感人際活動等六方面，如下所列：

1. 學　　習：上課、補習、聽演講、作研究、研讀功課、自修、學習某項才藝或技能等活動。

2. 工　　作：為自己或他人做事以獲取報酬或利潤，包括打工、家教等。

3. 社會服務：包括自願性或義務社會服務工作，如擔任義工、參與社會服務、宗教或政治團體所發起之服務活動等。

4. 家庭事務：整理房屋寢室、協助準備三餐及收拾器具、購物、照顧父母或子女、財務之管理等活動。

5. 休閒活動：運動、看電視、看電影、欣賞戲劇、閱讀報紙、看雜誌、看書刊等活動。

6. 情感人際活動：與朋友、家人、同事相處等。

參考資料：陳瑛治編（1988）「我國大學生生活角色型態」

活動編號：F-09

活動名稱	情緒氣象台	活動方式	分享、討論
		參加人數	10～35 人
		使用時間	90 分鐘

活動目標	1. 協助成員探討認知與情緒的關係，了解個人非理性的想法 2. 促進成員改變認知思考，以培養其情緒調適的能力

活動內容與過程	1. 領導者事先在團體輔導室內四面牆上張貼海報：「正向情緒」、「平靜」、「不確定」、「負向情緒」，並在團體中說明活動規則。	5'
	2. 邀請第一位成員分享生活中曾經經驗過的事件：「……，當時我的心情是？」領導者請其他成員試想：假設自己是當事人，現在遇到此事件，自己的心情為何，並選擇四面牆（四種情緒狀態）之一站立或坐下。	50'
	3. 領導者引導當事人邀請每面牆的一、二位成員分享，並說明為什麼會有如此的心情。	
	4. 依此類推，視時間限制而讓成員演練、分享。	
	5. 領導者帶領討論並以積極性認知引導成員經驗重組。	35'

備註	

活動編號：T-10

活動名稱	我的生活時鐘	活動方式	記錄、分享
		參加人數	不限
		使用時間	視參加人數而定

活動目標	1. 檢視自我的生活型態 2. 重新規劃生活藍圖

活動內容與過程	1. 發下「生活時鐘圖」，由成員自行寫下目前生活型態。 2. 二人一組，互相討論是否滿意此一生活方式。 3. 若有機會重新規劃，理想的藍圖為何？ 4. 二人一組互相激勵，甲：「你要什麼？」乙：「我要行動！」一再吶喊。一分鐘後，交換角色。互相激勵時可播放熱門音樂，催化團體。 5. 團體討論。 ＊本活動也適用於班級團體輔導。

備註	活動器材：如圖 10-1 生活時鐘圖、熱門音樂 CD、CD 播放器

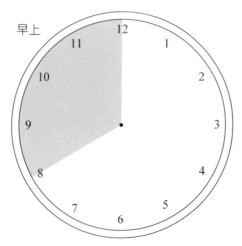

在工作　如早上 08～12 時及下午 01～06 時

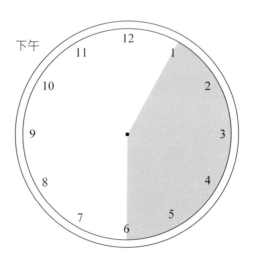

在家　如早上 00～08 時
及下午 06～12 時

⊃ 圖 10-1　生活時鐘圖

活動編號：T-11

活動名稱	阿新正傳	活動方式	冥想、討論
		參加人數	10～25 人
		使用時間	80 分鐘

活動目標	1. 協助成員學習檢視個人的生命歷程 2. 經由其他成員的回饋，分享對生命成長的感受和看法

活動內容與過程	1. 放鬆自己，並很舒服的坐著，閉上眼睛。領導者：「想像自己的爸媽相識、相戀到結婚。然後懷孕，生下你。然後你漸漸地長大，你能夠想起或看見你生活周圍所發生的事……你長得更大了……上幼稚園……小學……國中……高中……往事歷歷在前，一幕幕的像放電影一樣出現在內心的螢幕上……尤其是那些特殊的事……。」（領導者敘述時速度不宜太快，聲音輕柔，配合音樂）	10'
	2. 延續回想的感覺，請各位成員在紙上，自紙的左邊一點表示個人生命的開始，然後自左而右以曲線畫出個人生命的高低起伏。	10'
	3. 在曲線上標出三個轉捩點，並寫明時間、事件及對個人造成的影響。	10'
	4. 成員二人一組進行分享，再回到大團體一起分享。	45'
	5. 領導者綜合討論心得，給予正向引導。	5'

備註	活動器材：準備十六開圖畫紙 N 張（成員每人一張）、彩色筆、冥想音樂CD、CD 播放器

活動編號：T-12

活動名稱	吾愛吾家	活動方式	記錄、分享
		參加人數	10～25 人
		使用時間	60 分鐘

活動目標	1. 檢視成員與家人的關係 2. 協助成員改善與家庭的互動關係	

活動內容與過程	1. 發給每位成員一張「家庭圖」。先寫下家庭成員，並寫下每一人的優點與缺點各三個。優缺點寫在家庭圖上該家庭成員左、右兩邊（詳見下頁圖）。	10'
	2. 二人一組，甲先分享家人之優點，並舉例佐證；後由乙分享。	20'
	3. 再請針對每位家人寫下其三項缺點，二人一組分享，如同前 2.。而後根據每位家人的缺點寫下自己如何應對配合。二人一組溝通。	
	4. 領導者帶領大團體分享。	30'
	5. 領導者可在團體中邀請成員敘述令人感動的、正向的親子互動經驗。成員給予當事人鼓勵、支持。 ＊本活動適用於團體中、後期及班級團體輔導。視時間而彈性分享。	

備註	活動器材：如圖 10-2 家庭圖、輕音樂 CD、CD 播放器

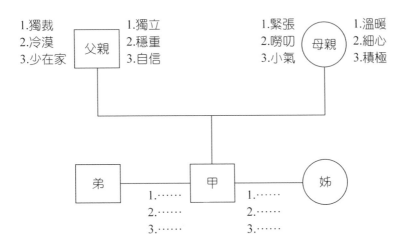

➲ 圖 10-2　家庭圖

活動編號：T-13

活動名稱	生命列車	活動方式	分享、討論
		參加人數	10～25 人
		使用時間	50 分鐘

活動目標	1. 確認生活目標 2. 尋找生命動力	

活動內容與過程	1. 成員圍成一個圓圈，由領導者帶領，從右至左逆時針依序問答。	15'
	2. 領導者：「若你的生命只剩一天，你想做什麼？」成員甲回答後再以同樣問題詢問左邊成員乙，成員乙回答後再以同樣問題詢問成員丙。依此類推。可更換不同問題。	
	3. 發給每人一張 A4 白紙，成員填寫「如何完成心願」的作業（播放輕音樂）。	5'
	4. 二人一組，討論步驟 3。	10'
	5. 分享與討論。	20'

備註	活動器材：輕音樂 CD、CD 播放器

活動編號：T-14

活動名稱	水晶球	活動方式	演練、討論
		參加人數	不限
		使用時間	50 分鐘

活動目標	1. 規劃自己未來的生活模式及生涯發展 2. 肯定自我價值及生命的意義	

活動內容與過程	1. 圍成一圓圈，先由成員甲拿著水晶球分享五年後的自己是什麼樣子？其他成員依次分享。	15'
	2. 再分享十年後、三十年後⋯⋯（視時間而定）。	15'
	3. 領導者帶領討論。	20'
	4. 可改以穿插音樂傳水晶球的方式邀請下一位成員分享，避免輪替造成壓力而使團體氣氛單調、沉悶。	

備註	活動器材：水晶球（或以排球等物代替）、音樂 CD、CD 播放器

活動編號：T-15

活動名稱	突破困境	活動方式	討論
		參加人數	不限
		使用時間	視參加人數而定

活動目標	1. 省思自我生活模式 2. 培養問題解決能力 3. 掃除阻礙成功的因素

活動內容與過程	1. 三人一組：甲、乙、丙。 2. 由甲先提出來阻礙自己獲得成功的因素（若甲想不出來，可由乙、丙代想），乙、丙協助其思考如何改善。 3. 依此類推，輪乙（丙）分享，甲丙（甲乙）協助。 4. 回到團體，分享與討論。	

備註	

活動編號：T-16

活動名稱	回到未來	活動方式	冥想、討論
		參加人數	不限
		使用時間	視參加人數而定

活動目標

1. 藉自由冥想的方式，思索未來的方向，並進行自我探索
2. 面對未來的夢想，展現實踐行動的方向與力量

活動內容與過程

1. 領導者讓成員各自找一個最舒適的位置躺下，閉上眼睛並控制好室內光線，播放輕柔的音樂。
2. 領導者開始帶領成員進入冥想的天地：「現在的你，正躺在一片很舒服的綠草地上，你可以清楚的感受到微風很溫柔的吹過臉龐，除了鳥叫蟲鳴之外，這片林子很安靜、很安靜，你睡得好舒服、好舒服。陽光透過樹枝，輕輕灑在草上，在你眼前，你發現一條隱隱約約的小路，彎彎曲曲的不知道通往何方，於是你站起來，想要一探究竟。路剛開始比較窄，後來就愈來愈寬廣了，路有一些小小的標示牌，上面的字跡有些模糊，不過你還是看得出來，字面的意思是『時光隧道』。原來你走進了時光隧道中，漸漸地，在路的盡頭，你看到一間房子，有趣的事情便展開了。你發現原來剛才已經走了很久的路，有些累了，於是便入屋子裡休息，沒想到竟然一覺睡到天亮……」、「早上醒來，你很驚訝鏡子中的你已經長大，客廳裡的月曆居然寫著　年　月　日，時間已經過了十年。於是不同的一天便開始了，在時光隧道裡所發生的事情，是你可以自由想像，自行安排的，你現在可以發揮想像力，開始經營未來十年的生活了……」
3. 接下來領導者可以開始引導成員想像未來的生活型態，譬如：
   (1) 你是獨居或與家人同住？
   (2) 你是已婚或未婚？有沒有孩子？
   (3) 你的職業是？固定或不固定？
   (4) 你經常從事的休閒活動？

活動編號：T-16 （續）

活動內容與過程	(5) 你經常出入的場所？ (6) 你有哪些朋友？ (7) 你的收入大約是多少？固定或不固定？ (8) 你還希望十年後的你做些什麼？ 4. 等成員一一冥想之後，領導者再將成員帶回現在：「十年後的你充實地過完好些日子，你待在時光隧道的時間也差不多接近尾聲了，這時遠方傳來輕柔的鐘聲，告訴你該回去了，於是你尋著原路走回樹林，看見溫暖的陽光，還有你的夥伴，他們也都經歷一段豐富的時光之旅，等著和你一起分享。現在請你慢慢張開眼睛，回到團體。」 5. 領導者帶領成員分享剛才的活動，並相互回饋。 6. 領導者最後引導成員思考並分享：自己若想達成十年後的自己，目前需要具備的能力與計畫。	
備註	活動器材：冥想音樂 CD、CD 播放器	

活動編號：T-17

活動名稱	頑皮家族	活動方式	遊戲、討論
		參加人數	10～20 人
		使用時間	50 分鐘

活動目標	1. 訓練成員表達能力 2. 促進成員自我開放 3. 增進成員豐富的聯想力	

活動內容與過程	1. 在心中想一種與自己特質相近的動物，並想三個提示的線索，讓成員依線索來猜。	5'
	2. 成員兩人一組互相猜，並試著了解對方。	5'
	3. 回到大團體，相互介紹及自我補充。	20'
	4. 討論及分享：猜中時的心情？自己提供的線索是否充分？對線索是不是很敏感？體驗並分享生活中的溝通型態。	20'
	5. 領導者可引導大家討論：「自己眼中的你」與「他人眼中的你」有何差異？（從動物比擬的角度來討論）	

備註	

活動編號：T-18

活動名稱	壓力知多少	活動方式	記錄、討論
		參加人數	不限
		使用時間	視參加人數而定

活動目標	1. 探討壓力來源及增進自我認識 2. 了解壓力的管理方法

活動內容與過程	1. 成員在白紙上畫下大大小小不等的圓圈，代表最近生活中的各種壓力（大球代表大壓力，小球代表小壓力，請於圈內填上你的壓力事件）。 2. 成員三至五人一組，分享下列題目： 　(1) 你的壓力來源有哪些？ 　(2) 每一個球給你的感覺是什麼？ 　(3) 壓力很重時，身體的感覺如何？哪一部位覺得不舒服？對課業、家庭和生活的影響為何？ 　(4) 你如何處理這些壓力？ 3. 領導者帶領成員分享討論。 ＊本活動適用於團體中、後期及班級團體輔導。

備註	活動器材：彩色筆、白紙

活動編號：T-19

活動名稱	通俗劇——新白蛇傳	活動方式	演劇、討論
		參加人數	15～25 人
		使用時間	100 分鐘

活動目標	類似心理劇活動的「通俗劇」。本活動旨在協助成員透過角色扮演，自我探索個人的人格特質、人際關係、生活態度及價值觀。考驗成員自我開放與相互信任的程度。	

活動內容與過程	1. 領導者帶領成員共同選定一齣戲劇或小說題材（必須是大多數成員耳熟能詳的，範例：「白蛇傳」）。	10'
	2. 在事先準備好（貼在牆壁）的海報紙上寫出該戲中關鍵性的所有角色：包括人物（白蛇、青蛇、許仙、法海……）、景物（雷峰塔、金山寺……）、物品（雄黃酒、靈芝仙草……）。	5'
	3. 所列出的角色數目盡量與團體成員人數相同。必要時，性質相似或出場次序不衝突者可以合併，唯須為劇中必要（戲份不重無妨）的角色。	
	4. 播放輕音樂，催化成員靜思個人將選擇何者扮演。思考方向： (1)自己願意或喜歡的角色。 (2)劇中角色特質與個人特質極相似或相反者。 (3)避免以角色戲份或個人演戲能力做為選角依據，盡量接受挑戰。	5'
	5. 思考後，由成員在海報紙上自行將自己名字寫在所欲扮演的角色後面。	10'
	6. 領導者將角色予以編號，簡述故事大綱（或邀請一位成員簡述），分幕、場次寫於海報紙上（下凡報恩、遊湖定情、端陽遭劫、盜草救夫、水漫金山、祭塔救母）。每幕戲內列明出場之角色（以編號示之）。	5'
	7. 播放輕音樂，催化成員靜思如何扮演該角色。領導者提示：故事架構不變，旁白對話成員自由發揮，即席演出。演出過程中雖刺激有趣，但成員應盡量體會劇中人物的生命及角色扮演時個人內心的感受。未上場成員可擔任觀眾。	20'

活動編號：T-19 （續）

活動內容與過程	8. 角色扮演二十分鐘後，領導者帶領成員「卸下角色」，開始討論（視情況先予成員休息或整理心得）。討論內容如下： (1) 成員中誰的角色扮演令你印象深刻？與他平時表現有何不同？ (2) 個人喜歡劇中何種角色？理由？ (3) 探討自我與劇中角色的異同？ (4) 角色扮演時個人內心感受為何？對自我的評估為何？（包括開放程度、表達能力……等） (5) 若重新上演，你願意扮演何種角色？理由為何？ ＊注意：領導者帶領討論時，宜盡量引導成員思考、表達，並統整、歸納成員看法，協助成員探討個人生活經驗、心理情感、生活態度與價值觀（諸如：我看法海？我觀白素貞？我評許仙……等等）。 ＊本活動也適用於班級團體輔導。	45'
備註	活動器材：古典音樂 CD、CD 播放器、海報紙、奇異筆若干支、其他道具	

活動編號：T-20

活動名稱	我要行動	活動方式	計畫、激勵
		參加人數	不限
		使用時間	視參加人數而定

活動目標	1. 擬訂自我改造計畫 2. 激勵成員的實踐動力

活動內容與過程	1. 領導者說明活動規則。 2. 每位成員針對自己的缺點或生涯目標，寫下行動計畫（條列式，至少十點）。 3. 三人一組互相分享。再針對甲的行動計畫，由乙、丙面質之，協助其找到盲點，避免甲日後行動失敗找藉口卸責。依此類推，乙、丙完成檢視計畫。 4. 熱門音樂響起，三人一組手牽手，面朝外，並與其他各組在團體推擠（領導者要注意安全），並大聲吶喊：「我要成功！我要成功⋯⋯」。 5. 回到大團體，互相分享，支持鼓勵。

備註	活動器材：熱門音樂 CD、紙筆、CD 播放器

活動編號：T-21

活動名稱	社會劇——新時代舊家庭	活動方式	演劇、討論
		參加人數	10～25 人
		使用時間	80 分鐘

活動目標	1. 促進成員自我探索 2. 探討成員家庭關係及解決問題	

活動內容與過程	1. 領導者說明家庭的功能及活動意義。	5'
	2. 提供成員演劇人物資料及分場戲大綱（如附件一、二）。	5'
	3. 成員選擇角色、準備角色。	20'
	4. 「新時代舊家庭」開鑼，未上場成員擔任觀眾。	20'
	5. 戲落幕，由領導者帶領大家討論。若時間許可，可邀請成員繼續扮演角色，解決劇中難題。	30'
	＊本活動也適用於班級團體輔導。	

備註	活動器材：附件一：人物資料 　　　　　附件二：分場戲大綱

➤ 附件一　「新時代舊家庭」人物資料

C ：黛　玉（媳婦）　女，三十歲，職業婦女，外柔內剛，自我意識強烈，歷經一段內在自我掙扎之後才踏上紅毯，因與婆婆之間有許多的衝突而產生對婚姻的質疑。育有一子。

C1：沛　文（兒子）　男，三十歲，C 的丈夫，個性優柔寡斷，孝順父母且友愛弟妹，但常夾在妻子與母親之間左右為難、無所適從。

C2：熙　鳳（婆婆）　女，五十六歲，C 的婆婆，刻苦耐勞勤儉持家的傳統女性，媳婦未過門之前，家中大小事務由她一手安排。

C3：賈爸爸（公公）　男，六十歲，C 的公公，凡事不聞不問，老好人一個。

C4：武　松（小叔）　男，二十五歲，C 的小叔，富正義感，向來非常尊重嫂嫂。

C5：佩　珊（小姑）　女，二十二歲，C 的小姑，個性柔弱，對於母親和嫂嫂之間的爭執常感無奈。

C6：珍　紹（C 友）　女，三十二歲，未婚，C 之閨中密友，個性獨立自主，主張單身生活。

C7：寶　釧（C 友）　女，三十一歲，已婚，C 之閨中密友，適應力強，富彈性，對婚姻抱持犧牲奉獻之態度。

C8：罔　市（C 母）　女，五十六歲，C 的母親，自丈夫過世之後即一直仰賴女兒 C，觀念上亦屬傳統（忍字輩）中國女性，因此經常勸導 C 對婆婆多加忍讓。

C9、C10（鄰居）　楊家夫婦，C 夫家鄰居，對鄰家一切均十分清楚，經常是 C2 投訴的對象，對於 C2 對媳婦的批評，此二人經常提供一些毫無建設性的意見。

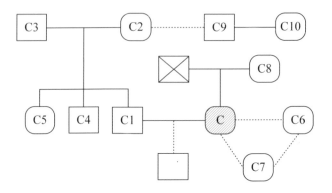

⊃ 圖 10-3 「新時代舊家庭」角色人際關係圖

▶ 附件二　「新時代舊家庭」分場戲大綱

　　（請自由發揮，並用心體會整個過程！）

第一場

⊙ 場景：賈家客廳

⊙ 時間：晚上 7:30 全家觀看電視時間

⊙ 人物：C、C1、C2、C3、C4、C5

(1) 電視新聞正報導：近日因油價上漲，加上颱風過境，蔬菜價格節節攀升，居高不下，民生用品也隨之飛漲。

(2) C2 一面看電視、一面向 C1 暗示每月固定的生活費已經不夠用，C1 答應增加金額，以安撫 C2 的抱怨。

(3) C 因平常每個月拿一些生活費回娘家，常面對 C2 不悅的臉色，現在又聽到 C2 在抱怨錢的問題，積壓已久的情緒一下子湧上心頭，於是有意無意回了一句：「那我們以後就少吃青菜，多吃肉……」。C2 慍色已現。

(4) 一時之間，客廳的空氣凝重，C1 不知所措，猛拉 C 的袖子，暗示不要再講下去；C3 則逕自一旁抽菸、喝茶，好像不曾發生啥事；C4 附議說：「我也比較喜歡吃肉」；C5 躲在一隅，一臉無奈，只能雙眼直盯著電視螢幕。

（PS.劇中人物可依自己所扮演的角色特質適時表演，對白不限。）

第二場

- ◉ 場景：楊家客廳＼C 的房間
- ◉ 時間：晚上＼09：00
- ◉ 人物：C2、C9、C10＼C、C8

(1) C2 到隔壁楊家抱怨對 C 的種種不滿，C9、C10 很熱心地提供他們的見解和意見。

(2) C 在房間內打電話給 C8，傾訴 C2 的不知足及在金錢上的計較等……。C8 並未給予 C 支持，反而勸 C 對婆婆要多容忍……等等。

第三場

- ◉ 場景：某咖啡屋
- ◉ 時間：隔日中午 12：30
- ◉ 人物：C、C6、C7

(1) C6、C7 在聽完 C 的抱怨之後，提出自己對婚姻的一些看法，C7 給 C 適度的支持，C6 提醒 C 還是單身生活理想。

(2) C 茫然不知所措？？？？

參考書目

一、中文部分

牛格正（1991）。諮商倫理的現況與未來。中國輔導學會主編：各國輔導工作現況與展望。臺北：心理。

何長珠（1988）。諮商員與團體。臺北：大洋。

吳秀碧（2000）。團體輔導的理論與實務。彰化：品高圖書。

吳秀碧（2005）。諮商團體領導原理的建構──螺旋式領導方法。中華輔導學報，**17**，1-32。

吳秀碧（2008）。團體諮商進階領導者訓練效果之研究──使用一個試驗性的社會認知訓練模式。行政院國家科學委員會補助研究專案（NSC 96-2413-H-468-002）。

吳秀碧（2010）。一個進階領導者系統化訓練模式的建構。輔導週刊，**46**（2），55-65。

吳秀碧、洪雅鳳、羅家玲（2003）。團體諮商歷程中領導者意圖與聚焦之分析研究。中華輔導學報，**13**，117-150。

吳武典（主編）（1994）。團體輔導手冊。臺北：心理。

吳武典、洪有義、張德聰（2010）。團體輔導（第二版）。臺北：心理。

吳昭儀（2009）。國民中學輔導教師之角色實踐。輔導季刊，**45**（2），30-36。

呂勝瑛（1991）。團體診療的過程與實際。臺北：五南。

李文瑄（2001）。動力團體心理治療講座：人際關係圖譜──動力團體治療新論（五）。諮商與輔導，**185**，28-31。

李玉嬋（1992）。實習教師效能訓練與同儕支持小團體輔導在團體歷程與效果研究。國立臺灣師範大學教育與心理輔導研究所碩士論文，未出版，臺北。

李雪禎（2002）。團體諮商技巧──面質。諮商與輔導，**194**，25-26。

李園會（1989）。班級經營。臺北：五南。

周玉真（1995）。從人際理論取向看團體治療中的改變因素及其運作過程。輔導季刊，**31**（1），64-70。

周志建（2002）。團體行為與團體動力之解析——以一個團體的觀察為例。諮商與
　　輔導，**194**，22-24。

林幸台、宋湘玲（1989）。**人際溝通活動**。高雄：復文圖書。

林俊德（2002）。團體規範探討。諮商與輔導，**194**，2-7。

林美珠、王麗斐（1998）。團體治療性與反治療性重要事件之分析。**中華輔導學報**，
　　6，35-59。

林美珠、林明文、陳淑瓊（1996）。團體諮商治療與反治療性因素之探索研究。載
　　於「**全國師範學院八十五學年度教育學術論文發表會**」論文集，台東縣。

邱天助（1990）。**社會教育活動方案設計**。臺北：心理。

金樹人（編譯）（1994）。**教室裏的春天：教室管理的科學與藝術**。臺北：張老師。

柯淑惠、石麗如、張景然（2010）。訓練團體中雙重關係和角色轉換現象探討。**輔
　　導季刊**，**46**（2），5-13。

夏林清（1981）。如何設計與帶領結構性團體。張老師月刊，**7**（5、6），22-31。

徐西森、黃素雲（2008）。**諮商督導：理論與研究**。臺北：心理。

高旻邦（摘譯）（2007）。**正向心理學介入可以減少憂鬱對兒童青少年的傷害**。2009
　　年9月14日，取自 http://www.psychpark.org/psy/positive%20psychology.asp。

張景然（2001）。準團體諮商員的迷思與衍生的問題。諮商與輔導，**185**，2-7。

許育光（2005）。**團體諮商轉換階段之人際歷程與領導者介入策略分析研究**。國立
　　彰化師範大學輔導與諮商學系博士論文，未出版，彰化市。

許鶯珠（2009）。正向心理學在諮商輔導的應用。諮商與輔導，**281**，48-52。

連廷嘉（2002）。團體方案的設計與實施。載於高雄市九十一年度認輔制度認輔團
　　體輔導教師研習手冊（頁27-36）。

郭生玉（1981）。研究發展方法與技術。**測驗年刊**，**28**，95-104。

陳金燕（1996）。自我覺察訓練方案初探。**輔導季刊**，**32**（3），43-50。

陳奕良（2002）。比較團體歷程觀察方法並評估可行性。諮商與輔導，**194**，19-21。

陳若璋、李瑞玲（1997）。團體諮商與心理治療研究的回顧評論。**中華心理衛生學
　　刊**，**3**（2），179-215。

陳瑛治（1988）。**我國大學生生活角色型態之研究**。國立彰化師範大學輔導研究所
　　碩士論文，未出版，彰化。

黃月霞（1991）。**團體諮商**。臺北：五南。

黃素霞、林高立（2010）。表達性媒材在團體諮商中的運用——以美術工藝類媒材

為例。**輔導季刊，46**（2），14-23。

黃惠惠（1993）。**團體輔導工作概論**。臺北：張老師。

黃德祥（1993）。**國中與國小班級中影響學生社會行為與社會關係之相關因素研究**。國立政治大學教育研究所博士論文。

楊宇彥（2001）。團體結束時的情感反應與處置。**諮商與輔導，185**，17-20。

鄔佩麗（2005）。**輔導與諮商心理學**。臺北：東華。

翟宗悌（2009）。**國中青少女戀愛關係團體諮商方案之成效研究**。國立臺灣師範大學教育心理與輔導學系博士論文，未出版，臺北。

潘正德、林繼偉、王裕仁（2003）。團體口語行為量表信效度之研究。**中華輔導學報，13**，89-116。

潘正德、游淑華（2000）。團體歷程中成員特質、活動反應、領導能力知覺與治療因素之相關研究。載於**2000年諮商專業發展學術研討會論文集**。

蔡碧藍（2007）。團體心理治療的情感錯亂──多重關係倫理議題的探討。**輔導季刊，43**（2），21-30。

鄭雅薇（2002）。團體諮商倫理中之「保密」課題。**諮商與輔導，194**，8-11。

黎士鳴（2010）。人際動機取向之團體諮商模式。**輔導季刊，46**（2），1-4。

黎淑慧（編著）（2001）。**領導學**。新北市：新文京開發出版公司。

賴美英（2002）。性別因素對團體領導者的產生及團體決策之影響。**諮商與輔導，194**，16-18。

簡文英（2001）。團體諮商中的改變因子──團體治療因素探討。**諮商與輔導，185**，8-13。

二、英文部分

Anderson, L. W., Ryan, D. W., & Shapiro, B. J. (1989). *The IEA classroom environment study.* Oxford: Pergamon Press.

Azima, F. J .G (1989). Clinical research in adolescent group psychotherapy: Status, guidelines, and directions. In F. J. C. Azimar & L. H. Richmond (Eds.), *Adolescent group psycho-therapy* (pp. 193-223). Madison, CT: International Universities Press.

Bach, G. (1968). Marathon group therapy. In G. Gazda (Ed.), *Innovations to group psycho-therapy* (pp. 121-140). Springfield, IL: Charles C. Thomas.

Bales, R. F. (1950). *Interaction process analysis.* Cambridge, Mass: Addison-Wesley.

Barreto, M., & Ellemers, N. (2002). The impact of respect versus neglect of self-identities on identification and group loyalty. *Personality and Social Psychology Bulletin, 28,* 629-639.

Beck, A., & Lewis, C. (Eds.) (2000). *The process of group psychotherapy: Systems for analyzing change.* Washington, DC: American Psychological Association.

Bion, W. R. (1959). *Experiences in group.* New York: Basic Books.

Bradford, I. P., Gibb, J. R., & Benne, K. D. (1964). *T-Group theory and laboratory method.* New York: John Wiley & Sons.

Bradford, L. P. (1957). *An approach to human relations training.* Washington, D. C.: National Training Laboratories.

Burlingame, G. M., MacKenzie, K. R., & Strauss, B. (2004). Small group treatment: Evidence for effectiveness and mechanisms of change. In M. J. Lambert (Ed.), *Bergin & Garfield's handbook of psychotherapy and behavior change* (5th ed.) (pp. 647-696). New York: John Wiley & Sons.

Cartwright, D., & Zander, A. (1968). *Group dynamics research and theory.* Evanston: Row & Peterson, Inc.

Chen, M. W., & Ryback, C. J. (2004). *Group leadership skill: Interpersonal process in group counseling and therapy.* Belmont, CA: Brooks/Cole.

Cohen, R. G., & Lipkin, G. B. (1978). *Therapeutic group work for health professionals.* New York: Springer.

Corey, G., Corey, M. S., Callanan, P. J., & Russell, J. M. (1982). *Group technique.* Monterey, CA: Brooks/Cole.

Corey, G., & Corey, M. S. (1977). *Groups: Process & practice.* Monterey, CA: Brooks/Cole.

Corey, G., Corey, M. S., & Callanan, P. (2003). *Issues and ethics in the helping professions* (6th ed.). Pacific Grove, CA: Brooks/Cole.

Corey, M. S., & Corey, G. (1987). *Groups: Process & practice* (3rd ed.). Monterey, Calif: Brooks/Cole, Publishing Company.

Corey, M. S., & Corey, G. (2006). *Group process and practice* (6rd ed.). Belmont, CA: Brooks/Cole.

Corsini, R., & Rosenberg, B. (1955). Mechanisms of group psychotherapy: Process and dynamics. *Journal of Abnormal and Social Psychology, 51,* 406-411.

Cummings, A., Hoffman, S., & Leschied, A. (2004). A psychoeducational group for aggressive adolescent girls. *Journal for Specialists in Group Work, 29*(3), 285-299.

DeLucia-Waack, J. L. (1997). Measuring the effectiveness of group work: A review and analysis of process and outcome measures. *The Journal for Specialists in Group Work, 22*(4), 277-293.

Dishion, T. J., & Nelson, S. E. (2007). Male adolescent friendships: Relationship dynamics that predict adult adjustment. In C. M. E. Rutger, M. K. Engles & H. Stattin (Eds.), *Friends, lovers and groups: Key relationships in adolescence* (pp. 11-32). West Sussex, UK: John Wiley & Sons.

Doxsee, D. J., & Kivlighan, D. M. (1994). Hindering events in interpersonal: Relations groups for counselor trainees. *Journal of Counseling and Development, 72,* 621-626.

Drum, D. J., & Lawler, A. C. (1988). *Developmental interventions: Theory, principles, and practice.* Columbus, OH: Merrill.

Dye, H. A. (1968). *Fundamental group procedures for school counselors.* Boston: Houghton Mifflin Company.

Forsyth, D. R. (1990). *Group dynamics* (2nd ed.). New York: Brooks Cole Publishing Company.

Freeman, S. J. (1991). Group facilitation of the grieving process with those bereaved by suicide. *Journal of Counseling & Development, 69,* 328-331.

Fuhriman, A., & Butler, T. (1983). Curative factors in group therapy. *Small Group Behavior, 14*(2), 131-142.

Gazda, G. M. (1989). *Group counseling: A developmental approach* (4th ed.). New York: Allyn & Bacon.

Gazda, G. M., Ginter, E. J., & Horne, A. M. (Eds.) (2001). *Group counseling and group psychotherapy: Theory and application.* Needham Height, MA: Allyn & Bacon.

George, R. A., & Dustin, D. (1990). *Group counseling: Process & practice.* Englewood Cliffs, N. J.: Prentice-Hall.

Giacomazzi, A. L., Thurman, Q. C., Reisig, M. D., & Mueller, D. G. (1996). Community-based gang prevention and intervention: An evaluation of the neutral zone. *Crime and Delinquency, 42*(2), 279-293.

Gilbert, M., & Shmukler, D. (2003). Psychological therapy in groups. In R. D. Woolfe & S.

Strawbridge (Eds.), *Handbook of counseling psychology* (2nd ed.) (pp. 442-460). London: Sage.

Golembiewski, R. T. (1972). *Reviewing organizations: The laboratory approach to change.* Itasco, IL: F. E. Peacock.

Gumaer, J. (1984). *Counseling and therapy for children.* New York: Free Press.

Harvey, B. J. (1994). *Group participation* (2nd ed.). California: SABE Publication Inc.

Herzberg, F. (1968). *One more time: How do you motivate employees.* Harvard Business Review.

Hill, W. F. (1965b). *HIM, hill interaction matrix.* Los Angeles: Universityof Southern California, Youth Studies Center.

Hill, W. F. (1971). The hill interaction matrix. *Personal and Guidance Journal, 49,* 619-623。

Hoag, M. J., & Burlingame, G. M. (1997). Evaluating the effectiveness of child and adolescent group treatment: A meta-analytic review. *Journal of Clinical Child Psychotherapy, 26,* 234-246.

Huss, S. N., & Ritchie, M. (1999). Effectiveness of a group for parentally bereaved children. *Journal for Specialists in Group Work, 24*(2), 189-196.

Johnson, D. W., & Johnson, F. P. (2003). *Joining together: Group theory and group skills* (8th ed.). New York: Pearson Education.

Jones, V. F., & Jones, L. S.(1986). *Comprehensive classroom management: Creating positive learning environments.* Boston: Allyn & Bacon, Inc.

Kacen, L., & Rozovski, U. (1998). Assessing group processes: A comparison among group participants', direct observers', and indirect observers' assessment. *Small Group Research, 29*(2), 179.

Kivlighan, D. M., Coleman, M. N., & Anderson, D. C. (2000). Process, outcome, and methodology in group counseling research. In S. D. Brown & R. W. Lent (Eds.), *Handbook of counseling psychology* (3rd ed.) (pp. 767-796). New York: John Wiley & Sons.

Kolk, C. J. (1985). *Introduction to group counseling & psychotherapy.* CA: Charles E. Merrill Publishing Company.

Kolb, J. A. (1997). Are we still stereotyping leadership? A look at gender and other predictors of leader emergence. *Small Group Research, 28*(3), 370-393.

Laursen, B., & Jensen-Campbell, L. A. (1999). The nature and functions of social exchange in adolescent romantic relationships. In W. Furman, B. B. Brown & C. Feiring (Eds.), *The development of romantic relationships in adolescence* (pp. 50-74). Cambridge, New York: Cambridge University Press.

Laursen, B., & Mooney, K. S. (2007). Individual differences in adolescent dating and adjust-ment. In C. M. E. Rutgers, M. K. Engels & H. Stattin (Eds.), *Friends, lovers and groups: Key relationships in adolescence* (pp. 81-91). West Sussex, UK: John Wiley & Sons.

Lewin, K. (1944). *Forces behind food habits & methods of change.* New York: Bulletin of the National Research Council.

Lewin, K. (1951). *Field theory in social science.* New York: Harper & Brothers.

Luft, J. (1969). *Human interaction.* Palo Alto, CA: National Press Books.

Malakoff, A. (2004). *Group work with adolescents: Principles and practices* (2nd ed.). New York: The Guilford Press.

Mann, D. (1967). *Interpersonal styles and group development.* New York: John Wiley & Sons, Inc.

McManus, P. W., Redford, J. L., & Hughes, R. B. (1997). Connecting to self and others: A structured group for women. *The Journal for Specialists in Group Work, 22,* 22-30.

Mills, T. (1964). *Group transformation.* Englewood Cliffs, N. J.: Prentice-Hall.

Moreno, J. C. (1962). Common ground for all group psychotherapy. *What Is a Group Psy-chotherapist & Group Psychotherapy, 15,* 263-264.

Napier, R. W., & Gershenfeld, M. K. (1983). *Making group work.* Boston: Houghton Mifflin Company.

Ohlsen, M. M. (1970). *Group counseling.* New York: Gardner Press.

Peterson, J. V. & Nisenholz, B. (1999). *Orientation to counseling* (4th ed.). Boston: Allyn & Bacon.

Rogers, C. R. (1959). A theory of therapy, personality, and interpersonal relationships as de-veloped in the client-centered framework. In S. Koch (Ed.), *Psychology: A study of a sci-ence.* Vol. III, Formulations of the person in the social context. McGraw-Hill, 184-256.

Rose, R. J. (2007). Peers, parents, and processes of adolescent socialization: A twin-study perspective. In C. M. E. Rutgers, M. K. Engels & H. Stattin (Eds.), *Friends, lovers and groups: Key relationships in adolescence.* West Sussex, UK: John Wiley & Sons.

Rubel, D., & Kline, W. B. (2008). An exploratory study of expert group leadership. *The Jour-*

nal for Specialists in Group Work, 33(2), 138-160.

Samuels, A. (1964). The use of group balance as a therapeutic technique. *Archives of General Psychiatry, 11,* 411-422.

Shulman, S. (2003). Conflict and negotiation in adolescent romantic relationships. In P. Florsheim (Ed.), *Adolescent romantic relations and sexual behavior: Theory, research, and practical implications* (pp. 109-135). Mahwah, New York: Lawrence Erlbaum Associates.

Shaw, M. E. (1981). *Group dynamic: The psychology of small group behavior* (3rd. ed.) Boston: McGraw-Hill.

Shechtman, Z. (1994). The effect of group psychotherapy on boys' and girls' close same: Sex friendships. *Sex roles, 30,* 829-834.

Shechtman, Z. (2004). Group counseling and psychotherapy with children and adolescents. In J. L. Delucia-Waack, D. A. Gerrity & M. T. Riva (Eds.), *Handbook of group counseling and psychotherapy* (pp. 429-444). CA: Sage.

Shechtman, Z., & Dvir, V. (2006). Attachment style as a predictor of behavior in group counseling with preadolescents. *Group Dynamics: Theory, Research, and Practice, 10,* 29-42.

Shechtman, Z., Freidman, Y., Kashti, Y., & Sharabany, R. (2002). Group counseling to enhance adolescents' close friendships. *International Journal of Group Psychotherapy, 52,* 537-553.

Stockton, R., & Morran, D. K. (1982). Review & perspective of critical dimensions in therapeutic small group research, In G. M. Gazda (Ed.), *Basic approaches to group psychotherapy & group counseling* (3rd ed.). Springfield, IL: Charles C. Thomas.

Super, D. E. (1990). Career and life development. In D. Browen, L. Brooks & Associates (Eds.), *Career choice and development: Applying contemporary theories to practice* (2nd ed.) (pp. 197-261). San Francisco, CA: Jossey-Bass.

Trotzer, J. (1977). *The counselor & the group: Integrating theory, training & practice.* Monterey, CA: Brooks/Cole.

Trotzer, J. P. (1999). *The counselor and the group: Integrating theory, training, and practice* (2nd ed.). Monterey, CA: Brooks/Cole.

Wheelan, S. W. (1994). *Group process: A developmental perspective.* Boston, MA: Allyn & Bacon.

Yalom, I. D. (1985). *The theory and practice of group psychotherapy* (3rd ed.). New York: Basic Books.

Yalom, I. D. (1995). *The theory and practice of group psychotherapy* (4th ed.). New York: Basic Books.

Yalom, I. D., & Molyn, L. (2005). *The theory and practice of group psychotherapy* (5th ed.). New York: Basic Books.

Zambelli, G. C., & DeRosa, A. P. (1992). Bereavement support group for school-age children: Theory, intervention, and case example. *American Journal of Orthopsychiatry, 62,* 484-493.

三、初版文獻或建議讀本

吳秀碧（1985）。**團體諮商實務**。高雄：復文圖書。

吳武典、洪有義（1984）。**如何進行團體諮商**。臺北：張老師。

吳清山、李錫津等（1992）。**班級經營**。臺北：心理。

李建興（1985）。**社會團體工作**。臺北：五南。

林振春、王秋絨（1992）。**團體輔導工作**。臺北：師大書苑。

金樹人、吳武典（1996）。**班級輔導活動設計指引**。臺北：張老師。

夏林清、麥麗蓉（1988）。**團體治療與敏感度訓練：歷史、概念與方法**。臺北：張老師。

張老師（主編）（1987）。**團體領導者訓練實務**。臺北：張老師。

曾華源（1990）。**團體技巧**。臺北：張老師。

黃德祥（1994）。班級經營。載於葉學志主編，**教育概論**。臺北：正中。

楊淑蘭（1993）。**競爭與卓越——A型行為組型理論與實務**（頁222-225）。臺北：天馬。

楊極東（1992）。**團體輔導：理論與實務**。臺北：五南。

劉焜輝（1977）。**團體輔導研究**。臺北：漢文書局。

潘正德（1995）。**團體動力學**。臺北：心理。

蔡碧蘭（2007）。團體心理治療的情感錯亂——多重關係倫理議題的探討。**輔導季刊**，**43**（2），21-30。

鄭基慧（譯）（1979）。**團體動力學導論**。臺中：臺灣省基督教兒童福利基金會。

Dustin, R., & George, R. (1977). *Action counseling for behavior change* (2nd ed.). Cranston,

RI: Carroll Press.

Gazda, G. M., Duncan, J. A., & Meadows, M. E. (1967). Group counseling & group procedures — Report of a survey. Association of Counselor Education & Supervision.

George, R. A., & Dustin, D. (1988). *Group counseling: Theory & practice.* Englewood Cliffs, N. J.: Prentice-Hall.

Goldstein, P., Heller, K., & Sechrest, L. B. (1966). *Psychotherapy & the psychology of behavior change.* New York: Wiley.

Hansen, J. C., Warrens, R. W., & Smith, E. J. (1980). *Group counseling* (2nd ed.). Chicago: Rand McNally College Publishing Company.

Hill, W. F. (1965a). *Group-counseling training syllabus.* Los Angeles: University of Southern California, Youth Studies Center.

Johnson, D. W., & Johnson, F. P. (1982). *Joining together: Group therapy & skills.* Englewood Cliffs, N.J.: Prentice-Hall.

Knowles, H. (1959). *Introduction to group dynamics.* New York: Association Press.

Knowles, M. S. (1970). *The modern practice of adult education.* New York: Association Press.

Mahler, C. R. (1969). *Group counseling in the school.* Boston: Houghton Mifflin Co.

Mills, C. W. (1959). *Sociological imagination.* Englend: Oxford University Press.

Yalom, I. D. (1970). *The theory & practice of group psychotherapy.* New York: Basic Books.

附錄一

社團法人中華民國諮商心理師公會全國聯合會
會員自律公約

中華民國 100 年 01 月 15 日諮商心理師公會全聯會第一屆第二次會員代表大會通過
中華民國 99 年 11 月 20 日諮商心理師公會全聯會第一屆第五次理事會議通過

第一條　社團法人中華民國諮商心理師公會全國聯合會（以下簡稱本會）為提升心理諮商專業品質、保障當事人權益與增進社會大眾福祉，依衛生署 99 年 6 月 14 日衛署醫字第 0990204140 號函規定訂定本會「會員自律公約」（以下簡稱本公約）。

第二條　本會會員及所屬公會會員執行諮商心理師業務，應遵守法令、諮商心理師公會組織章程、專業倫理及本公約。

第三條　本會會員及所屬公會會員應體認自身學養及能力之限制，充實諮商新知、接受繼續教育、增進心理諮商技能，以持續精熟專業、掌握社會脈動並提昇心理諮商服務品質。

第四條　本會會員及所屬公會會員執行諮商心理師業務，應尊重當事人之文化背景並予公平待遇，不得因年齡、性別、種族、國籍、語言、宗教信仰、政治立場、性傾向、身心特質或社經地位等因素而予以差別待遇。

第五條　本會會員及所屬公會會員執行諮商心理師業務，應以當事人福祉、專業判斷與社會責任為依歸，並在專業能力所及的範圍內提供適當服務。當事人之議題若超出己身專業範疇，諮商心理師應適時諮詢其他專業，做必要之轉介或跨專業合作。

第六條　本會會員及所屬公會會員參與公眾事務時，應秉持諮商心理專業，善盡社會責任。

第七條　本會會員及所屬公會會員宜接受專業督導，以提升心理諮商品質。本會會員從事諮商心理師教育、訓練或督導，應熟悉並遵守與本職相關的專業倫理，並提示受督導者應負的責任。

第八條　本會設專業倫理委員會（以下簡稱本委員會），以落實執行本公約，協助會員設立諮商倫理委員會，並接受各會員委託處理倫理問題之申訴、提供專業倫理疑難問題之諮詢。

第九條　本會會員及所屬公會會員如有違反本公約者，得送本委員會審議並依程序決議處理，情節重大者另移請主管機關或司法單位處理。

第十條　本公約經會員代表大會通過後實施，修正時亦同。

臺灣輔導與諮商學會
諮商專業倫理守則

前言

　　臺灣輔導與諮商學會（以下簡稱本會）係一教育性、科學性與專業性的組織，旨在聚合有志從事輔導、諮商與心理治療之專業人員，促進諮商學術研究，推展社會及各級學校之諮商工作、幫助社會大眾發展其潛能、創造健康幸福的生活、並促進國家社會及人類的福祉。

　　本守則旨在指明專業倫理係諮商工作之核心價值及諮商實務中相關倫理責任之內涵，並藉此告知所有會員、其所服務之當事人及社會大眾。本守則所揭示之倫理原則，本會會員均須一體遵守並落實於日常專業工作中。本守則亦為本會處理有關倫理申訴案件之基礎。

1. 總則

1.1. 諮商的目的：　諮商的主要目的在維護當事人的基本權益，並促進當事人及社會的福祉。

1.2. 認識倫理守則：諮商師應確認其專業操守會影響本專業的聲譽及社會大眾的信任，自應謹言慎行，知悉並謹遵其專業倫理守則。

1.3. 專業責任：　　諮商師應認清自己的專業、倫理及法律責任，以維護諮商服務的專業品質。

1.4. 與服務機構合　服務於學校或機構的諮商師應遵守學校或該機構的政策和規
作：　　　　　章，在不違反專業倫理的原則下，應表現高度的合作精神。

1.5. 責任衝突：　　諮商師若與其服務之學校或機構之政策發生倫理責任衝突時，應表明自己須遵守專業倫理守則的責任，並設法尋求合理的解決。

1.6. 諮商師同仁： 若發現諮商師同仁有違反專業倫理的行為，應予以規勸，若規勸無效，應利用適當之管道予以矯正，以維護諮商專業之聲譽及當事人之權益。

1.7. 諮詢請益： 諮商師若對自己的倫理判斷存疑時，應就教諮商師同仁或諮商專家學者，共商解決之道。

1.8. 倫理委員會： 本會設有倫理委員會，以落實執行倫理守則，接受倫理問題之申訴，提供倫理疑難之諮詢，並處理違反諮商專業倫理守則之案件。諮商師應與倫理委員會密切合作。

2. 諮商關係

2.1. 當事人的福祉

2.1.1. 諮商關係的性質： 諮商師應確認其與當事人的關係是專業、倫理及契約關係，諮商師應善盡其因諮商關係而產生的專業、倫理及法律責任。

2.1.2. 諮商師的責任： 諮商師的首要責任是尊重當事人的人格尊嚴與潛能，並保障其權益，促進其福祉。

2.1.3. 成長與發展： 諮商師應鼓勵當事人自我成長與發展，避免其養成依賴諮商關係的習性。

2.1.4. 諮商計劃： 諮商師應根據當事人的需要、能力及身心狀況，與其共同研擬諮商計劃，討論並評估計劃的可行性及預期的效果，盡量尊重當事人的自由決定權，並為其最佳利益著想。

2.1.5. 利用環境資源： 當事人的問題多與其所處環境有關，諮商師應善用其環境資源，特別是家庭資源，協助其解決問題，並滿足其需要。

2.1.6. 價值影響： 諮商師應尊重當事人的價值觀，不應強為當事人做任何的決定，或強制其接受諮商師的價值觀。

2.2 當事人的權利

2.2.1. 自主權： 諮商師應尊重當事人的自由決定權。

a. 諮商同意權：

當事人有接受或拒絕諮商的權利，諮商師在諮商前應告知諮商關係的性質、目的、過程、技術的運用、限制及損益等，以幫助當事人做決定。

b. 自由選擇權：

在個別或團體諮商關係中，當事人有選擇參與或拒絕參與諮

商師所安排的技術演練或活動、退出或結束諮商的權利，諮商師不得予以強制。

c. 未成年當事人：

為未成年人諮商時，諮商師應以未成年當事人的最佳利益著想，並尊重父母或監護人的合法監護權，需要時，應徵求其同意。

d. 無能力做決定者：

若當事人因身心障礙而無能力做決定時，諮商師應以當事人最佳利益著想，並應尊重其合法監護人或第三責任者的意見。

2.2.2. 公平待遇權： 當事人有要求公平待遇的權利，諮商師實施諮商服務時，應尊重當事人的文化背景與個別差異，不得因年齡、性別、種族、國籍、出生地、宗教信仰、政治立場、性別取向、生理殘障、語言、社經地位等因素而予以歧視。

2.2.3. 受益權： 諮商師應為當事人的最佳利益著想，提供當事人專業諮商服務，維護其人格之尊嚴，並促進其健全人格之成長與發展。（參看 2.1.）

2.2.4. 免受傷害權： 諮商師應謹言慎行，避免對當事人造成傷害。

a. 覺知能力限制：

諮商師應知道自己的能力限制，不得接受超越個人專業能力的個案。

b. 覺察個人的需要：

諮商師應覺知自己的內在需要，不得利用當事人滿足個人的需要。

c. 覺知個人的價值觀：

諮商師應覺知自己的價值觀、信念、態度和行為，不得強制當事人接受諮商師的價值觀。（參看 2.1.6.）

d. 雙重關係：

諮商師應盡可能避免與當事人有雙重關係，例如下述，但不止於此：親屬關係、社交關係、商業關係、親密的個人關係及性關係等，以免影響諮商師的客觀判斷，對當事人造成傷害。

e. 親密及性關係：

諮商師不可與當事人或與已結束諮商關係未超過兩年的當事人建立親密或性關係，以免造成當事人身心的傷害。諮商師若與已結束諮商關係兩年以上的當事人建立親密或性關係，必須證明此等關係不具剝削的特質，且非發展自諮商關係。

f. 團體諮商：

諮商師領導諮商團體時，應審慎甄選成員，以符合團體的性質、目的及成員的需要，並維護其他成員的權益。運用團體諮商技術及領導活動時，應考量自己的專業知能、技術及活動的危險性，做好適當的安全措施，以保護成員免受身心的傷害。

2.2.5. 要求忠誠權： 當事人有要求諮商師信守承諾的權利，諮商師應對當事人忠誠，信守承諾。

2.2.6. 隱私權： 當事人有天賦及受憲法保障的隱私權，諮商師應予尊重。

2.3. 諮商機密

2.3.1. 保密責任： 基於當事人的隱私權，當事人有權要求諮商師為其保密，諮商師也有責任為其保守諮商機密。

2.3.2. 預警責任： 當事人的行為若對其本人或第三者有嚴重危險時，諮商師有向其合法監護人或第三者預警的責任。

2.3.3. 保密的特殊情況： 保密是諮商師工作的基本原則，但在以下的情況下則是涉及保密的特殊情況：

a. 隱私權為當事人所有，當事人有權親身或透過法律代表而決定放棄。

b. 保密的例外：在涉及有緊急的危險性，危及當事人或其他第三者。

c. 諮商師負有預警責任時。（參看 2.3.2.）

d. 法律的規定。

e. 當事人有致命危險的傳染疾病等。

f. 評估當事人有自殺危險時。

g. 當事人涉及刑案時等。

2.3.4. 當事人的最佳利益：　基於上述的保密限制，諮商師必須透露諮商資料時，應先考慮當事人的最佳利益，再提供相關的資料。

2.3.5. 非專業人員：　與諮商師共事的非專業人員，包括助理、雇員、實習學生及義工等，若有機會接觸諮商資料時，應告誡他們為當事人保密的責任。

2.3.6. 個案研究：　若為諮商師教育、訓練、研究或諮詢之需要，必須運用諮商資料時，諮商師應預先告知當事人，並徵得其同意。

2.3.7. 團體諮商：　領導諮商團體時，諮商師應告知成員保密的重要性及困難，隨時提醒成員保密的責任，並勸告成員為自己設定公開隱私的界線。

2.3.8. 家庭諮商：　實施家庭諮商時，諮商師有為家庭成員個人保密的責任，沒有該成員的許可，不可把其諮商資料告知其他家庭成員。

2.3.9. 未成年人諮商：　未成年人諮商時，諮商師亦應尊重其隱私權，並為其最佳利益著想，採取適當的保密措施。

2.3.10. 諮商資料保管：　諮商師應妥善保管諮商機密資料，包括諮商記錄、其它相關的書面資料、電腦處理的資料、個別或團體錄音或錄影帶、及測驗資料等。

a. 諮商記錄：
未經當事人的同意，任何形式的諮商記錄不得外洩。

b. 本人查閱：
當事人本人有權查看其諮商記錄及測驗資料，諮商師不得拒絕，除非這些諮商資料可能對其產生誤導或不利的影響。

c. 合法監護人查看：
合法監護人或合法的第三責任者要求查看當事人的諮商資料時，諮商師應先瞭解其動機，評估當事人的最佳利益，並徵得當事人的同意。

d. 其他人士查看：
其他人包括導師、任課教師、行政人員等要求查看當事人的諮商資料時，諮商師應視具體情況及實際需要，為當事人的最佳利益著想，並須徵得當事人的同意後，審慎處理。

e. 諮商資料轉移：

未徵得當事人同意，諮商師不可轉移諮商資料給他人；經當事人同意時，諮商師應採取適當的安全措施進行諮商資料之轉移。

f. 研究需要：

若為研究之需要須參考當事人的諮商資料時，諮商師應為當事人的身份保密，並預先徵得其同意。

g. 演講或出版：

若發表演講、著作、文章、或研究報告需要利用當事人的諮商資料時，應先徵求其同意，並應讓當事人預閱稿件的內容，才可發表。

h. 討論與諮詢：

若為專業的目的，需要討論諮商的內容時，諮商師只能與本案有關的關係人討論。若為諮詢的目的，需要做口頭或書面報告時，應設法為當事人的身份保密，並避免涉及當事人的隱私。

2.4. 諮商收費

2.4.1. 免費諮商： 服務於學校或機構的諮商師為本校學生或機構內人員諮商，乃係諮商師的份內事，不得另外收費。

2.4.2. 收費標準： 自行開業或服務於社區諮商中心的諮商師可以收費，但應訂定合理的收費標準。合理的收費標準應比照當地其他助人機構一般收費的情形而定，並應顧及當事人的經濟狀況，容有彈性的付費措施。

2.4.3. 預先聲明： 實施諮商前，諮商師應向當事人說明諮商專業服務的收費規定。

2.4.4. 收受饋贈： 諮商師應避免收受當事人饋贈的貴重禮物，以免混淆諮商關係或引發誤會及嫌疑。

2.5. 運用電腦及測驗資料

2.5.1. 電腦科技的運用： 在諮商過程中運用電腦科技時，諮商師應注意以下的事項：

a. 確知當事人是否有能力運用電腦化系統諮商。

b. 用電腦化系統諮商是否符合當事人的需要。

c. 當事人是否瞭解用電腦化系統諮商的目的及功能。

           d. 追蹤當事人運用的情形，導正可能產生的誤解，找出不適當的運用方式，並評估其繼續使用的需要。

           e. 向當事人說明電腦科技的限制，並提醒當事人審慎利用電腦科技所提供的資料。

2.5.2. 測驗資料的應用： 在諮商過程中運用測驗資料時，諮商師應注意：

           a. 解釋測驗資料應力求客觀、正確及完整，並避免偏見和成見、誤解及不實的報導。

           b. 審慎配合其它測驗結果及測驗以外的資料做解釋，避免以偏概全的錯誤。

2.6. 轉介與結束諮商

2.6.1. 轉介時機： 因故不能繼續給當事人諮商時，應予轉介。

           a. 當事人自動要求結束諮商：

           若當事人自動要求結束諮商，而諮商師研判其需要繼續諮商時，諮商師應協調其他輔助資源，予以轉介。

           b. 專業知能限制：

           若當事人的問題超越諮商師的專業能力，不能給予諮商時，應予轉介。（參看 2.2.4.a.）

           c. 雙重關係的介入：

           若因雙重關係的介入而有影響諮商師的客觀判斷或對當事人有傷害之虞時，應予轉介。

2.6.2. 禁止遺棄： 諮商師不得假借任何藉口忽略或遺棄當事人而終止諮商，應為當事人安排其他管道，使能繼續尋求協助。

2.6.3. 轉介資源： 為便利轉介服務，諮商師應熟悉適當的轉介資源，協助當事人獲得其需要的幫助。

2.6.4. 結束諮商的時機： 在以下的情形下，諮商師可徵求當事人同意結束諮商：

           a. 當事人不再受益時，可結束諮商。

           b. 當事人不需要繼續諮商服務時，可結束諮商。

           c. 諮商不符合當事人的需要和利益時，可結束諮商。

           d. 當事人主動要求轉介時，無須繼續諮商。

           e. 當事人不按規定付費或因服務機構的限制不准提供諮商服務時，可結束諮商。

f. 有傷害性雙重關係介入而不利諮商時，應停止諮商關係，並予轉介。

3. 諮商師的責任

3.1. 諮商師的專業責任

3.1.1. 熟悉專業倫理守則： 諮商師應熟悉其本職的專業倫理守則及行為規範。

3.1.2. 專業知能： 為有效提供諮商專業服務，諮商師應接受適當的諮商專業教育及訓練，具備最低限度的專業知能。

3.1.3. 充實新知： 諮商師應不斷進修，充實專業知能，以促進其專業成長，提昇專業服務品質。

3.1.4. 能力限制： 諮商師應覺知自己的專業知能限制，不得接受或處理超越個人專業知能的個案。（參看 2.2.4.a.）

3.1.5. 專業領域： 從事不同專業領域的諮商師，應具備該專業所需要的專業知能、訓練、經驗和資格。

3.1.6. 自我瞭解： 諮商師應對個人的身心狀況提高警覺，若發現自己身心狀況欠佳，則不宜從事諮商工作，以免對當事人造成傷害，必要時，應暫停諮商服務。（參看 2.2.4.b.）

3.2. 諮商師的倫理及社會責任

3.2.1. 提昇倫理意識與警覺： 諮商師應培養自己的倫理意識，提昇倫理警覺，並重視個人的專業操守，盡好自己的倫理及社會責任。

3.2.2. 維護當事人的權益： 諮商師的首要倫理責任，即在維護當事人的基本權益，並促進其福利。（參看 2.1.2.；2.2.1.-2.2.6.）

3.2.3. 公開陳述： 諮商師在公開陳述其專業資格與服務時應符合本倫理守則之要求。所謂公開陳述包括但不限於下述方式：付費或免費之廣告、手冊、印刷品、名錄、個人履歷表或資歷表、大眾媒體上之訪談或評論、在法律程序中的陳述、演講或公開演說、出版資料及網頁內容等。

    a. 宣傳廣告：以任何形式做諮商服務宣傳或廣告時，其內容應客觀正確，不得以不實的內容誤導社會大眾。

    b. 諮商師在委託他人為其專業工作、作品或活動促銷時，應擔負他人所作公開陳述之專業責任。

        c. 諮商師若得知他人對自身工作做不正確之陳述時，應力求
        矯正該陳述。

        d. 諮商師應避免不實之公開陳述，包括但不限於下述內容：
          1.所受之訓練、經驗或能力；2.學分；3.證照；4.所屬之機
        構或組織；5.所提供之專業服務；6.所提供專業服務之學理
        基礎或實施成效；7.收費標準；8.研究發表。

3.2.4. 假公濟私： 有自行開業的諮商師不得藉由其在所屬機構服務之便，為自
己招攬當事人。

3.2.5. 工作報告： 發表諮商工作報告時，諮商師應力求具體、客觀及正確，給
人真實的印象。

3.2.6. 避免歧視： 諮商師不得假借任何藉口歧視當事人、學生或被督導者。（參
看 2.2.2.）

3.2.7. 性騷擾： 諮商師不可對當事人做語言或行為的性騷擾，應切記自己的
專業角色及身為諮商師的專業身份。（參看 2.2.4.e.）

3.2.8. 媒體呈現： 諮商師透過媒體演說、示範、廣播、電視、錄影帶、印刷品、
郵件、網路或其他媒體以提供正確之訊息，媒體從事諮商、
諮詢、輔導或教育推廣工作時，應注意理論與實務的根據，
符合諮商專業倫理規範，並慎防聽眾與觀眾可能產生的誤解。

3.2.9. 圖利自己： 諮商師不得利用其專業地位，圖謀私利。

3.2.10. 互相尊重： 諮商師應尊重同事的不同理念和立場，不得冒充其他同事的
代言人。

3.2.11. 合作精神： 諮商師應與其他助人者及專業人員建立良好的合作關係，並
表現高度的合作精神，尊重各人應遵循的專業倫理守則。

3.2.12. 提高警覺： 服務於機構的諮商師，對雇主可能不利於諮商師倫理責任的
言行、態度，或阻礙諮商效果的措施，提高警覺。

4. 諮詢

4.1. 諮詢的意義： 提供諮詢是鼓勵當事人自我指導、適應及成長的關係和過程。

4.2. 瞭解問題： 諮商師提供諮詢時，應設法對問題的界定、改變的目標及處
理問題的預期結果與當事人達成清楚的瞭解。

4.3. 諮詢能力： 諮商師應確定自己有提供諮詢的能力，並知悉適當的轉介資
源。（參看 2.6.3.）

4.4. 選擇諮詢對象： 為幫助當事人解決問題需要請教其他專業人員時，諮商師應審慎選擇提供諮詢的專業人員，並避免陷對方於利益衝突的情境或困境。

4.5. 保密： 在諮詢過程中所獲得的資料應予保密。（參看 2.3.10.h.）

4.6. 收費： 諮商師為所服務機構的人員提供諮詢時，不得另外收費或接受報酬。（參看 2.4.1.）

5. 測驗與評量

5.1. 專業知能： 諮商師實施或運用測驗於諮商時，應對該測驗及評量方法有適當的專業知能和訓練。

5.2. 知後同意權： 實施測驗或評量之前，諮商師應告知當事人測驗與評量的性質、目的及結果的運用，尊重其自主決定權。（參看 2.2.1.）

5.3. 當事人的福利： 測驗與評量的主要目的在促進當事人的福利，諮商師不得濫用測驗及評量的結果和解釋，並應尊重當事人知悉測驗與評量結果及解釋的權利。（參看 1.1.；2.3.10.b.）

5.4. 測驗選擇及應用： 諮商師應審慎選用測驗與評量的工具，評估其信度、效度及實用性，並妥善解釋及應用測驗與評量的分數及結果，避免誤導。

5.5. 正確資訊： 說明測驗與評量工具技術時，諮商師應提供正確的訊息，避免導致誤解。（參看 2.2.1.a.）

5.6. 解釋結果： 解釋測驗及評量結果時，諮商師應考慮當事人的需要、理解能力及意見，並參考其他相關的資料，做客觀、正確和適當的解釋。（參看 2.5.2.a. b.）

5.7. 智慧財產權： 諮商師選用測驗及評量工具時，應尊重編製者的智慧財產權，並徵得其同意，以免違反著作權法。

5.8. 施測環境： 諮商師應注意施測環境，使符合標準化測驗的要求。若施測環境不佳、或受測者行為表現異常、或有違規事件發生，應在解釋測驗結果時註明，得視實際情況，對測驗結果之有效性做適當的評估。

5.9. 實施測驗： 測驗與評量工具若無自行施測或自行計分的設計，均應在施測者監督下實施。

5.10. 電腦施測： 諮商師若利用電腦或電子科技施測，應確定其施測的功能及

評量結果的正確性。（參看 2.5.1.；2.5.2.）

5.11. 報告結果： 撰寫測驗或評量結果報告時，諮商師須考慮當事人的個別差異、施測環境及參照常模等因素，並指出該測驗或評量工具的信度及效度的限制。

5.12. 測驗時效： 諮商師應避免選用已失時效之測驗及測驗資料，亦應防止他人使用。

5.13. 測驗編製： 諮商師在運用心理測驗及其他評量技術發展和進行研究時，應運用科學之程序與先進之專業知識進行測驗之設計、標準化、信效度考驗，以力求避免偏差，並提供完善的使用說明。

6. 研究與出版

6.1. 以人為研究對象： 諮商師若以人為研究對象，應尊重人的基本權益，遵守倫理、法律、服務機構之規定、及人類科學的標準，並注意研究對象的個別及文化差異。

6.2. 研究主持： 研究主持人應負起該研究所涉及的倫理責任，其他參與研究者，除分擔研究的倫理責任外，對其個人行為應負全責。

6.3. 行為規範： 諮商師應遵循做研究的倫理規範，若研究問題偏離研究倫理標準時，應特別注意防範研究對象的權益受損。

6.4. 安全措施： 諮商師應對研究對象的身心安全負責，在實驗研究過程中應先做好安全措施。（參看 2.2.4. f.）

6.5. 徵求同意

6.5.1. 自由決定： 諮商師應尊重研究對象的自由決定權，事先應向研究對象說明研究的性質、目的、過程、方法與技術的運用、可能遭遇的困擾、保密原則及限制、以及諮商師及研究對象雙方的義務等。（參看 2.2.1.）

6.5.2. 主動參與： 參與研究以主動參與為原則，除非此研究必須有其參與才能完成，而此研究也確實對其有利而無害。

6.5.3. 缺乏判斷能力者： 研究對象缺乏判斷能力不能給予同意時，諮商師應盡力解釋使其了解，並徵求其合法監護人或第三責任者的同意。（參看 2.2.1.c.; 2.2.1.d.）

6.5.4. 退出參與： 研究對象有拒絕或退出參與研究的權利，諮商師不得以任何方式予以強制。（參看 2.2.1.）

6.5.5. 隱瞞或欺騙： 諮商師不可用隱瞞或欺騙的方法對待研究對象，除非這種方法對預期的研究結果有必要，且無其他方法可以代替，但事後應向研究對象做適當的說明。

6.6. 解釋研究結果

6.6.1. 解釋蒐集的資料： 完成資料蒐集後，諮商師應向研究對象澄清研究的性質及資料的運用，不得延遲或隱瞞，以免引發誤解。

6.6.2. 解釋研究結果： 研究完成後，諮商師應向研究對象詳細解釋研究的結果，並應抱持客觀、正確及公正的態度，避免誤導。

6.6.3. 糾正錯誤： 發現研究結果有誤或對當事人不利時，諮商師應立即查察、糾正或消除不利現象及其可能造成的影響，並應把實情告知研究對象。

6.6.4. 控制組的處理： 實驗研究需要控制組，實驗研究結束後，應對控制組的成員給予適當的處理。

6.7. 撰寫研究報告

6.7.1. 客觀正確： 撰寫研究報告時，諮商師應將研究設計、研究過程、研究結果及研究限制等做詳實、客觀及正確的說明和討論，不得有虛假不實的錯誤資料、偏見或成見。

6.7.2. 誠實報導： 發現研究結果對研究計劃、預期效果、實務工作、諮商理念、或投資利益有不符合或不利時，諮商師仍應照實陳述，不得隱瞞。

6.7.3. 保密： 諮商師撰寫報告時，應為研究對象的身份保密，若引用他人研究的資料時，亦應對其研究對象的身份保密。（參看 2.3.1.; 2.3.10. f.）

6.8. 發表或出版

6.8.1. 尊重智慧財產權： 發表或出版研究著作時，應注意出版法和智慧財產權保護法。（參看 5.7.）

6.8.2. 註明原著者： 發表之著作引用其他研究者或作者之言論或資料時，應註明原著者及資料的來源。

6.8.3. 二人以上合著： 發表或出版之研究報告或著作為二人以上合著，應以適當的方式註明其他作者，不得以自己個人的名義發表或出版。

6.8.4. 對著作有特殊 　　　貢獻者：	對所發表或出版之著作有特殊貢獻者，應以適當的方式給予 鄭重而明確的聲明。
6.8.5. 利用學生的報 　　　告或論文：	所發表的文章或著作之主要內容係根據學生之研究報告或論 文，應以該學生為主要作者。

7. 教學與督導

7.1. 專業倫理知能：	從事諮商師教育、訓練或督導之諮商師，應熟悉與本職相關 的專業倫理，並提醒學生及被督導者應負的專業倫理責任。
7.2. 告知督導過程：	督導者應向被督導者說明督導的目的、過程、評鑑方式及標 準，並於督導過程中給予定期的回饋及改進的建議。
7.3. 雙重關係：	諮商師教育者應清楚地界定其與學生及被督導者的專業及倫 理關係，不得與學生或被督導者介入諮商關係，親密或性關 係。（參看 2.2.4.d.; 2.2.4.e.）
7.4. 督導實習：	督導學生實習時，督導者應具備督導的資格，善盡督導的責 任，使被督導者獲得充分的實務準備訓練和經驗。
7.5. 連帶責任：	從事諮商師教育與督導者，應確實瞭解並評估學生的專業能 力，是否能勝任諮商專業工作。若因教學或督導之疏失而發 生有受督導者不稱職或傷害當事人福祉之情事，諮商師教育 與督導者應負連帶的倫理責任。
7.6. 人格陶冶：	諮商師教育者及督導者教學與提昇學生的專業知能外，更應 注意學生的專業人格陶冶，並培養其敬業樂業的服務精神。
7.7. 專業倫理訓練：	從事諮商師教育者應給學生適當的倫理教育與訓練，提昇其 倫理意識、警覺和責任感，並增強其倫理判斷的能力。
7.8. 理論與實務相結 　　合：	諮商師教育者應提供學生多元化的諮商理念與技術，培養其 邏輯思考、批判思考、比較及統整的能力，使其在諮商實務 中知所選擇及應用。
7.9. 注意個別差異：	諮商師教育者及督導者應審慎評估學生的個別差異、發展潛 能及能力限制，予以適當的注意和關心，必要時應設法給予 發展或補救的機會。對不適任諮商專業工作者，應協助其重 新考慮其學習及生計方向。

7.10. 教育課程

7.10.1. 課程設計：	應確保課程設計得當，得以提供適當理論，並符合執照、證

書或該課程所宣稱目標之要求。

7.10.2. 正確描述： 應提供新近且正確之課程描述，包括課程內容、進度、訓練宗旨與目標，以及相關之要求與評量標準，此等資料應為所有有興趣者可取得，以為修習課程之參考。

7.10.3. 評估回饋： 在教學與督導關係中，諮商師應根據學生及被督導者在課程要求上之實際表現進行評估，並建立適當之程序，以提供回饋或改進學習之建議予學生和被督導者。

8. 網路諮商

8.1. 資格能力： 實施網路諮商之諮商師，應具備諮商之專業能力以及實施網路諮商之特殊技巧與能力，除應熟悉電腦網路操作程序、網路媒體的特性、網路上特定的人際關係與文化外，並具備多元文化諮商的能力。

8.2. 知後同意： 提供網路諮商時應進行適當之知後同意程序，提供當事人相關資訊。

8.2.1. 一般資訊： 應提供當事人有關諮商師的專業資格、收費方式、服務的方式與時間等資訊。

8.2.2. 網路諮商特性： 應提供有關網路諮商的特性與型態、資料保密的規定與程序，以及服務功能的限制、何種問題不適於使用網路諮商等資訊。

8.2.3. 電腦網路的限 有關網路安全與技術的限制、網路資料保密的限制，特別應
制與顧慮： 對當事人加以說明。

8.2.4. 未成年當事人： 若當事人為未成年人時，諮商師應考慮獲得其法定監護人的同意。

8.3. 網路安全： 實施網路諮商時，在網路通訊上，應採必要的措施，以利資料傳輸之安全性與避免他人之冒名頂替。如：文件的加密，使用確認彼此身分之特殊約定等。諮商師亦應在電腦網路之相關軟硬體設計與安全管理上力求對網路通訊與資料保存上之安全性。

8.4. 避免傷害： 諮商師敏察網路服務型態的限制，避免因網路傳輸資訊之不足與失真而導致在診斷、評量、技術使用與處理策略上之失誤，而造成當事人之傷害。諮商師應善盡保密之責任，但面臨當事人可能自我傷害，傷害他人或涉及兒童虐待時，諮商

　　　　　　　　　　師應收集資訊，評估狀況，必要時應採取預警與舉發的行動。

8.5. 法律與倫理管轄
權：
在實施網路諮商與督導時，應審閱諮商師、當事人及督導居住所在地之相關法律規定與倫理守則以避免違犯。

8.6. 轉介服務：
諮商師應盡可能提供當事人其居住地附近之相關諮商專業機構與諮商師之資訊與危機處理電話，以利當事人就近求助。網路諮商師應與當事人討論當諮商師不在線上時的因應方式，並考慮轉介鄰近諮商師之可能性。

8.7. 普及服務：
網路諮商師應力求所有當事人均能得到所需之諮商服務，除在提供電腦網路諮商服務時能在使用設計上盡量考慮不同當事人使用的方便性之外，亦應盡可能提供其他型態與管道的諮商服務，以供當事人選擇使用。

筆記欄

筆記欄

筆記欄

筆記欄

國家圖書館出版品預行編目（CIP）資料

團體動力與團體輔導／徐西森著. --二版. --臺北市：心理，
　2011.05
　　面；　公分. --（輔導諮商系列；21099）
　　參考書目：面
　　ISBN 978-986-191-431-2（平裝）

　1.團體輔導

178.3　　　　　　　　　　　　　　　　　　100006849

輔導諮商系列 21099

團體動力與團體輔導【第二版】

作　　者：徐西森
執行編輯：陳文玲
總 編 輯：林敬堯
發 行 人：洪有義
出 版 者：心理出版社股份有限公司
地　　址：231026 新北市新店區光明街 288 號 7 樓
電　　話：(02) 29150566
傳　　真：(02) 29152928
郵撥帳號：19293172　心理出版社股份有限公司
網　　址：https://www.psy.com.tw
電子信箱：psychoco@ms15.hinet.net
排 版 者：鄭珮瑩
印 刷 者：翔盛印刷有限公司
初版一刷：1997 年 9 月
二版一刷：2011 年 5 月
二版七刷：2022 年 7 月
Ｉ Ｓ Ｂ Ｎ：978-986-191-431-2
定　　價：新台幣 450 元